郑振铎 **近百年古城古墓发掘史**

朱希祖 **六朝陵墓调查报告**

吉林人民出版社

总目录

郑振铎 近百年古城古墓发掘史 …………………………………… 1-064

朱希祖 六朝陵墓调查报告 …………………………………… 065-279

出版说明

一、中国学术文化名著文库，旨在为读者提供20世纪二三十年代以来的中国学术精品。当时，学问家经历了新文化运动，西学东渐，学术革新；因时应势而现出版高峰，大师名家之作数量激增，质量上乘，对此时及后世的中国学术发展与演进均产生了巨大的影响。

二、本丛书精选此时大师名家之有关学术文化经典著作，以期对20世纪以来的中国学术文化做一系统整理。

三、丛书所收书目，虽各自早有出版，但零散而不成规模。此次结集，欲为推动中华文化之大发展、大繁荣尽出版人绵薄之力，成一民族文化珍品，为后代留存传之久远的鸿篇巨作。

四、为丛书系列之计，故以史学、国学、文学、一般学术著作之顺序编排。

1. 单种书文字量过少的著作，寻二三种内容相近，或作者为同一名家者，则合成一册，字数以30万字为限；

2. 单种书文字量超过50万字的著作，则分为上、下两册；

3. 单种书文字量超过100万字的著作，则分为上、中、下三册。

五、所收著作，版本不一；流布之中，文字错讹；择其善本，一一折校。现虽为通行横排简体，然尽量保持二三十年代原貌。

1. 人名、地名、异体、通假，仍从原书繁体；

2. 标点符号，从作者习惯，非排版差误者不予改动；

3. "的"，"底"一类文字之分，均从原书；

4. 遇原书字句有疑问者，非有根据不予更改，力求保持原貌。

"中国学术文化名著文库"丛书，工程浩大、环节繁多，编辑、校对、照排、印制人员虽勉力为之然错漏不免，还望方家谅解之余不吝指正。

《中国学术文化名著文库》编委会

主　编：

　　胡维革（吉林东北亚出版传媒集团总经理
　　　　　东北师范大学历史文化学院教授，博士生导师）

编　委：

　　赵　毅（辽宁师范大学历史系教授，博士生导师）
　　李书源（吉林大学文史学院教授，博士生导师）
　　程舒伟（东北师范大学历史文化学院教授，博士生导师）
　　张昭军（北京师范大学历史系教授，博士生导师）
　　刘信君（吉林省社会科学院历史所研究员，博士生导师）

执行编委：

　　杨九屹（吉林人民出版社　编审）

总 序

在几十年学习和研究中国近现代史的过程中,我一直对中国近现代的思想文化学术史颇感兴趣。尤其是在 1995 年至 1996 年我和东北师范大学历史系知名教授杜文君老师一起撰著《中国现代文化志》一书时,更是对中国近现代思想文化学术史进行了认真的梳理和研究。由此,我对中国近现代思想文化学术史有了一个大致的了解,尤其是那些文化泰斗、学术大师、扛鼎巨著、思想流派、异说纷争等,更令我铭刻在心,萦绕于怀。直到今天,每每回想起那段英英厉厉、千唱万和的历史,仍然是激动不已。

从 1912 年中华民国成立到 1949 年中华人民共和国诞生,是中国历史上由旧民主主义革命转变为新民主主义革命,并逐步取得革命胜利的时期。前后两次历史性的开国,前者结束了延续两千多年的封建帝制,后者标志"中国人民站起来了"。其间 38 年,是中国社会逐步实现由旧到新的转变时期,与该时期社会经济、政治的变革相适应,中国文化也在古今中西文化的冲突、反思、融合中变革着、发展着:社会文化的结构和内容在更新,西方文化被大量引进,中国传统文化也适应时代变革而被重新阐扬;一些原有学科的内容、体系在变革,许多新的部门文化纷纷兴起;出版了近十万种图书和无以计数的出版物,其中有不少革故鼎新、出类拔萃之作;中等以上学校培养了近五百万名学生,产生了一大批享誉海内外的政治家、思想家、哲学家、文学家、史学家、经济学家、教育家、科学家,等等。这一时期在文化上取得了卓越的成就,尤其是"自从中国人学会了马克思列宁主义以后,中国人在精神上就由被动转入主动。从这时起,近代世界历史上那种看不起中国人,看不起中国文化的时代应当完结了"。

现代中国社会的经济和政治,是现代思想文化的源头。半殖民地半封建社会的基本矛盾是当时中国的根本国情,制约着现代中国文化的主题、结构、性质、内容和特征。"没有资本主义经济,没有资产阶级、小资产阶级和无产阶级,没有这些阶级的政治力量,所谓新的观念形态,所谓新文化,是无从发生的。"但是从思想文化的相对独立性的角度来考察,中国现代文化是从古代的、近代的文化发展演变而来的。中国传统文化基本精神的演变,近代中西文化的冲突与融合,社会文化结构的变化,以及知识分子群体的历史走向等,都对现代中国文化的发生、发展有重要的影响。

纵观20世纪初年至1949年中国文化的发展历史,一般以五四运动为界分为两个不同的历史时期。在"五四"以前,中国文化的基本状况是,由甲午战争后起始的资产阶级文化运动已经开展起来,资产阶级新的文化体系逐渐形成,进化论、天赋人权论和资产阶级共和国思想成为新文化各个领域的指导思想,而新文化领域各部门也都为宣传民主、自由、平等服务。这时,文化战线上主要是资产阶级新文化与封建主义旧文化的斗争,学校与科举之争、新学与旧学之争、西学与中学之争都带有这种性质。资产阶级在领导文化变革中起了非常重要的作用,并为中国培养了一大批能够站在时代前列、代表中华民族"讲话"、"呐喊"的思想家。可是,他们无力战胜帝国主义文化和中国封建文化的反动同盟:中国资产阶级文化革命同其政治革命一样,始终未能彻底完成。"五四"以后,由于国际国内形势的变化,由于马克思主义的广泛传播和中国无产阶级及其政党登上政治舞台,中国文化格局发生了变化,以无产阶级共产主义的文化思想为领导的新民主主义文化，联合资产阶级民主主义文化作为同盟军，向着帝国主义文化和封建主义文化展开了英勇进攻。

其基本态势是：其一，"五四"以后的30年，是中国社会的剧烈变革时期，是新民主主义革命逐步取得胜利的时期，与此相应，这个时期的中国文化仍围绕反帝反封建的历史主题，以传播、应用和发展马克思主义为主潮，以介绍和品评西方文化、重释和阐扬中国传统文化为重要内容，并以文化为武器来推动社会改革、人民革命和民族解放为根本目的。其主要成就，不仅表现在文化各领域、各门学科的变革与发展上，而且表现在马克思主义在中国的广泛传播、应用以及弘扬中国优秀文化传统上。其二，这一时期中国文化界出现了派别林立论战迭起的复杂局面。其中影响较大的论争有：东西文化之争、马克思主义与反马克思主义论争、中国社会性质问题论战和关于中国文化出路的论争等，这是当时多种社会经济与复杂阶级关系、民族矛盾在文化形态上的反映，也是古今中西文化之争与多种思想源流汇集于中国社会的必然表现。其三，就文化的主要类型及其发展趋势看：无产阶级领导的新民主主义文化，代表着中华民族新文化的方向；资产阶级民主主义文化，作为新文化营垒的一员，继续发挥反帝反封建、推进社会前进的作用；帝国主义文化和封建主义文化虽然占据统治地位，但是日薄西山，气息奄奄。中国新民主主义革命的胜利，在思想文化上是马克思列宁主义、毛泽东思想的伟大胜利，也是革命民主主义思想的伟大胜利，是帝国主义奴化思想和封建旧文化在中国的失败和破产。这是一个总的发展趋势，而在不同的历史阶段，中国文化的发展和演变各有其不同的历史特点。

具体到各个学科，几乎每个学科都有一批学术大家在辛勤耕耘，都有一批学术著作相继面世。从某种意义上说，中国具有现代意义的、门类齐全的学科体系正是在这一时期建构起来的。例如在历史学学科，1939年开明书店出版了周谷诚的《中国通史》，1940年开明书店出版了吕思勉的

《中国通史》，1949年三联书店出版了吕振羽的《简明中国通史》，1948年新知识书局出版了侯外庐的《中国古代社会史》，1949年商务印书馆出版了周谷诚的《世界通史》，1936年南京文化印刷社出版了吕振羽的《殷周时代的中国社会》，1947年商务印书馆出版了李源澄的《秦汉史》，1934年商务印书馆出版了王钟麒的《三国史略》，1948年开明书店出版了吕思勉的《两晋南北朝史》，1944年商务印书馆出版了陈寅恪的《隋唐制度渊源略论稿》，1946年商务印馆出版了金毓黻的《宋辽金史》，1947年上海中国文化服务社出版了孟森的《清史讲义》，1947年新华晋绥分店出版了范文澜的《中国近代史》，1937年商务印书馆出版了罗尔纲的《太平天国史纲》，等等。这些学术巨匠和学术巨作，使中国现代意义上的历史学学科正式建立起来了。其他学科如哲学、文学、教育学、民俗学、法学、图书馆学、博物馆学、考古学等，也是如此。学术史是全息的。后来者应该探源开流，继往创新，把我国的学术研究推向一个更高的层次。

  大概正是基于上述原因，我组织同仁历时数载，编辑出版了这套《中国学术文化名著文库》，以飨读者。

  是为序。

胡继华

2011年12月15日

于长春百汇街寓所

目录

序 / 005

第 一 章　阿比多斯及埃及第一朝的陵墓 / 011

第 二 章　梦　城 / 015

第 三 章　底比斯城及其死城 / 019

第 四 章　都丹喀门王墓 / 027

第 五 章　巴比伦南部的城国 / 030

第 六 章　巴比伦城 / 034

第 七 章　尼尼微 / 038

第 八 章　推来城 / 044

第 九 章　阿加绵农墓 / 049

第 十 章　克里特 / 054

第十一章　巴力斯坦 / 058

附录　参考书目 / 063

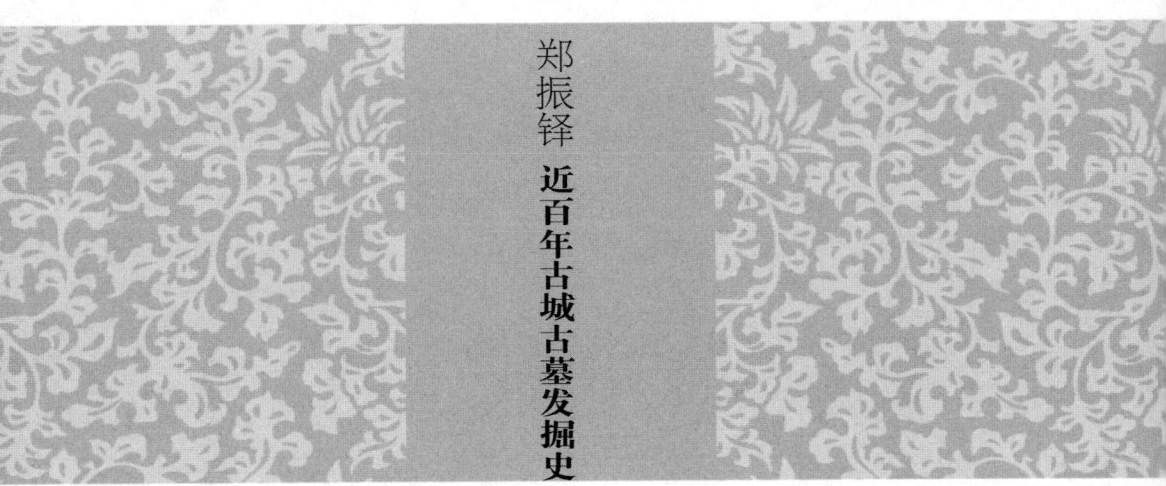

郑振铎 近百年古城古墓发掘史

序

自十九世纪的初年以来，人类有两个显著的大进步。第一是：对于所住的世界，经了勇敢的探险家的努力，已经将所未知的地域，所未发现的新地完全找到。第二是：对于许多时代之前的民族与文明、艺术与宗教，久已为我们所忘记者，经了精敏辛勤的发掘家的努力，也已经将它们重复显露于我们之前。总之，人类的知识范围，自十九世纪以来，差不多较前扩充了许多倍，无论在空间方面，或在时间方面，在地理上，或在历史上。譬如，叙述美索不达米亚的文明，叙述尼罗河的文明，叙述希腊的文明者，从前皆以古代历史家，如希罗多德（Herodotus）诸人的著作为唯一的宝库。而对于他们，谨慎的历史家却还是半信半疑的，不敢全据为实。有史的时间，因此缩短至有历日可纪之时；在此时之前的史实，他们或视为神话，或视为无稽的传说，或传为诗人创造的传奇。其实，此种史实，其本身原是模糊影响，不大有什么丰富的内容的。所以在十九世纪之前，或可更确切的说，在十九世纪中叶之前，古代史是至为枯窘可怜的。到了十九世纪之后，许多发掘者在烈日之下，荒原之上工作着，许多考古家在研究室绞尽脑汁解释着，于是我们乃可于三四千年之后，竟得见亚述帝国的王家图书馆的藏书，而读其内容，得见巴比伦帝国与埃及帝国往来的外交文件，而知当时的国际情形；如果我们到了巴比伦，我们还可以在那个壮丽无比的圣街上散步着，如果我们到了推来（Troy），我们还可以凭吊为了一个美人而苦战十年的坚城，如果我们到了底比斯的死城或王谷中，我们还可以下了阿门和特普（Amenhotep）第二世的墓道，瞻仰这个大皇帝的御容，如果我们可以到了克里特（crete），我们还可以看见当时海王国宫殿的遗址，而徘徊于其宝座之旁。这是如何可惊奇的一个古时代呢！十九世纪之前的历史家岂真梦想得到：一个诗人的传说，乃有真实的背景，一个生于三四千年后的人乃竟得见三四千年前的王家藏书，乃竟得徘徊于三四千年前的名王的城中、宫中，还不是一个可惊的进步么？

关于地理上的发展，这里不提。本书所叙的止是最近百年来的最重要的古史学上的发现，或最重要的古城古墓发见的故事。这些故事，其本身往往也足以震动一世的听闻，也即是可惊奇的传奇的一页一篇。一个梦想的古物学家，精确的选定了一个古代的遗址之后，便动手掘下去。一锹一铲的将泥土掘起，一筛一箩的将它们倒去。经营了几天、几月，甚至几年之后，忽然一个工人的铁锹，啪的一声遇到了一个坚物，遇到了一个石块。由此，而一个人首而有翼的尊严的石狮子被发现了，由此，而一个名王的墓和它的无穷宝物被发现了，由此，而一个名城的墙头在三四千年的沉埋之后，发见于天日之下了。当那个惊人的大石像出土时，当墓中的遗物，完美无缺的一一复显于三四千年后的我们之前时，旁观者岂止游心于光荣伟大的古代而已，工作者岂止酬偿了他的几月几年的烈日下荒原上的辛勤而已！其愉快，其所获，盖有出常人所意想之外者：

一、他们发现的是古代的文化、古代的艺术、古代人民的生活情形，他们将已失去的古代重现于我们之前。

二、使我们直接与古代的文化、古代的艺术、古代的史迹，面对面的相见，不必依靠了传述失真的古代记载。

三、证明了古代大诗人的著作、古代的神话、古代的英雄传说，向来以为虚无飘渺，不值一顾者，实未尝无真实的成分在内。有时，且可以知道这种传说、神话的所以构成的原因。

在十九世纪中叶之前，未尝无发掘，未尝无发见，且也未尝无二三惊动一时的发掘的故事被传述着；然而却有两大点和近代的发掘，本书里所叙的发掘不同。

第一，十九世纪中叶之前的发见，大都是偶然的、机缘凑合的发见，不是什么专门家有心要去发见的。潘沛依（Pompeii）之被发见于一个农人，便是一个好例。至于近代的许多大发见，则不然。这个发见都是专门家有意的经了千辛万苦而始得到的结果。在他们之前，那是一个无人注意的荒丘，在他们之后，那个荒丘却告诉人家说，在许多许多时代之前，它乃是如何光荣、如何弘伟的一座名城。我们不仅可以见到威势赫赫的王宫，见到耸立地面、久攻不下的名城，见到关于战事、国政、宗教的刻文，关于国王祭师的，以及他们的神道的石像，我们还可以见到那时人民的生活状况，以及他们养生送死的器具，更还可以走到他们的市场之上，而默想当时人民熙往攘来的情形。这不能不感激那些辛勤耐苦的发掘家的。偶然发见的时代，现在已经过去了，决不会再来了，一则专门的考古学者的研究一天天的深进，关于古址的考定与发掘在欧洲和小亚细亚一方面都已可算是"地少藏宝"的了；二则偶然的发见，百年难得数见，有意的发掘，十发必有七八中，在如今求知若渴之时，假定考定了一个遗址，专门的发掘家是等待在那里的，因此偶然发见的机会益少。

第二，十九世纪中叶之前的发掘，大都不是为了学问，为了艺术，为了古史而工作着；他们不是为了个人的财富，便是为了国家的财富，或劫，或抢，且骗，且偷，只要有古物可以到手，便什么卑鄙的手段都可使得出。他们除了夸多斗富之外别无目的。所以在他们看来不值得一顾，而在考古学家看来则为无价之宝的东西，不知被毁弃了多少！这是考古学上的一个大劫，倒不如藏宝于地，还可以有复得之时呢。到了十九世纪中叶之后，发掘者的态度便完全不同了。他不是为了一尊希世的雕像而去发掘，也不是因要盗窃古墓中高价的珠宝而去发掘，也不是为了要增加个人的收藏或国家的御库而去发掘，他们的发掘，除了纯正的学问的工作之外，别无目的。一位专门家在埃及王谷中发掘了许多年；一个埃及土人对人论到他道："他在这里那么久，一定已成了一位富翁。"不，在学问上，他诚然成了富翁,若论物质上的报酬!,则他所得的有什么?!

因为十九世纪中叶后的发掘者态度的不同,所以近七八十年来,其所得远超出于从前的好几百年的时间;从前所不注意的荒丘,如今都掘发了,从前所寻找不到的名墓,如今也都已逐一的得到了。自波塔(PaulEmilBotta)发掘柯萨巴(Khorsabad)以来,至今不过八十余年,而这八十余年中,几乎年有重要的发见。其结果,则古史的材料一天天的丰富,旧时记载的错误,逐渐的都被更正。我们试读剑桥大学的《古代史》(Ancient History),其材料之丰富简直非从前史学家所曾梦见的。

然而自八十余年的发掘以来,欧洲和近东以及尼罗河流域的重要古址也几乎都被专门的发掘者发掘尽了,今后的欧洲和近东,和尼罗河流域,恐将难再有什么惊人的大发见的了。不过近年来的发掘者,其态度和方法,却更有和波塔、雷雅特(Austen Henry Layard)乃至舍利曼(Heinrich Schliemann)诸人不同者。波塔、雷雅特,乃至舍利曼诸人,他们的主要目的,还在发见什么传说中的名城,什么大皇帝的宫殿,什么人头有翼的牛和狮,什么惊人的狩猎图、战事图,什么名王的大墓和它的财宝,什么古代的大建筑、大雕刻;至于微小的"貌不惊人"的东西,他们却不屑去注意。至于近来的专门家则不同了,他们见一片碎陶器,一块废铁,一个粗恶的偶像,其价值不下于伟大的王宫和王墓;他们知道,有时一片碎陶器所叙述出来的古代的生活和艺术,反较之王宫王墓为更重要。所以他们也许对于这些"貌不惊人"的东西反倒较古宫古殿为更注意——当然,他们也决不忽视了这些古宫古墓的。总之,从来的发掘,目的在求惊人的大发见,今日的发掘,则对于古代的遗物,自一钉一瓦以至于残碎的小偶像,都是十分宝贵的,因此惊人的大发见今后虽未必会有,而可以为古史的一部分资料的古物则决不会绝迹。有许多专门家,因此未免惋惜波塔、舍利曼诸人之忽视微小的古物,使它们在发掘者手下毁灭了,减少了不少的古史上的重要材料。然创始者总是粗枝大叶、未能细针密缝的,这样的忽略当然是免不了的。

我们中国的古物，始终没有经过专门发掘者的有意发掘过，除了几次的农夫农妇偶然的发现之外，一切宝物都是废弃于地，不知拾取。且偶然的发现是绝对靠不住的：第一，不知古物从多少条的泥土中掘出来的，因此，我们便不能断定其时代；第二，给惯于作伪的古董商，有了作伪的机会；第三，同时被发现而农夫们视为不足轻重的古物，一定被毁坏了不少；第四，在许多次的偶见的发现中，其幸得为学问界所知者又百不过六七，其余的或为农夫们所随手抛弃，或展转的人于市侩之手，或为当地官吏所夺取，从此不再见知于世。所以，为了我们的学问界计，我们应该赶快联合起来，做有系统的、有意的、有方法的发掘工作，万不能依赖了百难一遇的偶然的发现，而一天天的因循过去。

　　谁要是有意于这种的工作，我愿执锹铲以从之！这不是一件小事；从本书的叙述中，读者大约总可以见到锹铲的工作，其重要为如何的了。

　　然而发掘的工作，原不是一件容易的事。我们不要希望一锹掘下来便可以发现一座古墓，一所古宫，这在发掘史上是难得一见的好幸运。许多的发现都是经过几月几年乃十几年的精锐的观察、辛勤的工作、坚忍的意志然后得到的。卡忒（Howard Carter）之发见都丹喀门（Tutankhamen）乃是十六年工作的结果。舍利曼费一生精力去发掘推来城，至他死后，真的推来城方才为他的助手所发见。有一个发掘者，在埃及发掘了六七个礼拜，而发掘的结果却是一具猫的木乃伊！天下事的成功，靠幸运者少，靠工作与坚忍者多；发掘的事自然也不能外此。

　　本书并非一部完全的发掘史，本书所叙述者不过发掘史上几次更重要的故事而已。再，有史以后的古物的发见，如雅典的发掘，潘沛依的发掘，还有较为不重要的史前的发掘，本书也都不能叙及。本书的范围，乃是有史之前的古城古墓的重要发掘史。

　　范围既已说明，则请进而读本书的内容。本书后附参考书目，一则供给有意于读更详细的发掘故事的人的参考，二则示本书取材的来源。（但我所读的仅其中的一部分。）

本书是极浅近的一本发掘史略,所以对于专门名词和古代人名,用得愈少愈好,以免读者的兴趣为那些难懂的名词和诘屈聱牙的古人名所阻挠。

郑振铎

中华民国十七年二月十二日序于伦敦

第一章　阿比多斯及埃及第一朝的陵墓

　　阿比多斯（Abydos）是埃及的圣城，每个埃及人都想能在生前去朝见一次，或至少在死后也希望能够一至的，或环境不能允许，则至少死后也要立一块石在这个圣地。穷人不能立碑，则至少要抛一块碎瓶片在这圣地。原来在阿比多斯有奥赛烈司（Osiris）的墓。奥赛烈司是地府的大神，人如能葬在他墓边则可得福；如果没有福气葬在附近，则建立一块石在这个大神的石阶上，或至少送一片陶器至圣地，也可得他的恩惠。

　　所以在埃及史的最早期，富贵的人都要在阿比多斯得一坟地。如果贵人必须伴国王的墓而葬，则他也要建一个石碑在这个圣地上的。在中世（Middle Kingdom）风俗还是如此。要人都要在阿比多斯建立一个石碑。这些石碑如今在各博物院中，可以找到不少。但平民们却止能有送一片陶器至圣地之力，所以经过许多时代，阿比多斯竟成荒芜不堪的瓦砾堆，各期各种的陶器都有。

　　在埃及史上，阿比多斯虽不重要，在宗教和文化上，阿比多斯却公认为一个重要的古址。所以许多埃及学者，早就计算到发掘这个圣地，以期对于古埃及的宗教与文化有丰富的收获。

　　圣城的发掘工作，和别的地方一样，乃由于伟大的发掘埃及的先驱者马烈特（Auguste Mariette）的工作。1859年，他清理锡提第一世（Sety I）的庙宇（以精美的浮雕著多），他还发掘拉美斯（Ramses）第二世的庙宇，在伟大的奥赛烈司庙内，也进行着一部分工作，却没有得到多大的成绩。然而马烈特却说到一个荒丘,名为科阿萨尔坦(Komas sultan)的,道:"无疑的奥赛烈司的墓,必在此不远。大约什么时候,总可以发现今所未知的至圣墓的进口。"他的话到许多年后,方才实现。在1911年至1914年,那维尔(Naville)继续皮特里(Flinders Petrie)教授和墨累(Murray)女士的工作,在45英尺的斜道之底,发现一间大室,100英尺长,60英尺阔,以两行的方柱,分为三部分,由此室更至一较小之室,由它的雕刻上以及根据古代的记载,那维尔知道此即为著名的奥赛烈司的墓。那维尔所发现的实为奥赛烈司庙的最神圣的地方。

除了对于奥赛烈司圣地的注意之外,阿比多斯存在的建筑,乃为锡提第一世的庙宇和它的可惊诧的浮雕。墙上的浮雕有许多是最有趣味的;它们没有"古代"(Old Kingdom)的大浮雕的有力与新鲜,然而国王的形象和奥赛烈司坐在神座上的尊严态度,是极可赞美的。在锡提庙的左近,散布着不少他的儿子拉美斯庙的遗物。从前一定是一所很弘伟的建筑,如今却随地倾圮了。有的浮雕,可以比得上前王时代的,有的却粗率。

阿比多斯的建筑,虽弘丽而有趣,然到现在,他的重要却不在此,而在已被忘记的第一朝和第二朝诸王的墓的发现;这些墓经过许多年代,成为崇拜的目的,因此,更为隐晦而无人知道。然而到了今日,它们的宝藏却被发现,使我们向来以为传说中的非真实的埃及时代,一旦呈露出来;其文化之古远,非从前的悬想所可推测;即在此古远的文化上,已足见出其光华灿烂之概况,使我们实见尼罗河流域的文化是如何的古远而光明。如今且略述发掘的经过。在阿比多斯的诸王墓,既不美好,又不弘伟,不足引人注意;而到阿比多斯的人所注意的,仅为圣地及在其旁的后期诸庙而已。在1890年之前,我们对于建筑金字塔者的以前的埃及王,仅知其名而已;实际上的埃及史,乃开始于第四代的建筑金字塔者;其上的三代,皆视为若有若无。1890年后三十余年来,这个观念,却完全变更了;我们知道第四朝前之三朝的诸王,并不是想象的,幻梦的,乃是实有其人的;他们领率大兵,统一散沙似的南北诸小国;他们的国家,艺术文化都已是很发达的了。这个发掘的主地在阿比多斯，但也关连着发卡达（Va-qada）、厄尔阿谟拉（El-Amrah）和发加厄得（Vega-ed-Der）诸地。

1895年，阿麦力诺（Amélineau）开始在阿比多斯工作着，皮特里教授在1899年以后继之而从事于发掘，又有那维尔、荷尔（Hall）和皮特（Peet）诸人继其后，直至1914年为止。

第一朝至第三朝的诸王墓，故址在奥赛烈司古庙之南，较古庙更近于诸山。诸墓皆在山边，比平地微高，极为荒凉寂静。1895年至1896年阿麦力诺发现一群古墓，尸身睡眠式的侧躺着，膝头弯至胸前。在这些古墓中，发见原始的石瓶陶器等等。1896年至1897年，阿麦力诺又发见一所大墓，内有金属物等等，他相信这墓比第一次所发见的更古。他的最重要的发见，乃是第三次工作时掘出的一个国王墓；这个国王，他读其名为垦特（Khent）。阿麦力诺觉得这个国王一定是奥赛烈司·垦替·阿门替（O-siris-Khenti-Amenti），他一定是曾真实的在世上统治过埃及人的，因此，他便声言：他已经发见了"奥赛烈司墓"了。1898年，他找到了一个骷髅，这个头颅当然是那个死神的；不久，又发见一个青石的床，他便名之为"奥赛烈司的床"。他的发见，引起世人纷纷反对的议论；后来，经学者断定，知此非神的墓，乃是第一朝或第二朝的一个国王的墓；新帝国的埃及人，也和我们的发掘者一样，误以为它为神的真墓了。阿麦力诺很失望的放弃他的工作，其实他的工作颇无秩序，大约被毁失的古物必不少。1899年，皮特里教授继他而复从事发掘。所得的较有成绩，工作更有系统。他们的墓往往是一个地下室，30英尺至50英尺高，阔亦相当。墓室以砖砌成。第一朝的登（Den）王墓，室内之地板为坚硬的青石，这是我们所知的埃及建筑家使用这种材料的最早者。第二朝的卡塞痕缪（Khasekhemui）的大墓，其中室全是石灰石的（石块）所建，这是人类史上所知的第一次土木工程。在中室之内，无疑的是已死国王的安身之所，室内堆了许多他所用的器具、饰品、钵、瓶，或为金属造的，或为坚石造的；在这早期，埃及工人已显出很可惊的技巧。中室四周都是小室，储藏着许多大瓶，中存食物或酒，用尼罗河的泥土和稻草混合来封闭瓶口，盖上王名，或酒的来处的葡萄园名，以备已死国王的地下之需。国王的臣属万想不到他们将国王之名印在瓶口上，乃竟留作六千年后埃及学者研究他们的历史的材料！这些印记在埃及史料上是很重要的资材。在这时代，埃及文明虽已进步至此，却仍不脱野蛮的风俗，将国王生前所喜爱的后宫杀来殉葬。到了"中世"之后，才用泥人来代替生人。但这些古王墓中，为劫墓贼所摧残，竟不能有主人翁的真实尸体存在着；所以我们在这些墓中，永不能见如见后来诸王的真面目。然而在则（Zer）王墓（即奥赛烈司墓）中，却发现了一只殉葬宫人的手臂，干骨上尚带着四个美丽的臂镯。

第三朝以上的诸王，并没有如第四代以后诸王的欲将他们的墓建筑得高大弘伟。他们心中尚没有将他们的墓成为一座石山的观念。然而后来，在第三朝之中，这种思想便渐渐的现出曙光。第四代后，遂将王墓形成了世界巨观的金字塔。

在这些古王之墓，虽没有动人惊诧的大发见，然而最大的发见则为：埃及古王，在纪元前 4000 年以上的，并不是虚无的，那时代也并不是没有文化的，他们的文化已经是很高的了。这便是阿麦力诺发掘的真实价值的所在。

第二章 梦 城

在尼罗河旁，在开罗（Cairo）之上160英里，在底比斯（Thebes）之下300英里，有新月形的平原。一边是高山，一边是尼罗河。河边有一带可以垦植的地。山旁为一片黄沙，除了几个阿拉伯人的小村落之外，现在已一无居民，止有地上散躺着古代遗柱残石，似若告诉我们以前这个地方不是没有过光荣的历史的。在这地方，曾有一名王，先时而出，欲以其宗教的理想感化世人，然而为时过早，他的理想却终于失败。这地方是研究埃及史者最有趣的地方。在黄沙之下，发掘者曾发见宫殿、庙宇，及房屋的遗址。在岩上，还有这位国王叙写他的"梦城"的界限的刻文，更有他为宫人们预备而未曾应用过的美好的坟墓。还有人因掘砖而发见一些书简，使研究古代东方的人，得到历史上的大转变点。

这地方，现在名为忒尔厄尔阿马那（Tell－el－Amarna），在古时，却名为阿克塔腾（Akhetaten），是著名城市，本应受得较好的运命，却终于荒芜废圮。

约当西元前1370年，有一国王由底比斯沿河而下，这是阿门和忒普（Amenhotep）第四世，埃及第十八朝的名王中最后的嫡系子孙。第十八朝使埃及成了"世界帝国"，阿门和忒普第四世的运命虽不幸，却是这些名王中最伟大的。他的御舟登上了岸，即在这背山面水的所在，建设他所梦想的新城，一面在岩上砌入巨大的碑文，表示这新城的边界。于是这新城，便如为魔法所变成似的，在黄沙上建立起来了；宫殿、庙宇、房屋、市场，一切都全；这国王在此建都约十二年；然后死亡，他便离开这未能与他理想适合的世界，而这座美丽的城市，不久便倾颓了。自他建城后，不到二十五年，这理想的城便成豺狼鸮鸟之巢穴。他死后，不葬在这"梦城"之中，却葬在他所憎恶的底比斯。他去了，梦城也便去了。自此以后，此城便空无人居。今所见的，仅几个阿剌伯人的孤村而已。一个城市的忽兴忽灭，从没有这样快的。这座梦城的创造者的父亲，阿门和忒普第三世（西元前1411至西元前1375年），像亚述的亚述本尼巴或法国的路易十四一样，在他们的身上，集合了他们种族的一切的光荣，勋业功名，世无其比，到他们一死，光荣却跟着熄灭。第十八朝的诸王，能征善战，建立埃及大帝国，由尼罗河而至幼发拉底河。所有叙利亚（syria）、巴力斯坦（Palestine）、爱西屋皮亚（Ethiopia）诸地，都按时朝贡，不敢有懈。即巴比伦帝国的王也畏惮他。他娶一个阶级较低的埃及妇人，是游阿（Yuaa）和他的妻条阿（Tuau）的女儿。她的名字是替易（Tiyi），她的权力极大。他对于她，言听计从。她引叙利亚的风俗习惯到埃及王宫中，尤其是宗教观念。在那时，宫中信奉的大神是阿门（Amen），这神原是底比斯的城神，后来才升为主神的；王后替易一来，却又改而信奉旧时的主神日神。他们结婚后二十五六年，生一子，即阿门和忒普第四世。他深受母亲的影响，信奉新神。后来，他却有一个坚决的新信仰，要信奉一个"一神教"，新神虽仍为太阳崇拜的形式，其实质却并不是旧时的，他母亲所崇拜的旧神，乃是抽象的神；他不是一城之神，一国之神，乃是世界之神。这是世界上第一次的一神教的运动。然而为时过早，反对者纷起。阿门和忒普第四世不顾一切，坚信不移。在他即位后第六年，便宣告以"阿腾（Aten）崇拜"为国教。而底比斯却是旧教势力的集中点，他便决心迁都于梦城，以实现他的理想。两年后，新都告成，他便迁入。他死后，他的忠心的臣属，却匆促的秘密的将他葬于王谷的他母亲的墓中，那时，他母亲已经躺在那里长眠着。一座砖建的大宫，是新都的主要建筑。在宫中，到处都可见到这位少年皇帝的爱好自然和国家的和平生活。在一个厅中，尚可见一幅图画，写的是一池澄水，中有游鱼及盛开的荷花；水池边饰以水草及开花的小树，小鸟在飞着，牛在吃着草。此外，尚有人物；皆可见其画法之自由活泼。阿腾的大庙，即在宫旁。这庙的建筑与向来埃及的庙式不同。埃及的古庙，大都光线幽暗，给人以朦胧神秘之感，阿腾庙则随处皆光亮，没有隐藏，没有秘密，一切都是简朴，直捷，公开。这也是反古的一个大革命。但在几年之后，埃及帝国却崩坏了，这位皇帝便郁郁死去；而他所建的圣城，也都随之消灭。旧势力一天天的重炽，阿克塔腾便终成一个荒墟。

阿克塔腾梦国的遗址之所以复见天日，其故事说来也是有趣。1887年，有一农妇，和她的邻人们一样在这座圣城的遗址上掘取砖块，掘到了一座小室，中藏几百块的泥版，上刻楔形文字。这些泥版，后来转运时破失不少，至今仅存一部分。当时大家都不知注意。后来，这些泥版到了英国及柏林诸博物院，乃知其真实价值，有好多年不曾有过这样重大、这样惊人的发见了。然而这发见却不是由于有意的发掘，而是由于偶然的机会，被发掘于一个无知识的农妇之手。这间房子，是王宫的外交处，这些泥版是他父亲和他时代的外交文件。从这些文件上，可以看出这位少年皇帝的理想，所以终于成了一梦，埃及帝国所以当这位皇帝正在编著颂歌传布新教时土崩瓦解的原因。当他即位之后，叙利亚领地上的南北二部，便已不稳。但阿门和忒普第四世却正醉心于新教的成立，置边臣的告急于不问。于是事变一天天的重大，而他祖先所辛苦缔造的埃及大帝国，便终于分裂。同时，国内的反对党正可借这个机会肆行攻击他，说是大神阿门给他的责罚。

在1907年时，一个美国的发掘者大卫斯（Theodore M. Davis）先已发见权力至大的王后替易的父亲游阿与条阿的墓；这墓经过许多年代，并未被人发掘过。这时他又在底比斯的诸王谷中，发见第十八朝一个王家的墓。在墓中发见一个棺，置棺的狮足石床，已经塌坏，所以棺被掷在地上，棺盖也斜开，可以看见棺中骸骨。这副骸骨裹以薄金叶，在棺上的刻文里，称为"美丽的太阳之子"，这当是阿门和忒普第四世之墓了；然而在神坛上，又刻着："这是国王阿克塔腾为他母亲替易所造的。"美丽的瓶盖上，雕刻着一个人头，可以说是女人，也可以说是男人；而在墓中所发现的器用，则确为属于一个女子者。因此，这墓似乎又当然是王后替易的墓而无可疑的了。大卫斯因此宣言他已经发现王后替易的墓与木乃伊。他们将这具木乃伊送给专家检验。专家说道："这是一具少年男人的骸骨，不是一个老妇人的。你们的这副木乃伊难道不是在那个墓中所捡得的么？其中必有错误。"其实，并没有错误，这骸骨确是少年皇帝阿门和忒普第四世的，他死时方才二十八岁，这由棺上刻文可知。后来，据学者解释，阿门和忒普第四世死后，原系埋在他的神城中；后来这城荒芜了，几个忠心的从臣，便将他迁葬于底比斯；但因在底比斯没有给他预备墓道，所以便匆匆的葬在他母亲的墓中。但他的反对党还不甘心于他，所以便开了墓，将他的尸上棺上刻的名字都涂抹去了，王后替易便也改葬于他处，独留他的无名的尸身放在这墓中，直至三千年后，方为人所发现。这是很完满的解释。所以，在一个老年王后的墓中，会发现一具少年男人的木乃伊的疑问，便自此解决了。

第三章　底比斯城及其死城

在古代东方所有遗址中，埃及是最富于伟大的过去与遗物的地方；然而说到埃及的发掘史，却又是无系统的。许多发掘埃及的人，都是为自己的利益或增加国家的财宝而工作着的；他们的目的，是劫取古埃及的宝藏，并不是作系统的研究；许多收藏在欧洲诸大博物院里的，都可以写上道："偷来的东西。"至于真正的发掘，为学问起见的发掘，在十九世纪的初期，却未之前闻。第一大劫盗者，当然是拿破仑；他在1798年至1799年，得到不少埃及宝物，使全世界都注意的暗想道："原来埃及是宝物遍地的地方。"自此以后，许多的埃及古物收藏家，其所有都是且骗、且夺、且偷的成绩，其卑鄙不下于小偷，其强暴不下于海盗。因此，他们仅知注意于宝物，注意于著名的雕刻与可欣羡的东西，其中视若不值高价的无价之宝，可供学问界之重要资料者，不知丧失多少！

直到马烈特氏之时，方是埃及学光明的开始，方是用科学方法发掘的开始；而他的努力，不自私的努力，实创造一所开罗博物院。这是世界无比的最伟大的过去历史的宝藏。他是站在强固的为古物而工作的立足点上，不是为宝物，不是为自己，或为他的国家。他在古代埃及的研究上，是极有功绩的。

埃及古文化的中心点是底比斯（Thebes）。底比斯成为埃及的首都，是比较后来的事。"古代"（Old Kingdom）的都城，是在今日开罗附近；而到古代之末，当第九代第十朝之时，都城渐向南移，约在开罗之南70英里的痕门秀腾（Hemen Suten）地方。以后又几回迁都。直到第十八代，底比斯方崛起而为埃及帝国的中心。自西元前1580年至西元前1170年或前1167年，底比斯恒为埃及光华的焦点。拉美斯第三世（Ramses Ⅲ）死后，这名城的运命，便一落而不复兴。第二十一代后，又另有都城。自经亚述军队的攻陷，底比斯益不可问。其后亚历山大里亚（Alexandria）城代之而兴。但在新帝国的全盛时代，底比斯必是古代世界上最光荣的花城。一座弘伟的城，由尼罗河畔，直到东山之下，占满山河间的大平原，王宫建在中央，还有卡纳克（Karnak）和卢克索（Luxor）两大庙耸出地面，雄视一切。在西方，河的对岸，是寂寞的死城，也是伟大的庙宇相望于道，而诸王的墓则深藏于地。在其南，则有阿门和忒普第三世的西宫。

在这所大城中，居民的房屋与宫殿，至今已一无遗迹可见。他们的宫殿居宅，不是用耐久的材料建造的，这些建筑不久便为风雨所侵，化成一堆泥土的荒丘。所以底比斯的遗址，不是帝王的宫殿，也不是平民的住宅，乃是埃及人所称的"永久的居民"，即他们的神庙和他们的死宅。今日的底比斯，不是古城，也不是生人之地，乃是庙与蔡的城，寂寞的神与鬼的城。有的是不朽的诸大神的庙宇和统治一时的诸国王的庙宇，有的是全世界宝藏最寓的王墓。现在先叙古庙，这些古庙遗址尚散在地面，无须发掘的；其次讲到古墓，近五十年来，这些古墓为专门家所发见清理，得到不少研究埃及古代艺术、文化、宗教、历史的材料。

讲到古庙，第一使人注意的，当然是卡纳克庙，因为是底比斯最古的庙，最伟大的庙，是底比斯神庙中最重要的，且是世界上最弘巨的遗址。我们直不能形容它有如何的弘大；说它实际上的庙宇有1200英尺长，330英尺阔，至其庙址则有1500英尺长，1500英尺阔，也止能给我们以它的占地阔大的印象；或换一句话说，说它庙宇占地400 000方英尺，庙基占地2 250 000方英尺，则更以数字迷人而已。试以他庙比较一下：罗马（Rome）和米兰（Milan）的两个圣彼得寺，巴黎的圣母寺，这世界著名的三大礼拜堂并合起来，方才比得上卡纳克的实际的庙殿。说到庙基，则更要多取好几个礼拜堂来加入。巴黎的圣母寺止够放人卡纳克庙的一个大厅中,这个大厅还不是最大的。卡纳克庙在埃及古庙中并不是最古的;它为第十二朝诸王所建,然此古址已经不大可见;今所见的是第十八朝第十九朝的工作,大约不会早于西元前 1580 年,在埃及算是比较近代的建筑。第十八朝的兴起,卡纳克便跟了兴起。这时,名王叠出,征服各地,劫夺许多宝物归来。卡纳克庙渐次增修扩大;巨大无比的石幢石柱等等,至今有一部分尚耸立在那里,为世界伟观之一。到第十九朝时,卡纳克庙的光华弘丽才达到极点。在正庙外,尚有别的庙宇及圣池等等,使卡纳克不仅成为庙宇,而且成为宗教的城市。

同在底比斯的东城,别有一所大庙,即卢克索(Luxor)庙是。这座庙的弘丽,仅次于卡纳克庙一等。这所大庙的建成,不似卡纳克庙之用屡代的力量,乃全由于两个名王阿门和忒普第三世与拉美斯第二世的力量。阿门和忒普在一所古庙遗址上,重建卢克索庙,其壮丽远过于前者,足使它暗然无色。到阿门和忒普第四世压迫旧教时,这庙的工程,当然放弃不复顾。第十九朝的王,又信仰旧日的底比斯神,于是卢克索庙又加增大。卢克索庙有 850 英尺长,仅次于卡纳克庙;而卡纳克庙是以一千七百年的力量造的,卢克索庙的建成,却不过二百年而已!

现在要叙到底比斯西岸的古庙和古墓了。底比斯东岸是神的城,以卡纳克庙及卢克索庙为中心,四周还有许多小庙;但在尼罗河西岸的建筑的弘伟不减于东岸的,却不是神城,而是死城;且较神城为更有趣味而重要。神城以露在外面的伟大建筑见称,死城蕴有无穷宝藏,等待后人的发见。死城里王墓相望,王庙相属,雕刻纪念柱相属于道。我们想当年埃及人一定有一个口号道:"向西去"。因此,西岸便成死城,寂寞的死城。沿尼罗河西岸的诸山,如蜂窝似的,总有数百英里的墓。这是从那些古墓中所发见的艺术、文学的宝库以及日用器具等等,使我们得到许多的关于埃及人的生活与历史的知识。没有一处地方,曾使发掘的工作有那样丰富的报酬,也没有一处地方,曾使发掘的工作有那样有趣,那样有声有色的发见，像这尼罗河西岸底比斯的死城中一样。在死城之中，"王谷"（Valley of the Kings）尤引人注意，为死城的精华所在；许多时代最伟大的埃及皇帝，都葬在其中，且有许多王庙，建立于其间。王庙至今尚有几座保存得很完好，可使我们约略见其光荣的成绩的；在底比斯西岸的河与山之间，凡二英里长，一英里半阔的地上，王庙几乎遥遥相望。但如阿门和忒普第二世、第三世，托司米兹第三世（Thpthmes Ⅲ）诸人的庙，则几乎完全残废，止剩下庙址而已。至于如锡提第一世（Sety Ⅰ）诸人的庙，则幸而保存得很好。最使我们惋惜不已的乃阿门和忒普第三世的祭庙的失去，他是底比斯诸王中最光荣的；它的遗物，如今止剩得两个大石像，尊严而寂寞的坐在那里，双手放在膝上，永久双目凝望着对岸的日出。然而它的遗址虽止这一点存在着，它的弘伟却可由此而想象得到。这是西岸死城里最重要的古物；除金字塔和卡纳克庙之外，便没有东西可以更使埃及游历者有深刻的印象的了。他们站在那里，或不如说是坐在那里，至今尚有 65 英尺高；如当年的冠不曾遗失而尚在他们的头上，则当有 70 英尺高；他们皆由一块大石雕出，重七百吨。那是三千三百年前的工作！在阿门和忒普的废庙之后，至于麦楞塔（Mereuptah）和托司米兹第四世的庙址的东北方，站着拉美斯第二世庙。这庙近年来曾经启柏尔（J. E. Quilbell）完全发掘过，也是一所美丽的祭庙。在庙的前厅，立着一尊巨大红花岗石的拉美斯第二世的坐像。除皮特里（Petrie）在 1894 年发见的一尊雕像的零段之外，这尊像可算是埃及石匠所造最大雕刻，且可说是世界最大的石匠的工作。肩阔 22 英尺 4 英寸，耳长 3 英尺半。全像重约 1000 英吨。拉美斯庙之北，又是两所大庙。著名王后哈次瑟萨（Hatshep-Sut）的庙，先为两个法国人将其弘伟之状，介绍到欧洲，然后，又由马烈特诸人，将埋入沙中的部分发掘出来；这所庙是埃及建筑的一个无比的例子。拉美斯第三世的庙，在麦第涅特阿部（Medinet-Habu），也很可引起注意；他是埃及名王之一，且是最后的以武功见称的皇帝之一。这庙保存得极好；且有许多图绘战争情形的浮雕；这些浮雕写拉美斯攻打的种族的面目极为真切，尤其是那海战图，写他的海军战胜敌军之事，乃是古史家无价之宝，且它又为世界第一幅存在的海战画。但在艺术上讲来，这庙的建筑等等，已是埃及艺术衰落期的作品，不甚可观，然其在历史上的价值则极大。

现在离开死城的王庙，而叙到王墓的发掘史。这都是动人听闻的故事。王谷在斯特累波（Strabs）氏时代，他曾记载着说，有四十墓值得一游；但到拿破仑发掘的时候。却止有十一墓为人所知。然至今日发掘的结果，知王谷中的王墓，已知者实在五十所以上，未知者有待将来的发见。

柏尔磋泥（Belzoni）氏所发见的，至今仍是王谷中最精美的墓。他的发掘工作，开始于 1817 年 10 月。几天之后，他已发见第一墓，墓中有好些精美的图画。几天之后，他又发见第二墓。在开始工作后的第十一天，他发见"足以酬他所有研究辛苦而有余"的大墓。这发见实足以使他百端夸耀而无愧。他说道："这墓给世界以新鲜完美的埃及古物的范型，堪视为超出从前所得的东西，无论在规模上，在弘丽上，或在保存上，它们保存得正如我们进墓时方才完工一样。"两天的工作，使柏尔磋泥进了大墓的门口；十月十九日，他便很有幸福的在地下的仙国中徘徊着了；他由这一室走到那一室，最后找到那名王的棺椁。然而木乃伊却不在此，这有待于后人的发见。那名王是谁呢？便是锡提第一世（sety Ⅰ）。原来第二十一朝的祭师们，见他们无力反抗劫墓贼，便于纪元前 1100 年左右，将诸名王的尸体迁藏于秘密的地方。这地方的发见，即在下文叙及。

1881 年时，有一掘墓贼，向开罗博物院自首，率领他们同至他所盗掘的基地。这地方正是诸名王尸身的隐藏处，锡提第一世的木乃伊也在此。这是最可纪念的一日。在埃及史上异迹虽多，却总没有在那天，博物院的汽船到底比斯将许多名王的木乃伊都运去，而妇人们在两岸哭着，男人们则在放着他们的枪。似若几千年前的名王的木乃伊，和他们尚有密切的关系一样。

1898 年，罗勒特（Loret）在王谷里发见阿门和忒普第二世的墓，这墓差不多没有什么损坏。劫墓贼诚曾到过墓中，毁坏一点东西，然而这位名王的尸体，却仍完好的躺在那里，而他的棺边尚放着一张名弓，他所自夸为除他之外没有第二人能使用的名弓。在这墓中，也发见好几具埃及王的木乃伊。罗勒特并不曾将阿门和忒普搬到博物院，因为博物院预备放在原墓中，供游人参观。"墓中点起电灯来，所有的主要的墓，也是如此。棺头上有一盏电灯；当一队游客沉默的集合在墓中时，所有灯光都熄，然后棺头的那盏电灯放亮，表现出这国王的头部独罩在灯下，而四周却是黑漆漆的。这是不可言说的凄怖与动人。"

1903 年时，美国的发掘者大卫斯（Davis），开始在王谷中发掘，他的成功与所得的报酬，没有一个人能及之。自 1903 年至 1912 年之九年间，他继续的发见王后哈次瑟萨墓，托司米兹第四世墓，以及和棱赫（Horem－heb）墓等，此外尚有两个更大的成功与发见；第一个在埃及艺术上有重要的贡献，第二个有关于在埃及史上最有趣的一个人物的生平的结局。

1905 年 2 月，大卫斯发见一座不大引人注意的墓，没有一毫雕刻或绘画的饰品。不意这简朴的墓中却为储藏埃及艺术与工艺的最丰富的宝库。这墓是游阿（Yuaa）和他的妻条阿（Tuau）的合葬处，他们是阿门和忒普第三世之后替易的父母。他们见了古物满处的墓室，见了三千年的古人的形骸，不禁静愕的站住了，器具中最可注意的是三脚臂椅，雕刻精工，饰以金色。一张椅子还有一个垫子，保存如新，至今尚可坐在上面。还有许多石瓶，有一个瓶中，储有液体。还有许多工致的箱匣，散置各处，有的是有脚的，还有两张舒适的床，还有游阿生前所乘的轻车。所有的东西，都放射闪闪的金光，丝毫不曾为灰尘所染。那些器物，虽是三千年前的，却仍像是昨日的。到了 1907 年正月，大卫斯又发见一个名墓，这是他成功的顶点。他那时正在靠近第二十朝的拉美斯第二世的墓边一个地基上发掘。这地基遍覆以细石，看不出其下会有墓室。大卫斯坚执的要掘下去，在数日之后居然发见一道石级，尽处是一扇室，开门进去，是一条甬道，尽处为三千年前祭师们所封闭，直至今乃为大卫斯所开发。他们直如进了《天方夜谭》中的宝洞。黄金在地上和墙上闪闪放光,这些金子如新出炉似的光亮。这墓是王后替易的墓,而伟大的少年皇帝阿门和忒普第四世葬在其中者。这事的原因,在上边已经说过,现在不必再叙了。

以上是王谷中几个最著名的发见。但古代底比斯的王墓,并不是唯一的底比斯"死城"的遗址,而使它能与"圣城"同其重要者。更有好些私人的墓,其绚丽也不下于诸王墓。有一个墓,是皮雕阿门阿普特(Pedu-A-men Apt)的,比任何王墓都伟大,共有 870 英尺长,而锡提第一世的墓不过 328 英尺长而已。更有许多私墓,是以装饰华美见称的。这种岩墓的建造与装饰,当是当年底比斯的大职业之一,要用到的是建筑师、土木匠、雕刻师、绘画师。而在这些装饰的图上,我们可全看出当年埃及帝国的风俗人情。

在私墓中最动人者是涅克特(Nekht)的墓;他生在第十八朝的初期,是底比斯的绅士。墓室有二间,仅第一间有壁画,保存得极好,画的是涅克特和他的妻的日常生活、农园工作,及渔猎之状。涅克特墓也许是底比斯诸墓中最为人所熟悉者,因其壁画曾再三再四的制版覆印过。勒克马剌(Rekh-Ma-Ra)墓,保存得没有它好,却更重要,他是托司米兹第三世和阿门和忒普第二世时的首相。有一幅表示首相接受各国的贡物的情形,其中有从希腊海岛克里特(Crete)来的使臣特别可以注意,这乃是海王国的使臣!

古时对于埃及的意见,每以为她是一个隐士似的国家,不大和人来往,自在其领土之内,发展其可惊的文明的。然而经过近世的实际考察之后,乃知这观念是不对的;古代诸国交通频繁远出于我们空想之外。在克里特曾发见埃及的指环,在刚才所举的埃及首相墓画中,也见有克里特使臣的形貌;此可见两种古文化,尼罗河的与爱琴海的,并不是孤立的,乃是常有来往的。更有证据,在大建筑家及首相森马特(Senmut)的墓中见到。这墓早已为人所知,后又为人所忘。在它的壁画上,我们又见到克里特的进贡者，手捧或肩荷着巨大的金银杯，以及金和银的大口水瓶，正和伊文思（Sir Arthur Evans）所发见的一样，还有一个大铜瓶，四边有四个圆环。而克里特人的妆束则正是迈诺斯式的衣冠。这又是尼罗河与爱琴海文化相交通的证据。

第四章　都丹喀门王墓

埃及诸王墓在许多年代来，已经陆续被盗贼，或文明搜劫家，或埃及学者所发掘；在静寂的底比斯死城里，几乎是地无蕴宝的了。突然的在1922年11月，却听说卡忒（Howard Carter）又发现都丹喀门（Tutankhamen）墓，且发现的乃是财宝遍地、未被盗劫的原墓。虽然都丹喀门并不是伟大的王，墓室的规模，不能及锡提第一世等等，然而当卡忒刚发表其发掘所得的三四财宝的真相时，已经震动一世的耳目！"都丹喀门墓"的一句话，几乎妇孺皆知；埃及文化的涉猎，突然又盛极一时；许多年来，没有这样的一个惊人的大发现的了。

这大发现，并不是机缘凑合的侥幸的发现，乃是经过千辛万苦的收获，值得在发掘史上留纪念的。尽有幸运的发掘者，初下手便得到极好的结果，满载宝物而归，然卡忒则没有这样的好福气，他找寻都丹喀门墓，已经不是一年半载的事了。他的名字，早已为埃及学者所熟悉，他的半生精力，也都费在古代的埃及和她的宝物的解释上。他的雇主即合作者卡那贡（Lord Carnarvon），收藏埃及古物至富；卡忒和他合作，在尼罗河西岸工作着，已有十六年之久，而在底比斯死城中的工作，也在九年以上。这许多年的工作，可以总说一句话，是：费力多而成功少。除了旧瓶断像，小件古物之外，他无所得；然到1922年秋天，他们十余年来的苦工，却得丰富的报酬。有人说道："自此以后，死城中的财宝，恐怕真要涸竭了。"卡忒在某处发掘着，移去了十五万至二十万英吨的泥土，发给黑人不少工资，而毫无所得。然而在 1922 年 11 月 5 日卡忒却在拉美斯第四世的墓下，见到一个就岩石刻成的石级。他费一二天的工夫，将石级逐级发掘出来，最后到一座墙，封以灰泥盖上皇墓中所常有的印记。他立刻知道他已经寻到一个重要的墓。他又封闭石级，打电报叫他的主人卡那贲立刻到埃及来。他到时，门又开了。在各种痕迹上，看出这个墓门，在古时似曾为盗墓贼一度到过。他们恐怕近代的盗贼，又要追步古代劫贼的前踪，于是墓边便有许多兵士警察和工头日夜看守着。从头门到二门，是一条甬道。约有八米突长。卡忒将墙石拆去几块，用烛光去照见门内的东西。在他后面的是一群的合作者，焦急而热激的在等待着。最后，卡那贲等得不耐烦了，问道："里边有什么东西？"卡忒心里非常的喜悦，因他已见到不少的奇物；口里却徐徐的答道："这里有些奇异的古物。"其初，他在朦胧的烛光之下所见的，和大卫斯在王后替易墓中所见的一样，是一片眩目的金光。然后，渐渐的金床、椅子、各式各样的箱子，逐渐的可见。那样多的葬器，是任何墓中所不曾见到的。过一会，墙洞掘得大了，那些发掘者便进"宝库"之中，带进一盏电灯，仔细欣赏他们所得到的奇物。靠在墙上的是两具和生人大小相等的饰金的木像。地板上拥挤着各种床、车、箱、瓶，还有美丽的手杖，还有各种食物，预备死王在地下用的器具。最可注意的是一张龙座，本身是木的，遍饰以黄金；在椅背上，有这位国王和他的王后的像，用许多宝石及半宝石铺砌着，光彩绚耀无比。这龙座显然是都丹喀门生前之物。在室中，没有尸棺的踪迹。不久，他们便明白这不过是墓中的前室而已，更有他室等待着去发见呢。在大床之下，寻到小洞，由那里可以进到他室，这是副室。两个立像间又有一门，可通他室。然而这二室里的宝物已极丰富，搬移为难，且须注意保护，防在无意中受有损坏。所以便暂不发掘第三室，而先着手清理第一、第二室。他们将锡提第二世的空墓，当作储藏室，先将宝物移放过去。在第二年的二月，两个立像间的墙便又被发掘，而都丹喀门的真正的棺室，便可见到。棺室并不大，止有 20 英尺长；壁画看来，也不见得很好，然其棺椁则极华美，比任何王墓中的都更好；长有 16 英尺，阔有 12 英尺，所以几占满一室，它与墙之间止剩下一点空地。椁上饰以金，饰以青色。它的东头有两扇坚门，用铜条严锁着。外椁的门开时，又发现第二椁，在这二椁之间，散放着许多珠宝。在棺室的东墙，尚有一门，未曾封锁，这门内是一小室，也放着不少器物。这室内最可注意的东西，是一座方坛，四周有四位女神的像保护着，她们伸开双手抱着方坛，而她们的美丽的脸，则回过来，似憎恶的望着三千三百年后闯入墓道，破坏她们尊严的发掘者。这个方坛乃是储藏死王的脏腑的，它们分藏在四个小棺内，形与大棺全同，且更华美；小棺之外，是一个石瓶，瓶上盖以都丹喀门的半身像；然后又是一个外棺，棺之外，再是一个外椁；椁外即为四位女神伸出两手所保护的。女神姿态的柔美、雕刻的工致，在埃及雕刻上，尚没有发现可以与相比的。

　　天气渐热，墓道便又封闭。在 1923 年秋以后，他们便又进行清理棺室及其后的附室。他们的报告，描写每一件宝物的，差不多都足使世人耳目为之一新。

　　都丹喀门是上文所已提到的大宗教改革者阿门和忒普第四世的第三女婿，继续阿门和忒普第四世之后而即位的。（其间尚有一位国王，是阿门和忒普第四世的大女婿，但其在位，不过数月而已。）他初在他岳父的新都阿克塔腾登极。但后来，他和他的妻却没有阿门和忒普第四世的坚毅，竟反抗不过旧教徒的劝诱与胁迫，不得不放弃新都，而迁回故都底比斯去，而他们便改而崇奉旧教阿门，而将他自己的名字改为都丹喀门，即"阿门的活像"之意。他在位大约不过九年；其他史实也不大有可靠的记载，仅知阿门和忒普第四世所失的威权与帝国势力，在他的时代，又恢复一部分而已。然而他虽不是重要的国王，他的墓却供给埃及学者以无穷的宝藏。

第五章　巴比伦南部的城国

现在的巴比伦是古代这地方的首都与文化中心，经历许多年代的光荣伟大的历史。它是一片沃土，为幼发拉的河和底格里斯河所造成的沃土。它们的地域在北方的名为阿卡德（Akkad），其文化中心为阿卡德、奥匹斯（Opis）、巴比伦等；在南方的名为秀麦（sumer），其名都为拉加士（Lagash）、吾珥（Ur）等。在南北之间，有圣城尼帕（Nipur）。自1888年以后，美国宾夕法尼亚大学曾在此继续发掘，得到不少重要的古物，足以为古代巴比伦文明与宗教的佐证。古代巴比伦，文化中心在南部，所用文字也是南部的秀麦文。讲巴比伦的文化，止能从秀麦的文化讲起。自四十余年来，讲古代巴比伦与秀麦的历史者，皆根据于巴比伦最后一王那波尼达斯（Nabonidus）的圆柱上的记载。由那里可见巴比伦的文化，较埃及为更古远。据学者们的断定，巴比伦人定居于此，当在西元前6000年至前7000年或更早；又说纪元前5000年，"城国"遍布于巴比伦南部。然据近来更确切的研究，其年代似应缩短一千年以上。

秀麦的模范城国是拉加士（Lagash），这城自始至终，维持其纯粹的秀麦式的城市。拉加士的兴起，在秀麦文化曙光初露之时，拉加士的灭亡，则不会在第一巴比伦朝代的兴起（即西元前2225年）以后。

拉加士的古址，在今所谓忒罗（Tello）的荒丘上，那地方，半年是沙漠，半年是泥泽。这座荒丘长约二英里半，阔约一英里又四分之一。忒罗在很早即已为古物不少的所在，阿剌伯人常来采掘，发见不少刻有文字的砖与圆椎体。1877 年，法国驻在巴士拉（Basra）的副领事萨则克（M. Ernest de Sarzec）氏，也注意到这荒丘，立刻和土耳其的长官交涉发掘的事。同年，他便从事发掘，自此至 1900 年，得到不少古物，发现最古的秀麦居民所成就的光荣的文化与艺术。萨则克的工作，可分为三时期。第一时期是试掘，约阅一年，这时是费在决定全部荒丘的性质。第二时期，大部分费在到法国征求政府的帮助与同情，然后又回到忒罗，进行发掘帕提亚宫（ParthianPalace）。这时期约阅一年。他和他的妻同在那里，结果极为完满；不仅完全发现那大宫，且得到古代秀麦的艺术品不少，其中最重要的，是一群雕像。第三时期，是中断而又继续的四次发掘；在那时期，他发见雕刻与刻文，时代更古。萨则克死于 1901 年，发掘工作因此突告终止。到 1903 年，又由克洛斯（Gaston Cross）继续进行。他的主要的发见，是一个建于纪元前 2450 年的城墙；这墙是城中著名的"教王"（priest king）究第阿（Gudea）所建。墙厚 32 英尺半，有几个地方，至今仍有 26 英尺高。

萨则克的主要发见，是两大烧泥圆柱，也是属于究第阿的。这圆柱长 2 英尺，直径 1 英尺，其上刻有约两千行的早期楔形文字。更有著名鹰柱，在那里记载着古代拉加士名王伊那坦（Eannatum）的战功；还有许多的雕像精美的银瓶，几千块刻有文字的碑板等等。有一块泥板记载着一个伤心的拉加士城民，或者是一个拉加士的教士，悲痛他的城市之为邻邑安马（Umma）所陷，呼吁上天降罚于安马的"教王"。

自尼尼微（Nineveh）的发掘之外，没有一次发见比这次迦勒底（Chaldea）的发掘更重要的。究第阿的雕像，在艺术上看来，虽不能和尼尼微发见的有翼的狮与牛及许多精巧活泼的描写战争、宴会、打猎的刻石相比，或和埃及的巨大雕刻相比，然却比别的在美索不达米（Mesopotamia）地方所发见的东西都重要。且拉加士所发见的浮雕，在艺术上虽不能与尼尼微相比，因为它们是粗率的、原始的，而尼尼微所发见的浮雕则为精美的、进步的；然在真实价值上，它们却比尼尼微派的浮雕更重要更有价值，因为它们将亚述未曾为人注意之前即已成了老大的古民族的形貌、衣服、器用、风俗、习惯，都表现出来；而他们的文化，乃是巴比伦文化的根源，亚述的文化，即完全掳劫它，而带到北方去的，它所增加了极少的东西进去，或竟至于无所增加。在拉加士以及其他城市的秀麦人乃是世界史上最有创造力的人民之一，他们的久被忘记的工作，今虽仅发见其一部分，然已可证明其为人类文化的础石。萨则克在忒罗的工作，不仅给我们以比野蛮的光荣的亚述人更有贡献于人类的民族的图画，且更给我们以理想的社会，值得与大帝国的理想相比敌的，即所谓"城国"者是。这种城国后来在希腊曾放出更灿烂的光华来；雅典和她的不可及的光荣与文化，即是一个登峰造极的例子。而这种城国，巴比伦的拉加士和左近诸城即已树其基。原来古代巴比伦文明的特质，即在巴比伦人的一个社会，一个团体，其单位不是一个国家，却是一个城市。这种城市由一个人所统辖，或可谓之国王，或可谓之"教王"，因他同时又是一个"城神"（city‑god）的最高祭师。对于这城神，他和全城的人民都是他的奴隶。城墙之外，环以膏腴的土地。这样的城市，足以自给，足以安生乐业。城内的组织，在纪元前 3000 年，已是很完备的了。在城市的中央，有一所城神柠季秀（Ningissu）的大庙，和高塔；国王所住的宫殿，又是一所大厦。此外，更有好几个较小的庙宇是拉加士的别的神祇所住的。全城围以砖墙，高而且厚，城墙上各有堞楼，有坚门与城外通出入，日出而启，日人而闭。农人们在开城时便出城外工作。当拉加士或相类的城国，人口日多，势力日益扩充时，城外的土地便不能不日益扩大，以应城内增多的人口的粮食。因为领土的扩充，于是与别的城邑便生利害冲突，而战争以起。

我们在萨则克所得的鹰柱上，完全见到当时的两个城国因争地而战的情形。拉加士因与邻邑安马（Umma）争夺一块土地，各不相让。在鹰柱的第六行，城王伊那坦自叙战功，告诉我们说，安马的教王受了他的城神的命令，要来争夺拉加士的土地。伊那坦不动声色的集合他的战士，在城外等待他们。城神柠季秀答应他说，这次战争必定获胜。这次战事的结果，拉加士军果然得大胜。伊那坦完全摧灭敌军。他记载着说，共杀敌三千六百人（或据别一个学者的解释，是三万六千人），这当然是极夸张的记载。在这种城国，决不会有丧失三万六千大军的可能，即丧失三千六百人，恐也将使全城为墟了。伊那坦得胜后，又长驱直入至安马，安马的前王已逃或已死，他便和新王讲和，得回所争的土地，立约在二国的边境上掘一道界沟。于是伊那坦便回军葬了自己的人民，而任凭鸟兽去残食敌人的尸体。鹰柱的取名，即由于柱上的图里有鸷鹰的飞啄人体的图形而得。然过了许多年之后，安马却又乘机来报复前怨。他们以火与剑扫荡拉加士全城。在克洛斯氏在荒丘之北所得到的一片刻文上，记载着这次全城被毁的事。他说，安马在放火，在烧某处某处！他们劫去银物与宝石！他们在神坛前杀人！他悲愤哀吁，最后乃求他的城神对于这奇耻大辱，加以报复。

几百年后，拉加士一蹶不振，而在北方，有亚加朝代建立起一个强固的正式国家，自称"天下四方的王"。后来这国家势力渐弱了，城国便又暂时重现光明。在纪元前的2450年，拉加士在究狄阿统治之下，复得到旧目的光荣。究狄阿死后，拉加士的末日又至。吾珥（Ur）吸收各个散漫的城国。它们虽仍为旧王所统治，却已毫无实权的了。

第六章　巴比伦城

在古代的世界上，没有一个城邑有巴比伦那样给我们以深刻的印象的；尼尼微诚然有一个时期成为其对手，然仅不过一个时期而已。亚述所给与人类的，是暂时的大帝国，是瞬间的残酷的光华；巴比伦却有长久的历史，贡献给人类文化以无数的要品。尼尼微一蹶不振，而幼发拉的河旁古国巴比伦却又复兴起来，重建新帝国，放射新光荣。罗马使我们忆起巴比伦，然罗马的贡献，却不能与巴比伦相比，因罗马仅沿已修成的大路而走，巴比伦却是先驱者。

巴比伦的古址在幼发拉的河的东岸。在遗址之上，有五座重要的荒丘：一座是巴比尔（Babil），在北边；一座是卡斯（Kass），即卫城，在中央；一座是安蓝（Amran – ibn – Ali），是古城的最南部；一座是和麦剌（Homera），在东部；在卡斯和安蓝之间的是麦克斯（Merkes）；在安蓝易阿力之北和在它与麦克斯之间的，是萨求（Sachu）平原。

巴比伦古址的系统的发掘，开始于 1899 年，发掘工作由德国东方学会担任，其领袖是科尔第卫（Koldewey）博士。他在这废址上，工作十四年，常年有工人二百至二百五十名；然而他的工作到 1912 年止，还只告成一半。这次发掘并不怎样完满，因为全部的古址，除极少数的例外，都是属于同一时期的，且是最后的一时期。仅在麦克斯丘上，发现比新巴比伦帝国时代更古的东西。在这遗址上所发现的古物，分量很少，所以这次发掘，颇使人失望。然而德国东方学会的工作，虽不完备，却有无穷趣味，可使我们对于这古代东方的最光荣伟大的城市的文明，至少有一点观念。这次发掘的趣味集中在三点：（一）防御都城的大城墙，即卡斯丘下的大宫墙；（二）马杜克（Marduk）或巴力（Bel）的庙宇，即天与地之室；（三）它的巨塔，即巴比尔的真正的巨塔。由北至南，经过全城的是一条大街，或巴比伦的圣道，在这大道的中央，是白色石灰石，每块有1.05米突见方，边道为红色泥石所砌成。每块石板，边上都有刻文，其文道："我是巴比伦王尼布甲尼撒（Nebuchadnezzar），巴比伦王拿保卜拉撒（Nabopollassar）的儿子。我用石灰石（或泥石）砌成巴别街，以便大神马杜克的通过。愿大神马杜克，给我以长生！"在这条大街与南边城墙相接之处，是一所易士塔门（Ishtar），这易士塔门，是古代巴比伦的光荣的最好的遗物。这易士塔门的两个东塔，至今仍有十二个米突高，雄伟而巨大的立在那里，且保存得很好，是美索不达米所有建筑中最动人的一个。城门是双层的，有一个外城房，一个内城房，每个城房都有两个门。这大城门的装饰是很著名的。城的全面都装饰以砖上浮雕的牛或龙的形象，而涂以鲜明的颜色，大部分是白色与黄色涂在鲜蓝色的背景上。这种兽像狞猛的对着进城的人，似欲扑过去。在城塔上及他处，至少有五百七十五个兽像。

在圣街的两旁，耸立着坚墙，墙上也砌着狞猛的狮像。在城门的左边，是一所小庙。在右边，是南御墙和宫殿。但我们现在可以不必详述其城市的情形。在全部发掘中，最有趣味的却是宫殿区域南部的平地所谓"沙契"。在那里发现一道大砖墙，这墙有两重，在西南角，有一座大塔；东门有两座大厦，各有天井，这大约是庙宇的储藏室，在南边又有一带大房子，大约是祭师们住的地方，在那里，站着一所大庙的遗址。这是巴比伦最高的神马杜克或巴力的庙。这塔是"天与地之室"。这座庙宇之证实，乃由于找到几个有刻文的砖块。我们在那里找到巴比伦信仰中心神坛了，找到真实的巴比尔塔了。

发掘者于是又转到和麦刺荒丘上，在那里，他们很失望的得不到一点房屋的痕迹，这荒丘是一片的灰烬与破瓦堆，其中有的是断砖残石，刻有尼布甲尼撒的印文的，还有几个希腊的烧泥人像。在塔边也找到同样的希腊泥像。这希腊泥像与巴比伦的砖石的集合，证实古代传说的亚历山大帝要重建废圮的巨塔而未成的事。

就所发现的房屋建筑而言，完全是后期亚述的或新巴比伦时代的建筑。但在麦克斯荒丘里，发掘者却渐渐由帕提亚（Parthia）的、希腊的、波斯的、新巴比伦的遗迹，而找到藏有米罗达巴拉坦第一世（Merodach-Baladan Ⅰ）和恩力尔那丁商（Enlil-Nadin-Shun）时代的刻文。在最低的地方，竟有第一代的契约文板发见。在那地方，他们已到巴比伦历史的开始了；这城市在早期是被大火所焚的；这事实证明第一巴比伦朝代的灭亡，为卡息特（Kassite）朝代的兴起开一条先路。在这最早期的巴比伦时代，房屋是密接在一处的，但街道却很有规则。主要的街道由北往南，别的街道，与它成直角相遇。在实际上，第一代的巴比伦，已表示出应用科学的基础来建筑城市的最初的努力。

以上是发掘巴比伦古址的成绩；至今还不过发掘一半的区域，等到工作完成，恐怕还有许多年。但即就如今发掘的成绩而言，已足使我们知道传说中的第一世界都城的伟大光荣，并不是过度的夸张；这古代东方的大城，在人心上记忆住了四千年，并不是没有原因的。在《旧约》里飘流在外的犹太人所见的新帝国之灿烂的情形，今还如昔；马杜克大庙遗址之雄伟，圣街的整洁与巨大，易士塔门之庄严华丽，今还如昔。然这次发掘的结果，所最感不足的，是没有发现多少关于巴比伦的文学、宗教及法律的东西。然这有雷雅特（A. H. Layard）在尼尼微所发现的许多刻文的石版，可以供给巴比伦研究者以许多材料。雷雅特发见两大室的石版文书，其中不仅记载亚述的事，也记载巴比伦的事。这些石版共约三万枚，真是古代文学中最可宝贵的东西。以后，美国人彼得斯（Peters）、痕兹（Hayties）和喜尔普勒赤（Hilprecht）又在尼帕（Nippur）发见许多的石版，共约二万枚，因此，又增加不少关于巴比伦文学的材料。

但关于巴比伦的法律的材料，古人所夸耀巴比伦人为"法律之泉源"的，其主要材料却不在巴比伦本土，而在她的东边外，巴比伦古代的世仇以拦（Elam）境内。今日之苏撒（Susa）城，古时曾为以拦人的国都。摩尔根（M. J. de Morgan）在1901年至1902年，在苏撒城从事发掘，得到三大块的黑石，这三大块的黑石恰好拼合在一处，而成为一圆形的纪念幢，约有88英寸高，圆径在底面有73英寸，在上面有65英寸。现在这黑石在巴黎的卢甫耳（Louvre）。在上端有浮雕，表现伟大的王罕穆剌俾（Hammurabi），从日神沙马（Shamash）那里接受他的法律。在这个浮雕之下是刻文。刻文分为许多界条，每条是由上而下的，而文字则自左而右，因此读文者须斜了头去读。石前有十六条。还有五条已经涂灭不可辨认。背后有二十八条。全部共四十九条，四千行，约有八千字。涂灭五条的工作大约是以拦王战胜巴比伦夺去此幢时的事，因他欲记载自己的功绩，后来大约不曾实行。这石幢是世界最早的法律记载，其年代约在纪元前2000年。

第七章　尼尼微

在人类历史上，没有一个国家有如亚述帝国（Assyrian Empire）的兴起之暴而灭亡之速的。当其盛时，她在东方为人人所畏惧；到她的灭亡之后，却没有一个人记住她；她的遗址不久便被人所忘了；她的绝世的威名，光华横残暴虐，俱成过去的一梦。巴比伦（Babylon）帝国在亚述未兴之前几百年，已经是东方文化的中心，到亚述代兴时，她便暂时匿迹；然亚述不久即灭，她却又重兴起来。这是两个美索不达米古代大帝国根本不同之点。

亚述人古代威力的集中点，是亚息（Asshur）、卡拉（Kalah）和柯萨巴（Khotsabad）。然而仅在大威权者西拿基立（Sennacherib）时，尼尼微（Nineveh）才进到全盛时代。世界上没有一个城市曾在那样短时间内，能在人心上有那样深刻的印象的。尼尼微实是亚述帝国文化与威力的结晶。亚息可算是亚述权力最古的所在，卡拉可算是战争最有成绩的所在，柯萨巴可算是在实际上比尼尼微诸王更伟大的专制者萨尔恭（Satgon）的纪念地；然而尼尼微的西拿基立却给古代东方以世界征服者的印象；他压迫古代的埃及帝国，扫荡光荣的巴比伦帝国。而他的孙子亚息本尼巴（Ashur–Bani–Pal），更完成他的丰功伟烈，攻下底比斯，打倒尼罗河畔大帝国的威势。当时全世界都颤抖抖的站在这新兴大帝国之前，任凭她践踏而不能反抗，而她则到处劫掠奢杀，野蛮残酷，世间无比。尼尼微在历史上，约有一百年是人类心目中最可怖的都城；然后她的巨大能力消耗净尽，她便暴灭。亚息本尼巴死后不到二十年，新巴比伦帝国的创律者拿保卜拉撒（Nabopolassar）联合米太人（Medes）起来反抗亚述；亚述的最后一王辛沙立士坎（sin-Sharishkun）战败之后，和他宫殿一同焚为灰烬，而尼尼微的光荣便跟了成为灰烬。尼尼微军队所惯施于人的焚掠，如今也临到自己头上了。

此后，尼尼微便无人提起，仅有底格里斯河两岸的两堆荒丘，相传为她的遗址而已。而真正的尼尼微的所在，迄无人知，也无人去发掘。直到二千五百年后，即十九世纪中叶，尼尼微方才又被人发现，同时发现的，是她的文化武功，与她的不可及的光荣。

在1842年时，波塔（Paul Emil Botta）被任命为摩苏尔（Mosul）的法国领事。他那时是三十七岁，关于东方的经验学识，都极丰富，且有精敏的观察力，与耐苦的精神。同年十二月，他在摩苏尔对面的两座荒丘中的北边一座名为考央吉克（Kouyunjik）的，开始发掘。其初工作得到结果很少。仅掘出许多残碎的浮雕，但没有完整或巨大的东西。他并不灰心，仍继续发掘，直至1843年3月。在他开始工作时，曾有一个亚剌伯的染工，从柯萨巴村来，经过这座荒丘，停步问他们发掘的原因。他们告诉他说，要发掘刻有文字的石块。他说道：这种东西在他村庄附近多着呢。并答应带许多给波塔，虽然以后这个染工曾带了两块刻有文字的砖到摩苏尔来给波塔，但他并不曾注意。到了1843年，他已失望的将要停止发掘荒丘时，方才想起亚剌伯人的话，便命工人到柯萨巴的荒丘去试掘。他们立刻便证实亚剌伯人的话不错。波塔匆匆的到柯萨巴。他只想在那里停留一天，然而他所眼见的古物，已足引他住下，且使他送报告和图形到巴黎。他在信上说道："我相信我自己是第一人发现那种雕刻，有理由可以证明属于尼尼微的盛时的。"当那封信在亚细亚学会宣读时，引起法国人的热心。自此，古代的东方乃开始复活。法国政府立刻允许他继续进行发掘的工作，并允运回所发现的古物。同时，波塔却在柯萨巴和气候、疾病，以及居民的反抗，并土耳其政府的阻挠相敌，不知经历多少困难，方才战胜一切；

在 1844 年，得到发掘的正式允许。他雇用 300 名工人发掘着。到 1846 年，古代的雕刻，运到巴黎，法国人的热心更激起百倍。当那些巨大有翼的牛，表现着绝世的力量与庄严，和那些精美的浮雕，活现一个久已过去的民族的战争与和平的景象的，一旦由黑暗的地中掘出，而放在全世界之前，直如使那光荣的亚述大帝国在今日复活一样。对于这次发掘的结果，波塔曾出版十五大册的书以叙述之，书中附有五百幅的插图。1851 年，法国又派普拉斯（Victor Place）到柯萨巴去继续发掘，完成波塔未竟之功。普拉斯所发见的古物，不幸有一大部分在运回法国时，沉在底格里斯河。然而这几次的发掘，与所得东西，已足证明埋没在柯萨巴荒丘下的大宫大城，是有如何的伟大光荣的历史。同时，学者们如罗灵逊（Rawlinson）等，又努力于发明波塔等所发见的刻文的翻译的关键。他们研究的结果，说波塔所发见的，不是如他所想象的尼尼微，乃是萨尔恭（Sargon）的都城；萨尔恭是撒马利亚的征服者（纪元前 722 年）。

萨尔恭的都城（Sargon‐Burgh），占地 740 英亩，约有人口 8 万。它的坚城，共有八门，王宫在城内西北方，建在一座高约 45 英尺的台上，占地约 25 英亩。王宫的西方，有一所庙宇。西南方的中央，有一座高塔，亦是属于庙宇的。

在亚述与巴比伦的发掘史上，有许多发见，也许比波塔这次的发掘更为重要，然而却没有像他似的引起西方人对于古代东方那样深切的兴趣的；波塔使萨尔恭的王宫，一旦复见天日，且使久已完全消灭于人类视线外的一个艺术的大时期，第一次复见天日。

正当法国人为波塔的大发见所震动时，英国人也为他们的国人雷雅特（Austen Henry Layard）的大发见所震动。雷雅特原是波塔的同事；他在少年便有发掘东方的雄心。1840 年前后，他到美索不达米探望好几座荒丘；1842 年，他在摩苏尔和波塔相见。那时波塔正在从事发掘。他毫不猜忌的将已得成绩，显给雷雅特看。雷雅特因此更为热心，要从事于此。他旅行终了时，住在君士坦丁堡，为英国公使坎宁（S. Canning）的助手。坎宁听见波塔有那样好的成绩，也不禁跃跃欲试，且经雷雅特的劝说，便先付六十镑给雷雅特为发掘用费。雷雅特带这少数的钱，在1845年10月，去发掘尼尼微的故址。他决定先试掘宁穆禄（Nimrud）荒丘，这座荒丘，由摩苏尔沿底格里斯河下行，5小时可到。然他的工作，却为当地土耳其的长官所阻挠。他知道不能得到发掘的允许，便假充打猎，带了几个人，藏了锹铲，乘筏顺流而下，到宁穆禄。立刻便和立幕于荒丘之旁的阿剌伯酋长结为朋友。因此，他能雇到阿剌伯工人。没有一次发掘，有雷雅特那样顺利的。他刚刚着手发掘，在午前便有一室，界以有刻文的石板的，被发见出来。他命三个工人继续在西方发掘，而命其余的工人到西南方去。在日落之前，这两队工人，又掘出界以有刻文的石板的房两间。一天的工作，六个人的工作，却发现两座亚述王宫！（经后来的发掘而知之。）以后几天，工作甚顺利，第一片的浮雕，也发见了。1846年2月，国王们，宫人们，兵士们的雕像，有许多被掘出；继之出土的是一个人头狮身，有翼的巨大雕像。这像气象雍和而庄严，是古代雕刻中很精美的代表。此后，又发现许多有趣的浮雕，在其中，有藏在英国博物院里的表现打猎的景色的一群浮雕。即在亚述的著名雕刻中，也以有力与有精神见称。

在他的工作时，雷雅特显着不倦不懈的勇气与信仰。他暂时离开了宁穆禄，又到摩苏尔对面的大荒丘考央吉克上试行发掘。他得到几个雕像，他以为这些雕刻，略后于宁穆禄，而与柯萨巴所发见者同一时代。他回到宁穆禄，复在西北方宫殿发掘着，得到保存得极好的雕像。连未受教育的工人，也极热心于这个工作。1846年，雷雅特送一部分的古物到伦敦去。在同时，他又在西北方宫殿进行发掘，证明这宫殿是国王亚息那策巴（Ashur–Natsir–Pal）（纪元前885年至前860年在位）的；有一群非常精美的石板被掘出土，表现着这国王在战争时与和平时的光荣。所有亚述的战争与狩猎，都极活泼真切的表现出来。在荒丘的中央，是亚息那策巴的儿子沙尔马尼则第二世（Shalmaneser Ⅱ）（纪元前860年至前825年在位）的宫殿。雷雅特的濠沟掘到50英尺长，尚未发现重要的东西，他正预备放弃不顾时，工人忽然掘出一尊近 7 英尺高的黑云石幢，证明其为沙尔马尼则的纪功碑。四面刻有二十个浮雕，二百十行的楔形文字。他的工作到 1847 年，已发见亚息那策巴宫殿的二十八座大厅。雷雅特便想运输一对有翼的狮与牛回去。在那时，已掘出十三对这样的雕刻。这个运输，虽不方便，却终于成功。但雷雅特在宁穆禄所发掘的城市，还不是真正的尼尼微，而是卡拉（Kalak），在尼尼微暴兴之前的时候，曾为亚述的都城二百二十年（纪元前 885 年至前 668 年）。以后，他又到亚息的古址（亚述最古的都城）和考央吉克，真正的尼尼微的古址上工作着。他的工作虽不过是试掘，却结果极好，已发见大火所焚的西拿基立（纪元前 705 年至前 681 年的大宫殿的一线痕迹。他的工作不过二年，而已有这样好的成绩，真是发掘史未之前闻的奇迹。1849 年，雷雅特受英国博物院的委托，重到考央吉克发掘尼尼微。目的在发掘西拿基立建造的西南方的大宫；这座大宫在米太人的军队陷尼尼微时被焚；许多刻图刻文的石板，俱为大火所灼，或断或残，然而他仍得到许多的图画，记载西拿基立在巴比伦、叙利亚及他处的战功。以后，考察七十座大厅和长廊之后，知有许多宫室，是西拿基立的孙亚息本尼巴所添建的。在所有的发现中，最重要的是王宫的两间藏书室；从地上起有 1 英尺多高，满堆着大大小小的刻文的石板；有的完好无缺，但大部分却都是破碎的。最大的石板，是平面的，约 9 英尺长，6 英尺半阔；较小的，微凸；最小的，长不到 1 英寸，止刻有一二行文字。刻在这种石板上的楔形文字，有时极小，非用放大镜不能看得清楚。这两间藏书室是许多名王收集的结果，亚息本尼巴收集的尤多。这种发见，价值不能限量。我们现在立刻和古代的原作相见，而直接知其历史、科学、法律、文法、宗教等等的情形了。且这种图书，不仅限于亚述一国的事；亚息本尼巴还知注意于收集巴比伦的图书；有许多石板是钞录古代巴比伦的文字的。所以我们研究巴比伦时，这些图书又是极重要的宝库。

雷雅特的发掘的工作，至此已登峰造极了。1851 年 4 月，他便离开尼尼微，而将工作交给他的助手剌萨谟（H. Rassam）继续进行。1853年12月，剌萨谟发见亚息本尼巴的大殿；这位皇帝，是亚述最后的威势赫赫的皇帝，希腊人称之为萨达那佩拉（Sardanapalus）。剌萨谟在这王宫中，发见王家图书馆的第二部分。此外，最有趣的发见，是一群奇异的雕刻的石板，表现国王的猎狮的情形。如将亚述的艺术加以比较研究，则这一群的石板，和雷雅特在宁穆禄所发见的属于亚息那策巴的一群早期的石板，便立刻可以看出其区别；早期艺术，有的地方比后期的有力量，然而后期艺术，却有更为精美的。无论古今的兽类雕刻家，没有一个曾比那个纪元前650年的亚述雕刻家表现野兽的威猛更忠实，更真切的。狂怒的狮子，咬住了车轮；受伤的母狮伸长头颈，表现出临死时悲楚的挣扎；国王骑在马上，脸上现着又喜悦、又紧张的神色，在猛追着沙漠中的野驴。这些景色都是极可赞颂的。

在发见狩猎图的大厅的中央，剌萨谟又掘出好几千块的石板；其中有不少关于巴比伦与亚述神话的记载。在剌萨谟之后，罗夫塔斯（Loftus）继之，从事于考央吉克的发掘；他的最大的成功是发见有名的浮雕，图写亚息本尼巴和他的王后同在一个花园中宴会的情景。但这时，发掘的费用已不够，于是发掘的工作只得中止。同时，亚述学的研究，根据雷雅特及剌萨谟所发见的刻文，建立研究楔形文字的坚固的基础，遂得以通达这种无人懂得的"箭头书"的意义，而重建巴比伦及亚述的历史、神话、宗教、法律等等的系统的研究。在这些学者中，最重要者为罗灵逊（Rawlinson）、奥拍特（Oppert）、兴克斯（Hincks），及品拆斯（Pinches）等。

第八章　推来城

在许多次的古城古墓的发见里,最可诧异的,是推来(Troy)城的发见。发掘推来城的主人翁是德国人舍利曼(Heinrich Schliemann)。说来可怪,他之立志发掘推来,在读荷马(Homer)的大史诗《伊利亚特》(Iliad)时;在他之前,没有一个人不以为这篇诗是虚无飘渺的歌咏,推来是荷马脑中的城;十年大战是荷马虚构的空中楼阁;赫楞(Helen)、赫克忒(Hector)、阿溪里(A-chilles)、攸力栖兹(Ulysses)是荷马随意创造的人物。假定有人说,推来实有其地,十年大战实有其事,赫楞等实有其人,则无论何人,都将掩口而笑,以他为发狂。然自舍利曼的推来发掘成功以后,人的眼光却全变了。方才知道,推来城不是荷马脑中所造的城;十年战争不是荷马虚构的空中楼阁;赫楞等不是荷马创造的人物。于是荷马的研究,别开生面,荷马的史诗别有一重价值,希腊的古史,别添篇页。

舍利曼生于1822年。在他孩提时代,他的父亲常将希腊故事说给他听,他心中充满这些故事的影子,每每沉醉于希腊英雄的冒险与勇敢。在他看来,那些故事都是真的,荷马所歌咏的英雄行为都是不假的。他的心紧紧为他们所捉住。有一次,他得到一本插有一幅推来城大火时的图的书,他心中更除去一切疑团。他看见推来城在延烧,一所所的宫殿房屋逐渐的为红焰所吞没,他看见不幸的推来人在惊号,在奔逃。他对他的小伴侣说道:

"我要去寻找推来。"

他们讥笑着他;他默默不言,心中受伤了,他不明白他们为什么不和他一样的热心。

以后，舍利曼的家境贫穷了，他的童年不得不在一家杂货铺中度过。他每天做十八点钟的工作，而他的心，仍然专注在推来城。这种矛盾生活的痛苦，是不必说的，然他又不能脱离这种生活。他的主顾都是些粗野不学的人，他与他们长时间接触之后，几乎把从前所学得的一点拉丁文都忘记了。他想求知识，却没有时间去得到。他没有假期，没有快乐，除了几点钟的睡眠以外，便是不息的工作。在这种环境，他还不时的记忆着他的父亲为他讲述希腊英雄故事的快乐时代。他不时觉得前途有一线光明。他的发掘推来城的童年的梦，深埋在心底而保存着，并不曾毁掉。

有一天，他因举重物受伤，不能再在店中工作。他不知怎样办好，贫乏、疾病交迫着他；他到汉堡，没有人雇用他。最后，他到一只船上做侍童。不幸这船在中途遇险，他和水手们幸得逃生至荷兰海岸。这时是舍利曼一生最黑暗的时期。他不得不求乞糊口。后来，在一个事务所中，得到小位置。他的心中又生新希望。他忍饥耐苦，省钱买书，有机会便拿来读。在六个月中，他学会英文，再六个月，又学会法文。他发狂似的去求智识。他的向未发展过的头脑，忽然的觉醒了。他有一种不可及的学习语言的天才。以后几个月，他又学会荷兰文、葡萄牙文、西班牙文、意大利文。他不肯停止。他又想学俄文，而在六个星期内，他居然会写俄文信了。这时，他已经二十四岁。主人命他到俄国去办一件事。在一年之内，他在俄国自己开始营业，决心要积钱实现他童年的梦。有一件事是很可怪的，他崇拜希腊，他敬爱荷马，然而他却费许多工夫去学习许多外国语，独不肯去学希腊文。其实他是怕学希腊文，怕这种迷力极大的文字一捉住了他，他便将完全忽略了他的营业，将永不能有力量到荷马所歌咏的地方去了。他之经商也如他之求学，全副心力都集中在商业上面，他的唯一目的便在得钱。十年之后，当他三十五岁时，他已经成富翁。他可以随心所欲的生活着。于是他便用全副心力去学希腊文，而在六星期之后，已经学会。在三个月之后，已经能读荷马的原文。

舍利曼在周游世界之后，便到他所梦想的希腊。别人都以为荷马的史诗仅是传说，他则始终相信这是事实。许多人都疑推来城是虚无飘渺的，他却全心相信这是实在的城市。这时，刚好雷雅特发现尼尼微古城，因此，更引起他发见推来城的欲望。他以为雷雅特能使尼尼微古城复见天日，他也能将推来古城掘出。

在 1870 年时，他到推来平原的喜萨力克（Hissarlik）山上，这地方离达达尼尔（Dardanelles）不远。他上这荒山，心里觉得在他的足下便埋着推来的古城。他用三百镑从土耳其地主购得地基。经过种种的困恼的迟延后，便在 1871 年，开始发掘。他督责着工役向山的心中掘去。许多工人不息的工作着。从早至晚，他都亲自在工作场中。他的妻是希腊妇人，和他一样热心，亲自同女仆执铲掘地。

舍利曼心里很快乐，每当他掘土的时候，总是聚精会神的工作着。他的大敌便是节期与雨天；因为在雨天，工作便不能进行，在节期，希腊人却不肯作工。所以在这些日子，舍利曼便坐在家里，写着他的发掘的经过。他将古城由泥土中掘出，在第一城之下，又见到第二城。舍利曼觉得很可怪。掘得愈深，他的诧疑更甚。原来是一座城立在别一座城的上面，一种文明紧接着一种文明而来。几千年的历史，都集中在这个地方。当一种人民已灭亡而覆于土中时，在这座古城上，别一种人民又建立新城。所以这城之古，远在希腊人之前，远在推来人之前，而属于与克里特有关联的人民。

原来的山丘，其高大与年代俱增。古城历被埋没，于是山之高度较第一城所立的原来平地，多 50 英尺，其长度较原来长度，大 250 英尺；在别一个地方，却增长了 150 英尺。

在这古城堆中，他发见无数的古物、城墙、古瓶、石斧、铜针。他的工作，极可惊异。他将寻找出来的东西，每件都注明在那样的深度中得到，且赏钱给找到的人。如果有一片记着文字的破瓶片发见，那发见的人，便可另外支薪。工人自然更热心的去寻找。有的人在一片破瓶片上，假刻款记想去欺骗他，不久便将这虚伪揭穿了，伪造的人不仅不得到赏，反受责罚。工人自此便知道不能用这个方法来欺他了。

这座山，如蚁垤似的，工人攘攘往来，或掘地，或挑土，他常时雇用一百五十名工人，此外更有马匹车辆。有一个时候，几个工人不幸被埋在倒塌下来的土中。他便焦急的亲自动手去救他们。

荷马称推来为"风地"，不是没有理由的。舍利曼亲自经验到那扫过平原的大风。有时，气候突变，大风吹过，几乎要将他们冻僵。这时，唯一的求暖方法，便是到地道中去，在山上工作着。

几十万英吨的泥土，被移开去，乃得在山中开辟如斜坡似的一条大路。在一条地道中，舍利曼经过两层 10 英尺厚的城墙，过了一会，他又得到 6 英尺及 8 英尺厚的两座城墙。他在喜萨力克山，本想寻找一座古城，结果却得到七座，一座城建在别一座之上，有许多层的灰烬与遗残的砖石，夹杂在各城之间，表示古代焚杀的经过。在有些地方，灰烬有 5 至 10 英尺高，为在此荒丘间历年历代经过兵火的证据。他找到他的推来城，是第二城，在 30 英尺深的上下；这城在希腊人攻取之前，已有许多年的历史。他掘出古代的城门；当他在门旁掘过城墙时，他的眼第一次看见了伟大的推来的宝藏，金杯、金壶以及银爵；有的金杯重过一磅，银杯则倍之。还有颈圈和别的珠宝；这些东西都是匆促间抛在城墙的一个洞中，仿佛是当时有一人带了这些珠宝逃走，又抛在那里的。

舍利曼立刻命令他的工人去早餐，不使他们知道这发见，他谨慎的用小刀将这些珠宝由遗物中割下，交给他的妻，而她便藏在外衣之内，匆匆的带到山上木室中。在他上面的重厚城墙，时刻有倒塌的危险，但他却不顾这一切危机。

舍利曼在喜萨力克山掘了三年，发见废圮的殿宇、城堡、城墙。在上面所说的那个第二城的南面，他见到三个城门。舍利曼以为这城一定是推来城了，这大城门一定是荷马所叙的斯揆安门（Skaian Gate）。在这城堞之上，是当年推来王普赖安（Priam）坐在那里观战的，是绝世美人赫楞在那里观看巴里斯（Paris）与门涅雷阿斯（Menelaüs）单身相斗的。他以为他的目的已经达到了，他的推来终于得到了。这个发见是在1873年5月。同时，所得到的金杯珠宝，他则名之为"普赖安的宝物"。并且全城都是火焚的遗迹。于是舍利曼满心高兴的发表了他的推来古物记。全世界的视听，都为之震动，有的赞成，有的反对；赞成的在英国有大政治家格兰斯顿（Glastone），反对的为无数学者。学者们不相信这座小城，建以小石与泥土的，便是十年久攻不下，海王坡赛顿（Poseidon）与日神阿坡罗（Apollo）所建的推来城，且所发见的古物，也较荷马史诗所写者为粗率。他发见的铜的兵器，荷马所写的则为青铜及铁的刀戈。以后，这个见解稳固了。舍利曼自己也承认他所发见的并不是真推来城，不过他仍相信真的推来城仍在这地方，他所选定的位置并不错。然而他虽不曾见到荷马的推来，他却发掘了远在荷马之前的一种文化，第一次使人家注意到去研究欧洲文化的启源，其时代与性质和尼罗河及幼发拉的河的两个文化是鼎足的，虽然他所发现的是在亚洲的土地上。同时，因为"普赖安的宝物"的发现，土耳其政府便千方百计阻挠他的发掘的进行，且在法庭控告他，罚他一万法郎。他在1876年4月，又开始在喜萨力克发掘，然当地官员尽力阻挠，竟使他不得不中止工作，转到希腊地方，去发掘迈锡尼（Mycenae），得到极大的结果。这将在下文叙到，这里不多说。在1882年，他又到喜萨力克去工作着，同去的是多耳斐尔德（W. Dörpfeld）博士，是著名考古学家。结果，他们一共发见九座古城（据舍利曼计算是七座），一座建立在别一座的遗址之上。这次发掘还不曾竣功，舍利曼便于1890年死在那不勒斯（Naples）。他死后，多耳斐尔德方才发见第六城，是真的推来城。他耗了全生的精力，去发掘推来城，却在未及见真的推来城时而死去！然他的工作是不朽的！他所给与世界的，乃远出于他自己预料之外的伟大；他所发见的不仅是荷马的推来，不仅是证实荷马，添加希腊史的篇页，且将欧洲文明的启源，地中海文明的曙光，射照在学术界上。这便是他的工作的最伟大处。

第九章　阿加绵农墓

如今将专叙舍利曼发掘迈锡尼的事。上文已说过，他在喜萨力克的工作不能进行之后，便转到希腊地方，去发掘迈锡尼，要发见阿加绵农（Agamenon）（希腊军攻打推来时的主将）的墓。这发掘又得到意外的成功与影响。

我们欲得知希腊有史以前的文明与生活的状态，除在荷马两大篇史诗之外，我们必须将相传的后来希腊文化除去。在有史以前的希腊，住的是别一种人民，它的衣服、风俗、文化、艺术，一切与后期的希腊文化绝不相同。（虽然这文化，也混入后期的希腊文化，而成它的元素之一。）在希腊有史以前，无所谓后来的"城国"，有的是建于山上的小城堡，一个国王居于其中，这个小城堡直是"强盗国王"的巢穴。这些国王，也许和阿加绵农一样，是人中之王（Lord of Men）；但他的生活，却是简单的强盗生活；他们的职业便是劫掠和打仗。他们的领土，小得一望而尽。最好的例，便是雅典的城山。然在那地方，遗物已无可得，后期的希腊文化，已将前期的完全覆蔽了。使我们尚可见这些有史以前的"强盗国王"的真相与他们的文明的，是舍利曼在亚各斯（Argos）所发见的两个岩堡，约建于西元前2000年至前1000年。这便是迈锡尼，是人中之王阿加绵农统治的地方，和泰麟兹（Tiryns）。其遗迹都完全的保存到现代，几乎没有被变更过。在那里，还可看出那时代"城宫"或"岩堡"的特质，还可看见剽径劫船的事，成为有地位、有勇气的男人的天然的行动。据理想的见解，初有拍赛德（Pesseid）种由海道而至亚各斯，立足于泰麟兹诸地，然后渐到迈锡尼，然后，又有第二批的移民，住在亚洲的百乐丕达（Pelopidas）种，由陆地经马其顿（Macedon）而至迈锡尼，夺取拍赛德人的城堡，而以迈锡尼为他们的首都。阿加绵农便是属于百乐丕达系的一个国王。他的领土虽小（在九英里之外，便是别一国王狄奥麦德［Diomed］的地方），却得到全希腊的敬服，所以阿加绵农虽智勇不过诸王，却被举为攻打推来城的主将。

阿加绵农在攻下推来归来后，便为他的妻克力腾涅斯特剌（Clytemnestra）和她的情人伊吉狄阿斯（Aegysthus）所杀；随了他的死，迈锡尼的光荣，也渐渐消灭。后来多利亚种（Dorians）向南侵略，攻下迈锡尼；迈锡尼便和推来遭到同一运命，被焚被劫于侵掠者之手；自此之后，迈锡尼乃不再现于希腊史上。多利亚人抛弃迈锡尼与泰麟兹而建都在狄奥麦德的亚各斯；古代的两个名城，遂成为荒墟，无人过问。直到舍利曼的发掘，而迈锡尼乃复现于世。

在泰麟兹，我们见到简朴的"堡宫"的完整的模型；在迈锡尼则其远古的光荣的文明，更可完全见到。迈锡尼发见在 1876 年，泰麟兹的发见，在其后几年。

舍利曼在 1876 年，到迈锡尼；他的工作，显着很大的成功，因此继续三季。在 1884 年，他又由喜萨力克回到泰麟兹工作着。泰麟兹在一山脊上，离海不过一英里。山脊是很小的，离平地只有 59 英尺，离海面只有 72 英尺，其长只有 984 英尺，其阔只有 387 英尺。这古堡虽小，却甚坚固。舍利曼所发掘的是堡宫的内部；以后的发掘，又寻到年代更古的一座宫殿的遗址。泰鳞兹的建筑很简朴，完全是一个典型的荷马式的建筑，表现着由南而来的克里特（Crete）影响与由北而来的影响的混合式。其后来发见的壁画，表现的是猎取野猪的情形。一群的从人，或执猎矛，或牵着跳跃向前的猎狗。两个宫人在车上，沿林荫走去，观看他们。野猪狂怒的拒着敌；它的臼齿，巉巉的露出，在它之前，有两人的手执着两支矛，向它胸前和眼上刺去；在它之后猛狗在追扑着。这都可见是克里特的影响。

迈锡尼的发掘，所得较泰麟兹复杂得多。迈锡尼之所以招引舍利曼去发掘，又是荷马的魔力。波舍尼阿斯（Pausanias）在他的《希腊游记》上，叙写迈锡尼的古迹很详细；他说："古城的遗址仍可见到，城门之上有狮子立在其上。还有属于亚特鲁斯（Atreus）和他子孙的保存室物的地下室。有亚特鲁斯的墓，和伊吉狄阿斯在宴会上杀死的和阿加绵农同归的武士的墓。还有阿加绵农的墓，驱车者攸麟米顿（Eurymedon）的墓。克力腾涅斯特剌和伊吉狄阿斯则葬在墙外不远之处，因为当时的人以为他们不配葬在墙内，那里是阿加绵农与和他同死的人所永眠的地方。"直到今日，波舍尼阿斯所描写的狮门，还是那样，毫无变动。门上所立的一对狮子，以及全门，都是古代艺术的最高作品。虽然现在已不承认它们为希腊最古的雕刻，却仍为最惊人的艺术。然舍利曼所注意的，初不在此。他全心要寻找的是波舍尼阿斯所叙的阿加绵农和他的同伴们的坟墓。他有意无意的选定离狮子门之内 40 英尺的地方，开始试掘，而他所发掘的却正是他所要寻找的东西。在 12 至 14 英尺深的地方，工人掘到一圆形的粗坛。他们掘的地方扩大了，约在这坛略高的地方，又发现一圈石板，圆径 87 英尺，全都站在两行圆圈的边上。舍利曼立刻自信，已找到阿加绵农的会议室，是阿加绵农和希腊诸首领商议攻打推来的事的地方。但这决断如果不差，则荷马的英雄必定都是巨人，因为最低的石板，也有 3 英尺高，而最高的竟有 5 英尺。这个石圈，比较合理的说来，还不如当它是一种祭地。当时的人，必定在那里举行祭奠埋在地下的伟大的死者。离地面 21 英尺深之处，他又找到一堆入骨，这当然是被杀殉葬的奴隶，跟随主人到地府去服役的。更深 9 英尺，即离地面 30 英尺之处，见到一座大坟，后来名为第三坟，这坟里葬的是三个妇人。离此坟不到 5 英尺，掘见一座更大的坟，葬的是五个男人。后来陆续发现三个坟，式样俱大略相同，葬的人多寡不等。最后，斯坦马塔克（Stamatakes）又发现第六坟，这坟里葬的是两个男人，直躺在石床上，手里执着酒杯，盔甲即在身边，足旁放着好些大瓶。这些圆圈的诸坟之发见，重大之价值乃在其中的财富，与死者当时的精美的文化，有许多金的、银的、象牙的，及铜的各种面具、手杖、指环、宝剑等等。舍利曼惊喜的宣言道：他已找到阿加绵农和他的部将们的坟了；他们为伊吉狄阿斯所谋杀，立刻下葬。视其埋葬时匆促无序的形式，可决其必为被杀后立刻入墓无疑。这个言论与发现，又震动全世界，在英国，格兰斯顿又为舍利曼张目，说他果然发见阿加绵农的坟。然而不久，学者群加怀疑，以为坟中之器物，并不属于同一时代，死者的人数与男女性，也和波舍尼阿斯所叙不同；且葬仪之纷乱，也不过是坟顶与尸身相接触所成的结果而已。于是反对的意见，渐渐的坚固了，大家渐渐的由惊羡而冷笑了，他们讥笑舍利曼的幻想与对于荷马的过度热心。然而到今日，人又渐渐看到舍利曼的发见的真实价值。许多学者都以为这些坟里是否葬着亚特鲁斯和阿加绵农的一家，不能知道；然而这些坟确是一千七百年之前波舍尼阿斯所叙述的诸坟。至于这些坟是不是阿加绵农的，虽是极有趣味的问题，却不是重要的问题。舍利曼所做的，乃是出于他意想之外的更伟大的工作。不必问他已否真正的发见阿加绵农，他却已真正的发见英雄时代的希腊，远在有史以前的希腊文明；他要发见阿加绵农，结果，他所发见的却是古希腊的文明，证实有史以前的希腊，荷马所歌咏的希腊，并不是一个梦，乃是真实的英雄时代。五十年前，论希腊史者，不敢叙到第一次奥林比亚（The First Olympiad）以前的史实，以为那都不过是传说，不足信的。格罗脱（Grote）的十余册希腊史，即可以为代表。如今舍利曼却给他们以致命伤；他告诉他们道，有史以前的希腊，是真实的时代，不是传说，自有她的文明，不是诗人的想象；他拿出的是证据，是古代文化的成绩的本身，不是空言。于是便打倒一切的怀疑，将欧洲的历史，提前许多的年代。这重大的价值，也许舍利曼自己，还不曾想到呢。

在六个大坟之外，波舍尼阿斯所写的亚特鲁斯的宝库，也是一个坟；这在舍利曼之前，已为人所开掘，舍利曼不过最后清理之而已；第二个克力腾涅斯特剌的宝库，则为舍利曼夫人所清理，所发掘。亚特鲁斯的宝库可作为希腊古坟的代表，这些古坟，今所知者，至少有二十五所，存在希腊与克里特。这坟门之前，有两根支柱，今存于英国博物院。这是古代世界最大的工程与建筑之一。在同一山坡上，略近北方，又是一个蜂窝形的坟墓，即克力腾涅斯特剌的宝库；这坟没有前坟完整，有一部分已经毁坏，葬的是一个妇人，大约是一个埋在前坟内的大人物的奴隶，被杀殉葬的。如果这话不错，那么，这妇人一定是他生前所宠爱的，因为一般殉葬者的坟内都不曾有宝物发见，而她的坟中，却有两面铜镜，镜柄是雕花的象牙，还有几个金铸的饰物。

继舍利曼之后，而至迈锡尼者，尚有不少人，各有多少的发见，然而开其先路的却是舍利曼，却是受尽世人讥笑的舍利曼；所得最多的也是舍利曼。舍利曼初为杂货铺的学徒，却一心不懈要发见他的推来，他的阿加绵农；他没有见到真的推来城，他的阿加绵农也为人所反对；他在举世讥笑之中死去；死后还有人讥笑他的幻想。他也许一生便不曾有过多少的真实同志。然而他却百折不回的向前做去，他先预备发掘的资本，然后学习希腊文，然后开始发掘。他不怕人的讥笑，他不怕失败。学者们坐在他们的书室里，根据他们的古书与论理，嘲笑的驳斥他道，那不是推来城，举世皆和之道，那不是推来城。舍利曼却不为所动，仍然很冷静的在工作；学者们又道，那不是阿加绵农坟，举世都和之道，那不是阿加绵农坟，舍利曼却不为所动，仍然很冷静的在工作。他的成功决不是偶然的；他的成功是他的坚忍，是他不移的信仰，是他精锐的观察，是他的勤苦的工作。在许多次的考古学上的大发见中，没有比舍利曼的两次大工作，更艰苦的；在许多的徘徊于古城古墓间的大发见者之中，也没有一个比舍利曼更经历巨大的苦楚的。

第十章 克里特

在舍利曼的推来和迈锡尼的两次大发见上，已可见到希腊有史以前文化的一部分；然而希腊文明的根源，是从什么地方来的呢？要回答这个问题，须知英国人伊文思（Sir Arthur Evans）在克里特（Crete）岛上克诺索斯（Cnossus）地方发掘的结果。克里特岛在希腊半岛之南，介于欧、亚、非三洲之间；她与希腊半岛之间，有无数小岛相联络着；在天然的地位上，她有在爱琴海文化史上占最古最重要的地位的资格。在希腊有史时代，克里特的地位，已早显衰颓；然当她盛时，她曾派遣八十只船加入围攻推来，她的领土内，有一百座城市；而她在希腊传说中，更显着极重要的位置。克纶诺斯（Kronos）的妻里亚（Rhea）曾逃到克里特，生出诸神之王与父的薛乌斯（Zeus）；而在这地方的狄克旦洞（Dictaean Cave）中，婴孩的薛乌斯为羊乳所饲养成人；在这洞里，薛乌斯与欧洛巴（Europa）同在这里度婚夕，生下克里特的大人物迈诺斯（Minos）。据说，薛乌斯的墓，也在一个山上。迈诺斯的传说，更为丰富。他是希腊的摩西，受法律于天的，死后，还在地府，成为裁判官。但迈诺斯却不是国王的名字，乃是一个朝代的国王们的尊号；在希腊故事中，他不因为是正直的立法者而成为重要，最重要的，却因为是暴虐的统治者。他是爱琴海上伟大的国王，派出海军，胁迫附近各地朝贡于他；他是古代最大的建筑家发明家第达拉斯（Daedalus）的保护主。第达拉斯为他的主人造了一个可怕的铜人，造了亚立亚德泥（Ariadne）的跳舞场，造了一所迷宫，住着神话中最著名的牛首人身的吃人者民诺托（Minotaur）。民诺托每天要吃人肉，国王便命令各地每年献上童男童女；直到雅典王子提秀斯（Theseus）杀死他，方才停止这贡献。在那时，克里特人掌握海权，他们在别人心上看来，都是恶人、攻略者。几个古希腊的历史家，也都记载着迈诺斯帝国的事；他们说，克里特王迈诺斯是第一个海王。总之，许多希腊传说，都以克里特为欧洲早期文化的起源，而在最近的发掘里，便证实这种传说。

克里特的古迹的发掘，是十九世纪最后一年的事。迈诺斯帝国的都城，并不曾为人忘记，且常有人去游历。然其遗址却不足引诱学者去作进一步的考察。舍利曼曾记下克诺索斯，预备将来发掘。一个美国人，也曾到过可以望见克诺索斯遗址的刻法拉（Kephala）山上，因为有人说，废圮的墙石上刻有奇异的文字。然因为当地业主百端阻挠，一切发掘不能进行。1878年时，一个克里特土人，曾发掘一点古物，如大瓶与迈锡尼式陶器之类。直到1895年，伊文思博士才进行大规模的发掘。

伊文思发掘克里特的动机，在由雅典购到几块克里特的"印石"。1894年，他便在克里特的中部与东部工作着，想发见一种克里特系统文字的证据。他在这一点是成功的。在狄克旦洞中，他得到一片石板，刻着无人认识的文字。1900年，他买到克诺索斯遗址全部，开始发掘；结果是将人所忘记的一个古国，重放在我们之前。

没有一次的发掘，有他那样顺利的。他第一次发掘，费时九星期，雇用八十人至一百五十人；在这短时间之内，约有两英亩广的史前的大厦已被发现。第一季季末，克诺索斯的宫殿，已可看出，较希腊半岛上的泰麟兹与迈锡尼的宫殿，更伟丽。再经过几次发掘，那比任何古迹都更弘伟复杂的建筑，便出现于世。他发现几张壁画，其中有一个少年的半身像，虽是三千年前所作，但颜色鲜明如新。这是迈锡尼族男人的真形第一次出现于我们之前。由他的脸部，可以看出是古希腊式；而他的眼部，也是埃及画家所不能知道，而止有纪元前第五世纪前后希腊古典画家才能画得到的。长廊与宫殿的西边外墙，有几排的小房，显然是储藏油谷的地方，其中陈列着许多大陶缸，一间房内，已经陈列着二十个。这些大陶缸都绘有花纹，有的且甚复杂。有一个最美丽的，有 5 英尺高。这些陶器，舍利曼在推来也曾发见过，从前在克诺索斯遗址上，也曾发见过。由这些建筑上、陶器上，可知当年生活之奢华，文明之发达。在中庭和长廊间的几间房里，继续掘出许多宫廷生活中最有趣的古物。由好几种的证据里，伊文思断定这所"迈诺斯的王宫"，便是传说中的第达拉斯所建的迷宫。他又在宫中发见"迈诺斯的朝殿"；北边是一个宝座，沿着墙边是一行的低石椅。这是世界上最古的朝殿，自一位国王坐在这上时，离今已有三千五百年了。迈诺斯的王宫，与舍利曼所发见的泰麟兹与迈锡尼的王宫，有极不同之点；泰麟兹与迈锡尼是"堡宫"，四边都是坚墙，刻刻防备敌人进攻，迈诺斯的宫殿却毫无这种战备；这可见当时的克里特是和平的地方，绝不防敌人来侵略；他们的防御在海上，他们的权力在兵舰。当兵舰在时，克诺索斯可以不用一点防御，一旦海军力衰颓时，克诺索斯便毫无抵抗的任凭敌人侵凌了。在全宫的各处，都可见大火焚的痕迹，由此可知他们的海军，是终于衰颓了，敌人终于到过这里了。也许这样的焚劫，在它的长久的历史上，不止经过一次呢。许多刻文的泥板，都经大缸中的油火所烧灼，坚硬如石；在那样弘大的一座宫中，竟没有发见一件金属的器具，更不必说重要的宝物。由此可见克诺索斯的光荣与文明，乃是突然的摧毁的。他们的宝物，已被侵略者搜罗干净。此或由迈诺斯朝的诸王，已不能维持他们的海军力，或迈诺斯的海军，终于遇到更强的敌人，而完全覆没。总之，克里特的海权一经丧失，跟着丧失的是一切的文明、光荣和历史。

克里特的女子衣饰，和男子不同，在伊文思发见的好几幅小壁画上，所画的女子，衣服都是华丽而重多，不似希腊古代妇人衣裳轻简。见者简直可以它们为十九世纪中叶的欧洲女子的服饰。

由壁画上，由发见的仅余一头的牛像上，都可知道古代克里特人是喜欢斗牛的。这是极残酷的，斗者多为牛所杀，而他们则大都为非克里特人，大约是被征服的人。食人巨怪民诺托的传说，大约即由于此，而流传于希腊各地。

克里特人极好艺术，其工作的精好，是别种人所不能及的。在有的瓶饰上，以及在因倾圮而未被劫掠的一室内所发见的金属器具上，都可见其技术决非粗率，其最精美的，乃非希腊全盛时代的匠人不能为。然而有一个最可怪的现象，便是一切克里特的艺术品，无论壁画，无论雕刻，都是小规模的，找不到巨大的石像，也找不到巨大的壁画。在邻近的埃及，在同一时代（埃及的第十八代），其弘大无比的雕刻与大规模的工作，乃竟没有丝毫影响到克里特，这真是很可怪的。

据许多专家的意见，克里特的文化，其古远决不在她邻近的尼罗河文化与美索不达米文化之下，而她却是原始的，并不曾受过它们的影响。所以古代的地中海文化，可以说是鼎足而三。这在欧洲的历史上，实是一个很重大的发见。

第十一章　巴力斯坦

　　上面讲到埃及的发掘，巴比伦的发掘，亚述的发掘，推来的发掘，迈锡尼的发掘，以及克里特岛上海王国都城的发掘，都各有丰富的收获，都各有惊人的故事、动人听闻的经过；然而讲到巴力斯坦（Palestine）的发掘，在全体上说来，结果却是失望。这地方是基督教《圣经》上极重要的地方。然而自从窝棱（Captain Warren）开始在这里发掘之后，至今已经五十年，而十分重大的发见，却从不曾有过。在他们工作之初，发掘者和一般热心帮助者，希望是极大的，简直是无理由的大。他们当窝棱在巴力斯坦工作之时，便希望他的铲子一掘下来，便可完全解决《圣经》上的许多疑问。热心帮助者的梦想，集中于大卫（David）的战绩和所罗门（Solomon）的光荣等等。有的人竟还希望能够发见和耶稣接近的信徒的几封私信。然而这一类的大希望，却全归泡影。虽然在巴力斯坦，得到一块重要的刻石，然不是专门发掘者所发见的，而是一位游历的教士，偶然得到的，而他还完全不明白他的发见的价值！

　　现在，人已明白巴力斯坦的发掘终于失望的原因；以后当不至再有什么痴想了。然而，醉心于波塔和雷雅特在巴比伦和尼尼微的大发见，马烈特在埃及的大发见的人，却不相信在巴力斯坦竟不会发见同样伟大的结果。但我们须知，在巴力斯坦的全部历史上，本就没有一个好好的组织和经历久长的国家，他们也不曾有和巴比伦及尼尼微相似的伟大宫殿，也不曾有和底比斯相似的弘丽庙宇。巴力斯坦之有中央的势力，仅为纪元前1000年时的事，且在古代东方史上，也不过昙花一现而已。就巴力斯坦所已知的历史上看来，我们实在没有勇气去希望在这个"圣地"，得到可以和美索不达米及尼罗河流域的诸大国的最零星的遗迹相并的古物。虽说在所罗门王的简短的光华时代，有大工程建造着；然而后来的巴力斯坦历史，却使这些大建筑不能存在。巴力斯坦原是在行军大道上，无论是埃及人去征伐叙利亚，或是亚述人南下去攻打埃及，巴力斯坦总是首当其冲。所以巴力斯坦是世界上战事最繁的所在；所以，她的大建筑，便很难存在了。在巴力斯坦的故址上，没有古城不是被毁得片瓦无存的，不仅是经过一次，而且是再三再四。而且，占据了巴力斯坦的民族，也此兴彼仆，不是一种。而这些兴灭无常的民族，如巴力斯坦的闪人，或希伯来人等，本就不是建筑家或艺术家。他们每有大建筑，便要找外国工程师代劳。所以大规模或有艺术价值的古物或建筑，在巴力斯坦，实在没有多大希望去发现。且巴力斯坦的气候和土地，也没有保存古物的可能性，不像埃及终年少雨，土地干燥，能够将最精致易碎的东西，如纸草文书、象牙等，保存到数千年而还不坏。

所以巴力斯坦的发掘，在一般人看来，其结果是出于初料的失望。他们没有惊人的发现，甚至没有可供一般人值得回顾第二次，或细看一会的东西。然而，在今日的考古学眼光上看来，一般人以为不值一看的东西，或者更比伟大的动人听闻的东西，更有价值；因此种貌不惊人的古物，在研究当时人民的生活上，是比大建筑、大石像更有可供参考的地方。在这一点上说来，巴力斯坦的发掘，虽不能说是有大成功，却也不能说是全然失败而无结果。

马卡力斯忒（Macalister）博士，于 1902 年至 1905 年间和 1907 年至 1909 年间，在基则（Gezer）的发掘，结果在巴力斯坦的发掘中，是最有所获的。虽所获不能和雷雅特之得到尼尼微的王家图书馆，卡忒之发见都丹喀门墓的惊动一世相比，然其在巴力斯坦的人民生活及种族文化上，却极有贡献。基则并不是巴力斯坦历史上最大的城市，也不是对于史迹有重大关系的地方。她是一座并不惹人注目的小坚城，巴力斯坦历史上的重要事实，差不多都是经过她的旁边而去。但正以有这原因，在别的著名大古址上所不能得到的东西，在这小城的古址上，倒可以得到。她的三千年的发展，差不多都可在发掘的结果上见到。且耶路撒冷诸地，至今尚是人口众多、屋宇相望，发掘的工作，是极难进行的；基则是久无居民的地方，可以任凭工作者发掘。基则是半英里长，450英尺至600英尺阔的荒丘，高出地面有200至300英尺。荒丘的较低部分，是石灰石岩层，和耸立于南边的几座小山一样。上面部分，为三千年来叠积起来的灰烬余迹。这地方形势很好，水料的供给又冠于全巴力斯坦的诸城。她的最初出现于历史上，乃是纪元前1400年时，那时，她是服从埃及帝国的。在埃及的第十九代时，米棱塔（Merenptah）攻下基则。后来，以色列人继埃及人来到这个城。以后此城又人以色列世仇非利士人（Philistine）之手。大卫初得大功，即在此城下。所罗门时代，埃及王又攻下基则，放火焚毁，而将一部分给他的女儿，即所罗门的妻。同时，埃及人却仍握住基则不肯放手，所罗门的妻，不过实际上得其城民税款一部分而已。后来亚述人又占领此城。以后经过五百年的沉寂之后，在玛喀比战争（Maccabaean wars）中，基则又是战争的中心。此后，她便永远不见于历史上了。直到了1902年的6月，她才复为马卡力斯忒的锹铲所发见。马卡力斯忒的发掘，其故事长而复杂，决非这里所能细述的。总之，他却将这城市在三千年中的历史与变迁，都追究出来。他发现基则共有八层，表现这城历史的八个时期；在有的地方，六层是消灭不见，剩下止有二层。这可见后来的居民，在有的地方，竟收拾干净了前代的余烬，然后动手，重行建造。基则的房屋大都建于松泥上，经过雨水冲洗之后，便要崩塌。有一座房子塌毁时，压死一个母亲和五个孩子；当骸骨发见时，她手上尚执着刀；显然可知，她那时正备饭给孩子吃，全没料到房子的崩塌下来。在她的尸身上，尚附着衣饰，而墙上还钉着一尊女神的像。

基则的最初居民，文化很低，穴山而居，遗物极少。约当纪元前2500年或前2000年时，闪人侵略基则，穴居人便成过去的遗迹，仅留下穴洞而已。闪人建城在山顶，城墙建以大石，高约 20 至 30 英尺，厚约 13 英尺。城之中央，为国王所居，他是臣属于埃及的。城中有一道大水沟，引水供给人民，水源在一个山洞里。这是基则城中最大工程，或可以说，除了后来的耶路撒冷之外的巴力斯坦最大工程。城中更有一个小庙，奉祀埃及的神，庙墙上满刻埃及文。由此可见埃及的影响，在当时是极深的。他们的工艺品，不是他们的创造，都是模拟埃及的，且是极粗率的。总之，不仅基则，在全部巴力斯坦，自始至终没有一个本地的陶匠，能创造新花样的水瓶，也没有一个铁匠，能创造新式样的刀或箭头。但巴力斯坦人，文化虽低，虽止能模拟他种民族，然在这样的地方，终于兴起最有力量的一神教，产生历史上最伟大的人物，这真是不可解的神秘。

基则的发掘，在《旧约》上并没有什么帮忙。所罗门时代的基则，遗迹被发现的，是几所方形的城塔，显然是添建在外城之上的。亚述时代的基则，唯一的剩物是两片刻文的石版，上面刻有楔形文字；其一是关于买卖奴隶的事，文中担保这些奴隶并无疾病，身体也无残伤；其他一片叙的是一个希伯来人售去一块田地的详情。在玛喀比战争时代，基则初在希伯来的世仇之手，为独立战争的最大妨碍。但在纪元前 143 年时，西蒙·玛喀比（Simon Maccabaeus）终于攻下基则。发现这个时代的遗物，是一件很有趣的事。一个挑土的女郎，见到城墙边有一块石头，上面隐隐若有刻文，便将这块送给发掘者。石上的刻文被证明是希腊文；由这刻文上面，才知道所发现的是西蒙·玛喀比的宫堡。刻文说："判普剌斯（Pampras）说着：但愿大火烧毁西蒙的宫殿！"这可见那名为判普剌斯的叙利亚人，为胜利的玛喀比人逐出家宅之外，且被强迫为建筑宫堡的工人，于是他在愤懑不平之际，在石上刻下这个诅咒的话；而这石块后来砌在城墙之内。不料他的诅咒，在二千年之后，反成了证明西蒙·玛喀比宫堡的唯一证据。此后基则的历史，在实际上已到终结，不再有什么可叙述的事，而在发掘的工作上，也便没有得到什么重要的遗物。

我们可以知道，这个建在山上的古城，历史经过三千年至三千五百年，而其居民的人种，则此兴彼仆，自穴居的和立人（Horite）以至亚摩利人（Amorite）、希伯来人、埃及人、非利士人、亚述人、马其顿人（Macedonian），然后又是希伯来人。在三千年中，一个民族来，一个民族去，他们都留遗迹在灰烬瓦砾之中，给我们一读他们三千年的历史。这真是一个多变的城市啊！

附录　参考书目

（一）普通的参考书

Adolf Michaelis：A Century of Archaeological Discoveries（英译本）.

J. Baikie：the Life of Ancient East.

David Masters：The Romance of Excavations.

（二）第一章至第四章的参考书

Prof. G. Maspero：Egyptian Archaeology（英译本）.

Petrie：Royal Tombs of the First Dynasty.

Petrie：Abydos.

Petrie：Tell – el – Amarna.

Belzoni：Narrative of the Operations and Recent Discoveries.

Eliot Smith：Tutankhansen and the Discovery of his Tomb.

（三）第五章至第七章的参考书

De Sarzec and Henzey：Découvertes en Chaldée.

Koldewey：The Excavations at Babylon.

Layard：Nineveh and its Remains.

Layard：Fresh Discoveries at Nineveh and Babylon.

（四）第八章至第十章的参考书

H. Schliemann：Troy and its Remains.

H. Schliemann：Ilios：The City and Country of the Trojans.

H. Schliemann: Troja; Results of Researches, etc.

Leaf: Troy.

H. Schliemann: Mycenae and Tiryns; Narrative of Researchesand Discoveries.

H. Schliemann: The Prehistoric Palace of the Kings.

A. Evans: The Palace of Minos at Knossos.

（五）第十一章的参考书

Macalister: The Excavation of Gezer.

朱希祖 六朝陵墓调查报告

目录

六朝陵墓调查报告总目

六朝陵墓调查报告书 / 069
六朝陵墓石迹述略 / 129
六朝陵墓总说 / 144
六朝建康冢墓碑志考证 / 151
天禄辟邪考 / 199
神道碑碣考 / 211
驳晋温峤墓在幕府山西说 / 219

六朝陵墓调查报告书

朱希祖

序

余读日本今西龙君《高丽诸陵墓调查报告书》（见日本大正五年度《古迹调查报告》。）而辄深亡国之痛也，夫朝鲜人不自知其祖宗邱垅之留遗，付之荒烟蔓草，视为不足轻重，无怪乎其视国家如敝屣，而奄然以至于灭亡。迨他人据有其国，反视之若共球，斥国家至可宝贵之经费，延揽学者，周访靡遗，成为巨著，以贡献于世，此无他，一国历史之源泉，而文化之所维系焉。今吾国人日日言文化，而欲发扬光大之，间其文化实物之所在，则瞠目不能对，则如何发扬，如何光大，尤非其所能梦见，此随声附和之空谈，所以无济于实用也。盖一物之微，考其制作，各有其历史之根据，文化之渊源，例如六朝陵墓之神道石柱，天禄辟邪，一经考古者详为考核，精为比较，则与希腊波斯印度之文化，颇有息息相关，前贤精取外来之文化，以发扬光大吾国固有之文化，绵延千百年以至今日，实例昭垂，吾子孙安可不仰承先志，以自永其国祚耶！是故一邱一垅之间，其遗留于地上地下诸物，其类至夥，古代之建筑系焉，古代之绘画系焉，古代之雕刻系焉，以及古代之礼俗学艺系焉，甚至建国之精神，蕃衍子孙种族之至意亦系焉，而国人至今仍视为无足轻重，弃之于荒烟蔓草之间，一任其风雨摧残，盗贼毁掘，朝鲜人之覆辙不远，国人岂未之睹耶！吾为此惧，用自奋励，与长子僕躬自跋涉，披榛辟莱，先自访求六朝陵墓始，积经年之探索，又得中央古物保管委员会之助，仅完成此一隅之调查，勒为一书，他日苟进而扩之全国，尽发地上地下诸古物，以供研究文化实物之参考，杜外人之觊觎，扬先哲之耿光，是有望于秉国钧者，弘识渊见，不吝出纳，以造成此巨业焉。

中华民国二十四年五月三十一日，作于京都。

六朝陵墓调查报告书目录

序

说略

一 调查而无遗物可凭者

六朝之陵（凡史书地志不载陵地所在，及有地址不知今地而无可调查者，加○志之。）

吴

武烈帝高陵（孙坚　吴皇后）

大帝蒋陵（孙权　步皇后　潘夫人○王夫人敬陵）

废帝侯官侯墓（孙亮）

景帝定陵（孙休　朱皇后）

文帝明陵（孙和）

东晋

元帝建平陵（司马睿　虞皇后○郑妃简文太后嘉平陵）

明帝武平陵（司马绍　庾皇后）

成帝兴平陵（司马衍　杜皇后）

康帝崇平陵（司马岳　褚皇后）

穆帝永平陵（司马聃　何皇后）

哀帝安平陵（司马丕）

废帝海西公吴陵（司马奕　庾皇后）
简文帝高平陵（司马昱　王皇后〇李妃孝武太后修平陵）
孝武帝隆乎陵（司马曜　王皇后〇陈淑媛安恭二帝太后熙平陵）
安帝休平陵（司马德宗　王皇后）
恭帝冲平陵（司马德文　褚皇后）

宋

孝皇帝兴宁陵（刘翘　赵皇后　萧皇后）
〇武帝胡婕妤文帝太后熙宁陵
文帝长宁陵（刘义隆　袁皇后　〇路淑媛肖武天后修宁陵〇沈婕妤明帝太后崇宁陵）
孝武帝景宁陵（刘骏　王皇后　殷贵妃墓）
前废帝墓（刘子业　何皇后）
明帝高宁陵（刘彧）
后废帝苍梧王墓（刘昱）
〇顺帝遂宁陵（刘準）

齐

〇文帝崇安陵（萧长懋）
前废帝郁林王墓（萧昭业）
后废帝海陵王墓（萧昭文）
〇废帝东昏候墓（萧宝卷）
和帝恭安陵（萧宝融）

梁

〇武帝阮修容元帝太后陵
〇昭明帝安宁陵（萧统）
〇元帝　陵（萧绎）
〇敬帝　陵（萧方智）

陈

○景帝瑞陵（陈文讚　董皇后）

○武帝昭皇后嘉陵（武帝钱夫人钱氏）

○废帝临海王墓（陈伯宗）

宣帝显宁陵（陈顼）

后主墓（陈叔宝）

六朝之墓

二　调查而有遗物可凭者

六朝之陵

宋

武帝初宁陵（刘裕　臧皇后）

齐

宣帝永安陵（萧承之　陈皇后）

高帝泰安陵（萧道成　刘皇后）

武帝景安陵（萧赜　裴皇后）

景帝修安陵（萧道生　江皇后）

明帝兴安陵（萧鸾　刘皇后）

梁

文帝建陵（萧顺之　张皇后）

武帝修陵（萧衍　郗皇后）

简文帝庄陵（萧纲　王皇后）

陈

武帝万安陵（陈霸先　章皇后）

文帝永宁陵（陈蒨）

六朝之墓

晋

卞忠贞公墓（卞壸）

梁

临川靖惠王墓（萧宏）

安成康王墓（萧秀）

鄱阳忠烈王墓（萧恢）

始兴忠武王墓（萧憺）

吴平忠侯墓（萧景）

南康简王墓（萧绩）

建安敏侯墓（萧正立）

新渝宽侯墓（萧暎）

附未能考定之墓
丹阳县水经山下偏东之墓
丹阳县水经山下偏西之墓
江宁县栖霞山西北张家库之墓
江宁县江宁镇方旗庙之墓
江宁县笆斗山徐家村之墓
江宁县淳化镇西南后宋墅村之墓
江宁县淳化镇西南侯村之墓
江宁县淳化镇西南官塘之墓

说　略

一、调查六朝陵墓之举，先基于希祖与长子傸私人之调查，后乃加入中央古物保管委员会共行调查。其第一次至江宁县西江宁镇得睹六朝墓一，有石辟邪，又至安徽之当涂县，访吴景帝陵及齐和帝陵，未有所得；第二次至麒麟门仙鹤门之间，访得宋武帝陵、梁临川王墓；第三次至牛头山附近之岩山。访刘宋诸陵，又无所得；第四次至栖霞山西访得陈文帝陵、梁安成王、鄱阳王、始兴王、吴平忠侯墓及张家库六朝墓；第五次始加入中央古物保管委员会，至江宁县东南上方镇，访得陈武帝陵及侯村、后宋墅村二六朝墓，又至淳化镇西南访得梁建安侯墓，而长子傸又独至镇南官塘访得六朝墓一；第六次余与长子傸至句容石狮干，访得梁南康王墓；第七次加入中央古物保管委员会至丹阳，访得齐宣帝陵、齐高帝陵、齐武帝陵、齐景帝陵、齐明帝陵及齐墓二，梁文帝陵、梁武帝陵、梁简文帝陵；第八次长子傸独至栖霞山西董家边访得梁新渝侯墓；第九次长子傸独至笆斗山，访得六朝墓一；第十次余与长子傸至钟山之阳访吴大帝蒋陵及晋五陵，未见遗迹；第十一次余独至鸡笼山阳，访晋四陵，仅见石麟里遗迹；第十二次加入中央古物保管委员会至幕府山，访晋穆帝陵，宋文帝沈皇后陵，宋明帝陵，晋王导墓，皆未得；第十三次加入中央古物保管委员会至牛头山访陈宣帝陵，未得；第十四次加入中央古物保管委员会重至笆斗山、董家边、栖霞山西与仙鹤门麒麟门之间，测量宋梁陈诸陵墓。综计十四次之中，私人调查，占九次，与公家共行调查，占四次，末次则重复不计。而余长子偰因摄影之故，于江宁所属诸陵墓，或一二至，或三四至，其用力较余更勤。此其大略焉。

二、六朝诸陵墓有神道石柱及碑，易于断定为何代陵墓者，仅有九处，即晋卞壶墓，梁文帝建陵，梁临川王萧宏，安成王萧秀，始兴王萧憺，吴平侯萧景，南康王萧绩，建安侯萧正立，新渝侯萧暎，等墓而已。其余皆仅有石兽，苟无史乘地志及金石书诸记载，即不能断定为何代陵墓。此次调查六朝诸陵墓，共得二十八处，其中十九处，皆无石柱及碑。而古籍记载六朝诸陵者，以唐许嵩《建康实录》为最古，其次则唐李吉甫《元和郡县志》，唐离六朝尚近，有遗迹可凭，较可信据，惟《实录》详于东晋及宋，而齐梁陈则略，《元和志》较完备，然转辗写刻，亦多错误，幸赖宋人地志引《元和志》者反可校正，（如齐武帝景安陵，今本《元和志》言在丹阳县东二十二里，宋王象之《舆地纪胜》引《元和志》作三十一里，与今地合，足征其误。）宋以后地志，既不实地考验，又不尊信旧说，往往以意加减，反多致误。（如《建康实录》卷十九，陈文帝永宁陵，在上元县东北四十里陵山之阳，周四十五步，高一丈九尺，而宋张敦颐《六朝事迹编类》卷十三，谓陈文帝陵在县东北陵山之南，今雁门山之北，《同治上江两县志》卷三，乃云"雁门山北有陈文帝陵，《建康实录》陈文帝天康元年，葬永宁陵，隶雁门山之北"，案《建康实录》仅言在陵山之阳，张氏《六朝事迹》于陵山之南，加雁门山之北一句，已相去太远。《上江志》则仅云在雁门山之北。又云雁门山亦曰阳山，遂使考求古迹者，空奔走于阳山之北，一无所得，贻误后人不浅，《元和郡县志》则谓陈文帝永宁陵，在上元县东北四十里，蒋山东北，虽不言陵山，然里数方向，与《建康实录》合，与今所发见陵山之阳陈文帝永宁陵里数方向亦合，诸如此类，纠纷甚多。）宋人地志，以乐史《太平寰宇记》，王存《元丰九域志》，王象之《舆地纪胜》，较确，而《景定建康志》，则言六朝陵墓之处，全袭《六朝事迹编类》，元《至正金陵新志》，则又全袭《景定志》，皆不足观，清诸地志误谬更多，（惟《乾隆丹阳县志》颇多核实。）此考定诸陵之所以不易也。记载六朝诸墓者，自宋人金石书始，《建康实录》、《元和郡县志》，六朝诸墓所载甚尟，自宋王厚之《复斋碑录》，始详载清风乡花林村等处齐梁诸墓碑神道，厥功甚伟，《六朝事迹编类》全袭其说，《景定》、《至正》诸志，转辗沿袭，无所发明，宋欧阳修《集古录》误以梁文帝建陵石阙为宋文帝，张敦颐误承《建康图经》之误。以晋温峤葬幕府山西，而不知《晋书》本传明言葬豫章也；清严观《江宁金石待访目》，既云齐故尚书令侍中巴东献武公碑，见《六朝事迹》，又云齐侍中萧颖胄碑，见《复斋碑录》，而不知巴东献武公即萧颖胄也；莫友芝《金石笔识》，误以梁新渝侯萧暎石阙在句容，而不知在今江宁栖霞山西北董家边，诸如此类，指不胜屈，此考定六朝诸墓之所以不易也。故非博考古今地志及金石诸书，而又加之以实地考验，反覆辨证。实未易审定，此本报告书所以不惮辞费耳。

三、近代调查六朝陵墓者，首为清同治时莫友芝撰《金石笔识》，然所载者仅八处，陵则梁文帝建陵，墓则梁萧宏、萧秀、萧憺、萧景、萧绩、萧正立、萧哄，然八者之中，其误有一，即以萧哄在句容是也。清宣统季年，又有张璜撰《梁代陵墓考》，（据译本。）名为梁代，实兼宋、齐、陈三代，然所载者仅十四处，增多莫氏者六处，陵则宋武帝初宁陵，齐武帝景安陵，梁文帝建陵，梁武帝修陵，梁简文帝庄陵，陈武帝万安陵，墓则萧宏，萧秀，萧恢，萧憺，萧景，萧绩，萧正立，萧暎，然十四者之中，其误有五，可疑者有一：一误齐明帝兴安陵为齐武帝景安陵；二误丹阳陵口为梁简文帝庄陵；三误以萧正立墓在淳化镇侯村；（张氏地图作颜村，华亭人读颜若孩，与侯音近。）四误以萧正立墓石辟邪为陈武帝万安陵石麒麟；五误以萧暎墓在淳化镇；而萧恢墓虽有石辟邪，然故书无征。颇属可疑。余等此次所得有二十八处，增多张氏者十三处，正张氏之误者五处，是共有十八处，即丹阳之齐宣帝永安陵，齐高帝泰安陵，齐武帝景安陵。齐景帝修安陵，栖霞山附近之陈文帝永宁陵，梁新渝侯萧暎墓，丹阳水经山下东西二齐墓，栖霞山张家库之墓，笆斗山徐家村之墓，淳化镇官塘之墓，江宁镇方旗庙之墓，及冶城后晋卞壸墓，共十三处，加以辨正张氏之误五处，故云十八耳。然未知之陵墓尚多，他日必尚有发现者，且已发现之陵墓，仅得见其地上之遗物，如碑与石柱、石兽等物，而地下之哀策、谥策、墓志以及各种明器，尚未得见，是皆有待于将来再行调查发掘矣。

四、此调查报告书测量之事，则荆君林为之，惜所测陵墓方向未尽完备，粗存大概而已，而石兽、石碑与神道石柱各距离及长短大小，虽十有六七已备。然失记者亦多，此则不无遗憾者也；至于摄影，则十之七八皆余长子偰为之。其他若滕君固，黄君文弼，罗君香林，亦各有之，皆注明姓名于上，地图则亦余长子偰所绘。

五、陵墓上所存遗物，必当确定名称，如石兽则或称麒麟，或称天禄，或称辟邪，或称狮子，莫衷一是，最难确定，今本报告书暂以有角有须者称麒麟，以无角无须而舌下垂于唇下者称辟邪，余别撰《天禄辟邪考》一篇附于后。至于神道石柱，或称神道，或称石柱，或称石阙，或称华表，亦莫衷一是，颇难画一，今本报告书，暂以总说者，称神道石柱，分说者，称左阙右阙。盖或明意义，或省文字，故未能画一也，余别有《神道碑碣考》一篇附于后。又覆于石柱顶者，曰圆盖，宋陆游称为承露盘者误。承于石柱足者曰石础，或称石座，亦不明瞭。而碑下之龟趺。或称赑屃，然赑屃系形容词，汉张衡《西京赋》，巨灵赑屃，注，赑屃作力之貌也，赑扶秘切，屃许备切，晋左思《吴都赋》，巨鳌赑屃，注，赑屃，用力壮貌，鳌巨龟也，均见《文选》李善注。至宋代《类篇》始以赑屃为鳌，盖误解巨鳌赑屃为巨鳌名赑屃耳。今当直称龟趺，既成名词，又较明确，张璜《梁代陵墓考》谓龟又名赑屃，又云赑屃为龙中极有力之一种，《康熙字典》谓之好负重，杜撰典故，自相矛盾，既称为龟，又称为龙，颇堪笑哂。

六、六朝陵墓既有碑志，又有雕刻，碑志有关乎历史，雕刻有关乎艺术，皆当精为考订，详为比较，余别撰《六朝建康冢墓碑志考证》一篇，以阐明其史事；滕君固撰《六朝陵墓石迹》一篇，以发挥其艺术，至于哀册、谥册之文，虽亦纳于陵中，然华而无实，鲜裨史事，故在捐弃之列。雕刻中有人物，有花卉，有鸟兽，有故事，有神话，如梁文帝建陵以及萧秀、萧绩诸墓之石础，萧宏、萧景墓之石柱，桧粹以观，粲然美备。而萧宏碑侧之浮雕八方，颇与汉武梁石刻同其精美，此皆不可不察也。

六朝陵墓调查报告书

调查六朝陵墓，分无遗物可凭及有遗物可凭者为二类，所谓遗物，如石兽、石碑及神道石柱等是，其地以今之江宁、句容、丹阳为限。而丹徒、当涂等处，虽有陵墓，或既经调查无遗物可凭，或未经调查而有志未逮，且即以江宁、句容、丹阳三处而论，其既经调查而得者固多，其未经调查隐而未见者亦不少，盖仅凭地上之遗物，而不发掘地下之遗物，则调查之功，尚未罄也。此则均有待于将来之继续努力，今则未遑矣。兹分述如下：

一　调查而无遗物可凭者

六朝之陵

吴

武烈帝高陵（孙坚）

《建康实录》卷二，黄龙元年四月丁酉，追尊父坚为武烈皇帝，庙号始祖，陵曰高陵，母吴氏为武烈皇后。
《吴志》，太元元年，秋八月，吴高陵松柏斯拔。案《宋书·五行志》，拔高陵树二株，石碑蹉动。
《建康实录》卷二，太元元年十一月，幸曲阿祭高陵。《乾隆丹阳县志》，吴高陵在县西十五里吴陵港。案吴曲阿即今丹阳。
北魏郦道元《水经注·渐江水篇》，浙江迳亭山西，上有孙权父冢，唐陆广微《吴地记》，孙坚墓在盘门内。案《吴志·孙策传》，坚薨，还葬曲阿，郦陆二说误也。

民国二十四年三月十七日，余偕滕君固、荆君林及长子倓至丹阳调查齐梁陵墓毕，将往吴陵港，因雨未果往，闻无遗物。

大帝蒋陵（孙权）

《建康实录》卷二，太元二年夏四月乙未，帝崩，七月，葬蒋陵，今县（上元）东北十五里钟山之阳。

又云赤乌元年二月，追拜夫人步氏为皇后，后合葬蒋陵。《吴志》卷五，吴主权潘夫人合葬蒋陵。又吴主权王夫人葬公安，孙休即位，改葬敬陵。

民国二十四年四月十四日，余至钟山之阳孙陵冈，不见遗物。

废帝侯官侯墓（孙亮）

《建康实录》卷三，太平三年九月，孙琳废帝为会稽王。永安二年，黜为侯官侯，使之国，道上，令鸩杀之。晋太康中，吴故少府卿丹阳戴显上表，迎尸归葬赖乡。案沈钦韩《三国志注补》，赖乡在寻阳界，《晋书·武帝纪》，太康元年，王浑克吴寻阳赖乡是也。

景帝定陵（孙休）

《建康实录》卷三，永安七年八月丙戌，帝崩，十二月，葬定陵。宋王象之《舆地纪胜》卷十八，吴景帝陵在当涂县东二十五里。

《吴志》卷五，孙休朱大人合葬定陵。

民国二十三年九月二十九日，余至当涂调查，未知所在。

文帝明陵（孙和　末帝皓父）

《吴志》元兴元年，追谥父和曰文皇帝，尊母何为太后。《建康实录》，追谥父和为文皇帝，改葬明陵，置园邑二百家。宋乐史《太平寰宇记》卷九十，乌程县西陵山，孙皓改葬父和于此，号曰明陵，即卞山之别岭也。

东晋

元帝建平陵（司马睿）

《晋书·元帝本纪》，永昌元年闰月（十一月）己丑，帝崩，太宁元年二月，葬建平陵。《建康实录》卷五，元皇帝建平陵，（今本脱建字。）在今县（上元）北九里鸡笼山阳，不起坟。

《晋书·后妃传》，元敬虞皇后，葬建平陵。《晋书·后妃传》，简文宣郑太后，元帝妃，太元十九年，上太妃尊号曰简文太后，陵曰嘉平。据此则不合葬于建平陵也。

明帝武平陵（司马绍）

《晋书·明帝本纪》，太宁三年闰月（八月）戊子，帝崩，九月辛丑，葬武平陵。《建康实录》卷六，武平陵在县（上元）城北九里鸡笼山阳，与元帝同处。《建康实录》卷七，成帝咸和三年三月丙子，皇太后庾氏崩，四月壬申，葬武平陵。

成帝兴平陵（司马衍）

《晋书·成帝本纪》，咸康八年六月癸巳，帝崩，七月景辰，葬兴平陵。《建康实录》卷七，兴平陵在县北七里（当作九里）鸡笼山阳，与元帝同处。

《晋书·成帝本纪》，咸康七年三月戊戌，杜皇后崩，四月了卯，葬恭皇后于兴平陵。

康帝崇平陵（司马岳）

《晋书·康帝穆帝本纪》，建元二年九月戊戌，帝崩，十月乙丑，葬崇平陵。《建康实录》卷八，崇平陵在今县（上元）城东北十五里钟山之阳，不起坟。

《晋书·孝武帝本纪》，太元九年六月癸丑朔，崇德皇太后褚氏崩，七月已酉，葬康献皇后于崇平陵。

穆帝永平陵（司马聃）

《晋书·穆帝本纪》，升平五年五月丁巳，帝崩，《哀帝本纪》，七月戊午，葬永平陵。《建康实录》卷八，永平陵在今县（上元）城北十九里，幕府山之阳，周四十步，高一丈八尺，起坟。宋张敦颐《六朝事迹编类》卷十三，晋穆帝陵，《建康实录》隶幕府山之阳，起坟，今幕府山前近西，里俗相传有穆天子坟，即其地也。

《晋书，安帝本纪》，元兴三年八月癸酉，附葬穆帝章皇后于永平陵（《后妃传》作穆章何皇后。）

民国二十四年五月四日，余偕滕君固、侯君绍文、荆君林及长子倓亲往幕府山南调查，未见遗迹，不知所在。

哀帝安平陵（司马丕）

《晋书·哀帝本纪》，兴宁三年二月景申，帝崩，《海西公本纪》，三月壬申，葬哀皇帝于安平陵。《建康实录》卷八，安平陵在县（上元）北九里鸡笼山之阳，与元帝同处。

《晋书·哀帝本纪》，兴宁三年正月庚申，皇后王氏崩，又《晋书·哀靖王皇后传》，兴宁二（三之误）年崩，不言葬处。

《建康实录》卷八，永平陵下注云，按晋十一帝有十陵，元明成哀四陵，在鸡笼山之阳，阴葬不起坟。宋张敦颐《六朝事迹编类》卷六，鸡笼山条引《舆地志》云，鸡笼山在覆舟山之西二百余步，其状如鸡笼，因以为名，按宋文帝元嘉中，改为龙山，以黑龙尝见真武湖（即玄武湖），此山正临湖上，因以为名，今去县（江宁）六里，晋元帝、明帝、成帝、哀帝四陵，皆在山南。《同治上江两县志》卷五。鸡笼山明置观象台于山巅，又曰钦天山，山上有北极阁，（案今气象台即置于此山巅北极阁故址。）山左右列十庙，缭以朱垣，明之遗迹也，南有晋四陵，陆玩墓亦在焉，其东麓有鸡鸣寺，本梁同泰寺故址。陈文述《秣陵集》卷二，《晋陵》诗引《郡志》谓十庙所据四高阜，疑即其处。（希祖案晋四陵不起坟，四高阜不足据。）按鸡笼山即钟山南麓，今日龙广山，在驻防城北，自香林寺后西接太平门，为明代建城压为城址者，皆是，其山后倚钟山，前面东田。最为山川胜处，故雷次宗于此立学，晋诸陵皆建于此，俗以鸡鸣寺山为鸡笼山者误。鸡鸣寺正台城北堙耳。希祖案陈文述说，本于《江宁府旧志》，《同治上江两县志》驳之云，《旧志》谓覆舟山，即今太平门外仓山，鸡笼山，即今龙广山，而谓今鸡笼山在六朝时为城址，至明始曰钦天山，案《实录》、《寰宇记》、《建康志》、《金陵新志》，并云覆舟山北临玄武湖，东接青溪，若今仓山，则在玄武湖北，与北临之言不合，且与青溪远隔一湖，又安所谓东接者哉。至谓鸡笼山为台城故址，引鸡鸣寺后古城为证，案台城之址，今颇难考，《通鉴》隋伐陈，贺若弼进至乐游苑，烧北掖门，北掖门，台城北门名也，据此，则乐游苑在台城外可知，《寰宇记》谓乐游苑在覆舟山南，则台城当更向（在）南，其不得北据鸡笼可知。鸡鸣寺后之城，乃是明扩都城时所遗。（案或谓此建康城遗址，待考。）俗呼曰台城，吕氏据以此为确据，误矣。希祖案《上江志》说是也，今俗以鸡鸣寺山为鸡笼山，而以北极阁即今气象台之山为钦天山，实则此二山本为一山，明以前皆称为鸡笼山，鸡笼山之地址明，而晋四陵之地址乃明。盖晋四陵在鸡笼山本山即（明所谓钦天山）之南，不在其东麓鸡鸣寺之山（今称鸡笼山）南也。

民国二十四年四月一日，余至鸡笼山南访晋四陵遗址，不见遗迹，惟于大石桥东数十步，见一巷门，颜曰石麟里，因忆唐李商隐《晋元帝庙》诗云，弓剑神灵定何处，年年春绿上麒麟。据此唐时晋四陵必尚有石麒麟也。今石麟里适当鸡笼山阳。则晋四陵必在石麟里与鸡笼山之间矣。石麟里图见图（93）、（94）、（95）、（96）。

废帝海西公吴陵（司马奕）

《晋书·海西公本纪》，太和元年五月戊寅，皇后庾氏崩，七月癸酉，葬孝皇后于敬平陵。《晋书·废帝孝庾皇后传》，太和六年（案为元年之误）崩。葬敬平陵，太元九年海西公薨于吴，又以后合葬于吴陵。

简文帝高平陵（司马昱　元帝少子）

《晋书·简文帝本纪》，咸安二年秋七月乙未，帝崩。《孝武帝本纪》，咸安二年冬十月丁卯，葬简文皇帝于高平陵。《建康实录》卷八，高平陵在今县（上元）城东北十五里钟山之阳，不起坟。

《晋书·后妃传》，简文顺王皇后，咸安二年，孝武皇帝即位，追尊曰顺皇后，合葬高平陵。又孝武文李太后，简文帝妃，生孝武帝，安帝即位。尊为太皇太后，隆安四年崩，葬修平陵（《建康实录》卷十，八月壬寅，葬修平陵。）

孝武帝隆平陵（司马曜）

《晋书·孝武帝本纪》，太元二十一年九月庚申，帝崩，十月甲申，葬隆平陵。《建康实录》卷九，隆平陵在今县（上元）城东北十五里钟山之阳，不起坟。

《晋书·后妃传》，孝武定王皇后，太元五年崩，葬隆平陵。又安德陈太后，孝武帝淑媛，生安恭二帝，太元十五年薨，陵曰熙平。

安帝休平陵（司马德宗）

《晋书·安帝本纪》，义熙十四年十二月戊寅，帝崩，《恭帝本纪》，元熙元年正月庚申，葬安皇帝于休平陵。《建康实录》卷十，休平陵在今县（上元）城东北十五里钟山之阳，不起坟。

《晋书·后妃传》，安僖王皇后，义熙八年崩，葬休平陵。（《建康实录》九月葬休平陵。）

恭帝冲平陵（司马德文）

《晋书·恭帝本纪》，元熙二年六月逊位，刘裕以帝为零陵王，宋永初二年九月丁丑，裕使人弑帝，葬冲平陵。《建康实录》卷十，冲平陵在蒋山之阳，安帝同处。

《晋书·后妃传》，恭思褚皇后，宋元嘉十三年崩，附葬冲平陵。

《建康实录》卷八，按晋十一帝有十陵，康，简文，武，安，恭，五陵在钟山之阳，不起坟。

民国二十四年四月十四日，余至钟山之阳孙陵冈下，访求晋五陵遗址，不见遗物，盖吴大帝蒋陵，《建康实录》谓在今县（上元）东北十五里，而晋五陵亦谓在今县（上元）东北十五里，则必在蒋陵附近无疑矣，惟唐李吉甫《元和郡县志》卷二十六，谓晋康帝崇平陵，简文帝高平陵，孝武帝隆平陵，安帝休平陵，恭帝冲平陵，并在县（上元）东北二十里，蒋山西南，而谓吴大帝蒋陵在县东北二十二里，则晋五陵与蒋陵仍相去不远也。又晋五陵虽不起坟，亦必有石麒麟，宋苏泂《金陵杂兴二百首》之一云，五陵歌舞换埃尘，地下黄金出尚新，碑字已漫青草死，酸风吹煞石麒麟，今亦不见流遗，惜哉。

宋

孝皇帝兴宁陵（刘翘）

《宋书·武帝本纪》，永初元年六月丁卯，追尊皇考为孝穆皇帝，皇妣为穆皇后（当云孝皇帝、孝穆皇后，见拙作《宋临澧侯刘袭墓志考证》。）《宋书·后妃传》，孝穆赵皇后，生高祖，葬晋陵丹徒县东乡练壁里零山，宋初追崇号谥，陵曰兴宁。又孝懿萧皇后，昇平元年崩，乃开别圹，与兴宁陵合坟。《元和郡县志》卷二十六，宋兴宁陵在县（丹徒）东南三十五里，宋武帝追尊曰孝皇帝，讳翘。

武帝胡婕妤熙宁陵

《宋书·后妃传》，武帝胡婕妤，生文帝，葬丹徒，太祖即位，上尊号曰章皇太后，陵曰熙宁。

文帝长宁陵（刘义隆）

《宋书·文帝本纪》，元嘉三十年二月甲子，帝崩，三月癸巳，葬长宁陵。《建康实录》卷十二，长宁陵在今县（上元）东北二十里，周围三十五步，高一丈八尺。《元和郡县志》，宋武帝刘裕初宁陵、文帝义隆长宁陵并在县（上元）东北二十二里蒋山东南。

希祖案《齐书·豫章文献王嶷传》云，太祖在领军府，嶷居青溪宅。又云，北第旧邸，本自甚华，又云，东府又有斋，亦为华屋，而臣顿有二处住止。七年（永明）启求还第，上令世子子廉代镇东府。上数幸嶷第，（北第也，南第即东府斋。）宋长宁陵隧道出第前路，上曰，我便是人他冢墓内寻人，乃徙其表阙麒麟于东冈上，麒麟及阙，形势甚巧，宋孝武于襄阳致之，后诸帝王陵，皆模范而莫及也，《南史》略同。据此，宋文帝长宁陵，初在青溪北部，东冈西麓，与东田相近，齐永明中。始迁其表阙麒麟于东冈上，《齐书》为梁萧子显撰，子显即齐豫章文献王嶷第八子，其言必最可信。

东冈即沈约《郊居赋》之东巘，《梁书·沈约传》，约虽时遇隆重，而居处俭素，立宅东田，瞩望郊皋，尝为《郊居赋》云：睇东巘以流目，心凄怆而不怡，盖昔储之旧苑，实博望之余基，又云，惟钟岩之隐郁，表皇都而作峻，观二代之茔兆。睹摧残之余遂。考《齐书·文惠太子传》，求东田，起小苑，上许之，永明中，二宫兵力全实，太子使宫中将吏，更番役筑，宫城苑巷，制度之盛，观者倾京师。上幸豫章王宅，还过太子东田，见其弥亘华远，壮丽极目，于是大怒，据此，则豫章王宅与东田相近，沈约《郊居赋》所谓睇东巘以流目，盖即东冈，其下有文惠太子小苑，即博望苑也。观二代之茔兆，谓钟山西南晋五陵及东南西南宋二陵也。睹摧残之余遂，谓晋五陵隧道残缺，及东冈上宋文帝长宁陵之表阙麒麟也。齐明帝建武二年十二月，诏晋宋诸陵，悉加修理，（《建康实录》卷十五。）可证。东冈，后名东山，宋张敦颐《六朝事迹编类》卷六，上元县有东山二：一在崇礼乡，今土山是也；一在钟山乡，蒋庙东北，宋刘缅隐居之地，《南史》，缅尝经始钟岭，以为栖息，及造园宅，名为东山，今去县十五里。案《南史·刘缅传》，缅以世路纠纷，有怀止足，经始钟岭之南，以为栖息，聚石畜水，仿髴丘中，朝士雅素，多往游之。据此，则缅隐居之地，乃在钟山之南，盖即在东冈下，故后人亦呼东冈为东山，

《六朝事迹》谓在蒋庙东北，去县十五里，皆误，盖蒋庙在钟山西北，而此又云在蒋庙东北，则在钟山之东北矣，与《南史》勔传不合。东冈上之表阙麒麟，至唐时盖已亡佚，唐许嵩《建康实录》及李吉甫《元和郡县志》，不知何所据，均言宋文帝长宁陵与武帝初宁陵相近，而同其里数也。

《宋书·文帝本纪》，元嘉十七年七月壬子，皇后袁氏崩，九月壬子，葬元皇后于长宁陵。又《后妃传》，文帝路淑媛生孝武帝。世祖即位，奉尊号曰皇太后，宫曰崇宪。又《明帝本纪》，泰始二年五月甲寅，葬崇宪皇太后于攸宁陵。（《后妃传》作修宁陵。）又文帝沈婕妤生明帝，元嘉三十年卒，葬建康县之幕府山，太宗即位，上尊号为皇太后，谥曰宣，陵号崇宁。

民国二十三年十月二十一日，余与长子偰亲往麒麟门麒麟铺初宁陵，问土人长宁陵所在，皆不知，张璜《梁代陵墓考》列长宁陵于麒麟门高黄村，土人亦不知高黄村之名也。

民国二十四年五月四日，余偕滕君固、侯君绍文、荆君林及长子偰亲往幕府山调查宋明帝母宣沈太后崇宁陵。据《六朝事迹编类》卷十三谓在幕府山宝林寺西南，相传为国婆坟，然无遗迹可寻也。

孝武帝景宁陵（刘骏）

《宋书·孝武帝本纪》，大明八年闰五月庚申，帝崩，七月丙午，葬丹阳秣陵县岩山景宁陵。《建康实录》卷十三，景宁陵在今上元县南四十里岩山之阳。

《宋书·后妃传》，孝武文穆王皇后，祔葬景宁陵。《前废帝本纪》，大明八年九月乙卯，文穆皇后祔葬景宁陵。《南史·后妃传》，孝武殷淑妃薨，谥曰宣。《建康实录》，大明六年四月，淑妃殷氏卒，十月壬申。葬宣淑妃殷氏于龙山。《同治上江两县志》卷三，牛首山东北曰岩山，《元丰九域志》，龙山在江宁县南四十里，旧名岩山，宋武帝改曰龙山，形似龙见。《建康实录》卷十三，少帝子业，孝武长子，景和元年，九月甲辰，发宣贵妃殷氏墓，追憾世祖，（孝武帝。）将掘景宁陵，太史奏于帝不利，乃止，按《宋书》新安王子鸾，殷淑妃所生，世祖盛宠贵妃，素疾帝，常欲废之，故帝追恨矣。

民国二十三年十一月四日，余偕长子傁亲往岩山，遍览冈麓，无宋孝武帝景宁陵及殷贵妃墓遗迹，考《南史·江智深传》，宣贵妃殷氏卒，使群臣议谥，智深上议曰怀，上以不尽嘉号，甚衔之，后车驾幸南山，乘马至殷氏墓，群臣皆从，上以马鞭指墓石柱谓智深曰，此柱上不容有怀字。据此，则岩山又名南山，殷贵妃墓有石柱，今亦不见。

前废帝墓（刘子业）

《宋书·前废帝本纪》，永光元年，葬废帝丹阳秣陵县南郊坛西。

《南史·后妃传》，前废帝何皇后，大明五年薨，废帝即位，追崇曰献皇后，明帝践祚，迁后与废帝合葬龙山北。

民国二十三年十一月四日，余偕长子傁亲往岩山北调查，亦无遗迹。

明帝高宁陵（刘彧）

《宋书·明帝本纪》，泰豫元年四月己亥，上崩，五月戊寅，葬临沂县莫府山高宁陵。

又《后妃传》，明恭王皇后，（齐）建元元年薨，葬以宋礼，祔葬与否，无明文。

《元和郡县志》，宋明帝彧高宁陵在县（上元）北四十里幕府山东南。

民国二十四年五月四日，余偕滕君固、侯君绍文、荆君林及长子傁亲往调查，不见遗迹。

后废帝苍梧王墓（刘昱）

《宋书·后废帝本纪》，元徽五年七月戊子殒，太后令追封苍梧郡王，葬丹阳秣陵县郊坛西。　案与前废帝葬同地，则亦在龙山北也，无遗迹。

顺帝遂宁陵（刘準）

《宋书·顺帝本纪》，昇明三年四月辛卯，帝禅位于齐王，建元元年五月己未殂，六月乙酉，葬于遂宁陵。

齐

文帝崇安陵（萧长懋）

《齐书·文惠太子传》，葬崇安陵。《郁林王本纪》，世祖崩，太孙即位，九月（永明十一年）辛酉，追尊文惠太子为世宗文皇帝，十月壬寅，尊皇太孙太妃为皇太后。宋周应合《景定建康志》，昭明陵在城北四十五里贾山前，与齐文惠太子同处，排陵并葬。《至正金陵新志》，齐文惠太子陵在夹石。二说不同，未详所在。

前废帝郁林王墓（萧昭业）

见下未能考定之墓。

后废帝海陵王墓（萧昭文）

见下未能考定之墓。

废帝东昏侯墓（萧宝卷）

见下未能考定之墓。

和帝恭安陵（萧宝融）

见下未能考定之墓。

梁

武帝阮修容陵

《梁书·后妃传》，高祖阮修容，生世祖，大同六年六月薨于江州，十一月归葬江宁县通望山，世祖即位，追崇为文宣太后。

昭明帝安宁陵（萧统）

《梁书·昭明太子传》，中大通三年三月乙巳，薨，五月庚辰，葬安宁陵。《建康实录》卷十八，《昭明太子传》，岳阳即位，追尊昭明皇帝，陵在建康县北三十五里。《元和郡县志》卷二十六，梁昭明太子安陵，（当作安宁陵。）在县（上元）东北五十四里查硎山。《景定建康志》，昭明陵在城北四十五里贾山，《江宁府吕志》云，或云城东燕雀湖，故梁昭明墓也。案当以《元和郡县志》之说较是，然亦未详所在，第四说系传闻俗说，不足为据。

元帝　陵（萧绎）

　　《南史·梁本纪》，世祖孝元皇帝承圣元年十一月丙子，即位于江陵，三年十二月辛未。魏人戕帝，葬于津阳门外。《陈书·世祖本纪》，天嘉元年六月壬辰，诏曰，梁孝元遭离多难，灵榇播越，江宁既有旧茔，宜即安卜，是月葬梁元帝于江宁。

敬帝　陵（萧方智）

　　《梁书·敬帝本纪》，太平二年十月辛未，逊位于陈，陈王践祚，奉帝为江阴王，薨于外邸。

陈

景帝瑞陵（陈文讚）

　　《陈书·高祖本纪》，永定元年十月辛巳，追尊皇考为景皇帝，庙号太祖，皇妣董太夫人为安皇后，癸未，尊景帝陵曰瑞陵。

武帝昭皇后嘉陵

　　《陈书·高祖本纪》，永定元年十月辛巳，追谥前夫人钱氏为昭皇后，癸未，尊昭皇后陵曰嘉陵。

废帝临海王墓（陈伯宗）

宣帝显宁陵（陈顼）

　　《陈书·宣帝本纪》，太建十四年正月甲寅崩，二月癸巳葬显宁陵。《元和郡县志》卷二十六，陈宣帝顼显宁陵在县（上元）南四十里牛头山西北。

民国二十四年五月五日，偕滕君固、罗君香林、侯君绍文、荆君林及长子偰亲往牛头山西北麓，遍访无遗迹。

《陈书·后妃传》，高宗宣帝柳皇后陈亡入长安，大业十一年薨，葬洛阳之亡口山。

后主墓（陈叔宝）

《陈书·后主本纪》，祯明三年二月甲申，为隋军所执，隋仁寿四年，薨于洛阳，葬亡口山。

又《后妃传》，后主沈皇后，陈亡与后主俱入长安，后归乡里，不知所终。

六朝之墓

墓有遗物者，均见下，其无遗物可凭，而古今地志及金石等书有载明其墓地所在者，如晋王导墓在幕府山西，晋谢安墓在石子冈，均见《元和郡县志》；又吴陶基墓及诸陶氏墓，均在姑孰（今当涂）横山之麓，见宋王象之《舆地纪胜》；宋刘裕父翘，葬丹徒练璧里雩山，而诸刘氏墓均在左右，见宋临澧侯刘袭墓志，诸如此类，指不胜屈，本篇无暇列举，余长子偰有《六朝陵墓总说》，详列一表，罗举数十墓，虽未详尽，亦可备览，今附于后。唐杜牧之《金陵怀古》诗云，楸梧远近千官冢，禾黍高低六代宫，则金陵六朝冢墓之多，可想见矣。

二　调查而有遗物可凭者

六朝之陵

宋武帝初宁陵（刘裕　事迹见《宋书·武帝本纪》及《南史·宋本纪》。）民国二十三年十月二十一日，余与长子偰亲往调查摄影。二十四年五月十九日，又偕罗君香林、荆君林再往测量摄影。

葬地所在　在今南京中山门外麒麟门麒麟铺。《宋书·武帝本纪》，葬丹阳建康县蒋山初宁陵。唐许嵩《建康实录》卷十一，葬丹阳建康县蒋山初宁陵，在县东北二十里。周围三十五步，高一丈四尺。唐李吉甫《元和郡县志》卷二十六，宋武帝刘裕初宁陵，在县（上元）东北二十二里，蒋山东南。宋张敦颐《六朝事迹编类》卷十三，宋武帝初宁陵引《蒋山图经》云，在县江宁东北二十里，政和间，有人于蒋庙侧得一石柱，题云，"初宁陵西北隅，"以此考之，其坟当去蒋庙不远。按麒麟铺在蒋山东南，与《元和郡县志》说合。

张璜《梁代陵墓考》附《金陵陵墓古迹全图》，麒麟门载有宋武帝初宁陵，石兽尚存，又附《南京附近历代陵墓图》，麒麟门高黄村有宋长宁陵，特注法文曰宋文帝墓。余亲至麒麟门麒麟铺宋武帝陵，问之土人，均云，附近无石麒麟，亦无所谓高黄村。而德国哲学博士梅慈纳遂以麒麟门麒麟铺之陵为宋文帝长宁陵。考《齐书·豫章文献王嶷传》，上数幸嶷第，（嶷有二第，此为北第，在青溪北部，与东田相近，详上宋文帝长宁陵条。）宋长宁陵燧道出第前路，上曰，我便是入他冢墓内寻人，乃徙其表阙麒麟于东冈上。案东冈即梁沈约《郊居赋》之东巚，宋张敦颐《六朝事迹编类》卷六之东山，在钟山西南，说详上宋文帝长宁陵条，据此，则麒麟铺为宋武帝初宁陵，非长宁陵，可断然无疑矣。

营葬年月　《宋书·武帝本纪》，永初三年（西历四二二年）七月己酉，葬初宁陵。

祔葬　《宋书·后妃传》，武敬臧皇后，义熙四年正月甲午，殂于东城，追赠豫章公夫人，还葬丹徒，高祖临崩，遗诏留葬京师，于是迎梓宫，祔葬初宁陵。

陵前遗物　存石麒麟二，在陵左者，倒于水塘边，已不全；在陵右者，尚完整未倒，惟头顶缺，见图（1）、（2）。

陵前状况　陵向南偏西五度。二石麒麟身长三米，胸宽一米一十六生的，其距离五十五米。陵已无存，麒麟在村庄中墙角，全景颇难摄影。石麒麟后，十数武，旧墙下，得陵工砖一，拓片见下叶。

《建康实录》卷十三,大明七年夏四月,大风折初宁陵华表。(今本《建康实录》,初宁陵误作和宁陵,案《宋书·五行志》作初宁陵,和与初字形近而误。)

《宋书·五行志》,宋文帝元嘉十四年震初宁陵口标四破至地。

又宋孝武帝大明七年,风吹初宁陵隧口左标折。

附宋武帝初宁陵陵工砖,为五月十九日在陵地存舍墙角发见,今揭其拓本如下。

齐宣帝永安陵(萧承之,齐高帝萧道成父。　事迹见《齐书·高帝本纪》。)

民国二十四年三月十六日,余偕滕君固,荆君林,及长子偰,亲往调查,测量摄影。

葬地所在　在今丹阳县北三十里胡家桥北狮子湾。《齐书·武帝本纪》,建元元年五月丙寅,追尊皇考曰宣皇帝,皇妣为孝皇后。《南史·齐本纪》,建元元年,追尊皇考曰宣皇帝,皇妣曰孝皇后,陵曰永安。《元和郡县志》卷二十六,南齐宣帝休安陵,(当作永安陵,休安陵乃武穆裴皇后陵,见《齐书·皇后传》。)在县(丹阳)北二十八里,高帝父也,追尊曰宣皇帝。《乾隆丹阳县志》卷十九,齐永安陵在县北三十里尚德乡,高帝父宣帝及陈皇后所葬。按胡家桥北狮子湾,在丹阳县北三十里,与县志合,与《元和郡县志》亦相去不远,其地在经山南五里。

营葬年月　《齐书·高帝本纪》，皇考讳承之，元嘉二十四年殂，据此，则其葬盖在元嘉二十四年（西历四四七年），至齐建元元年（西历四七九年）五月乃改为陵，崇其体制。

祔葬　《齐书·皇后传》，宣孝陈皇后，讳道正，宣帝殂后，太祖为建康令，后殂于县舍，昇明三年，追赠竟陵公国太夫人，则其葬亦当在宋末。

陵前遗物　存石麒麟二，在陵右者为一角，尚完好，见图（3）、（4）、（5），在陵左者头及颈部已缺，见图（6）。

陵前状况　陵北向。二石麒麟身长二米九十五生的，胸宽一米二十三生的，高度因半埋土中，不能测量，二石麒麟距离二十三米。陵已无存，陵全景见图（6）。

陵墓遗文　《景定建康志》有齐宣帝陵碑。

齐高帝泰安陵（萧道成　事迹见《齐书·高帝本纪》及《南史·齐本纪》。）

民国二十四年三月十六日，余偕滕君固，荆君林，及长子偰，亲往调查，测量摄影。

葬地所在　在今丹阳县北三十一里赵家湾，宣帝永安陵西数百步。《齐书·高帝本纪》，窆武进泰安陵。（今丹阳县北境，为齐武进县地。）《元和郡县志》卷二十六，齐高帝道成泰安陵，在县（丹阳）口三十一里。《乾隆丹阳县志》卷十九，泰安陵在县北三十里。按高帝泰安陵虽在宣帝永安陵侧，然在其西数百步，中隔小邱陵，则依《元和郡县志》三十一里说为是。

营葬年月　《齐书·高帝本纪》，建元四年（西历四八二年）四月庚寅，奉梓宫于东府前渚，升龙舟，丙午，窆武进泰安陵。

祔葬　《齐书·皇后传》，高昭刘皇后，讳智容，宋泰豫元年（西历四七二年）殂，归葬宣帝墓侧，今泰安陵也。昇明二年，赠竟陵公国夫人，三年，赠齐国妃，建元元年，尊谥昭皇后。《高帝本纪》，建元元年四月，追尊妃曰昭皇后，陵曰泰安。据此，则泰安陵先为刘后墓，宋泰豫时已有，至齐建元元年，始与宣帝墓同升为陵，崇其体制，建元四年，高帝崩，乃合葬焉。

陵前遗物 存石麒麟二，左右均残毁，仅存身部。见图（7）、（8）。

陵前状况 陵北向，二石麒麟距离十八米五十生的，陵已无存。

齐武帝景安陵（萧赜，太祖长子。事迹见《齐书·武帝本纪》，及《南史·齐本纪》。）

民国二十四年三月十七日，余偕滕君固，荆君林，及长子偰，亲往调查，测量摄影。

葬地所在 在今丹阳县东三十二里戎家村北三姑庙。（前艾庙，在县东三十里，三姑庙又在其东二里。）《齐书·武帝本纪》，帝崩，葬景安陵。《元和郡县志》卷二十六，齐武帝赜景安陵在县（丹阳）东二十二里。宋王象之《舆地纪胜》引《元和郡县志》云，景安陵在丹阳县东三十一里。案今本《元和郡县志》三十二里误作二十二里，《舆地纪胜》所引三字不误，而二字又误作一。《乾隆丹阳县志》卷十九，景安陵在县东三十二里，武帝所葬，此与《元和郡县志》原文合，与今地里数亦合。朱孔阳《历代陵寝备考》，言齐废帝东昏侯冢，在丹阳县东三十一里，或疑此陵即是。案东昏以侯礼葬，不能僭用麒麟，且唐宋地志皆无明文，不足据也。张璜《梁代陵墓考》，齐武帝墓在丹阳东北二十五里之荷花塘，是误以明帝兴安陵为武帝墓也。

营葬年月 《齐书·武帝本纪》，永明十一年（西历四九三年）七月，上不豫，戊寅，大渐，诏曰，陵墓万世所宅，意尝恨休安陵（武帝后陵）未称，今可用东三处地最东边以葬我，名为景安陵，是日上崩，九月丙寅，葬景安陵。

祔葬 《齐书·皇后传》，武穆裴皇后，讳惠昭，建元元年，为皇太子妃，三年，薨，谥穆妃，葬休安陵，世祖（武帝）即位，追尊皇后。据此，则裴后迁祔于景安陵否，无明文，未可定。（《齐书·高帝本纪》，建元二年七月戊午，皇太子妃裴氏薨，《建康实录》卷十五，建元二年九月葬皇太子妃裴氏休安陵，《齐书·皇后传》言裴后薨于三年，误也。）

陵前遗物 存石麒麟一，在陵左，双角，见图（9）图（10）。在陵右者，村人云，已陷于池中，池西北部尚有遗石础一，似为神道石阙遗址。

陵前状况　陵东南向，二石麒麟身长二米九十生的，高二米四十生的，前胸宽一米，其距离已无可测量。陵已无存。

齐景帝修安陵（萧道生，高帝次兄，明帝父。　事迹见《南史·始安贞王道生传》。）

　　民国二十四年三月十六日，余偕滕君固，荆君林，及长子偀，亲往调查，测量摄影。

葬地所在　在今丹阳县东北三十六里鹤仙坳。（在经山东南三里，烂石山陇西三里。）《元和郡县志》卷二十六，齐景帝道生永安陵，（案当作修安陵，永安陵乃宣帝陵也。）在丹阳县东北二十六里案，（当作三十六里。）明帝父也，追尊为景皇帝。《乾隆丹阳县志》卷十九，修安陵在县东北三十六里经山。

营葬年月　《南史·齐本纪》明帝建武元年（西历四九五年）冬十一月壬申，追尊始安贞王为景皇帝，妃江氏为懿后，别立寝庙，号陵曰修安。

祔葬　《南史·始安贞王道生传》，建武元年，明帝追尊道生为景皇，妃江氏为后，立寝庙于御道西，陵曰修安，则江后祔葬于修安陵焉。

陵前遗物　存石麒麟二，左双角，右一角，皆完好，见图（11）、（12）、（13）、（14）。

陵前状况　陵西南向，二石麒麟身长二米六十五生的，胸宽一米十生的，其高度因半埋土中，不能测量，其距离未量，全景见图（15）。

陵墓遗文　《景定建康志》有齐景帝陵碑。

齐明帝兴安陵（萧鸾，始安贞王道生子。　事迹见《齐书·明帝本纪》，及《南史·齐本纪》。）

　　民国二十四年三月十六日，余偕滕君固，荆君林，及长子偀，亲往调查，测量摄影。

葬地所在　在今丹阳县东北二十四里尚德乡东城村。《齐书·明帝本纪》，帝崩，葬兴安陵。《元和郡县志》卷二十六，齐明帝鸾兴安陵在县（丹阳）东北二十四里。《乾隆丹阳县志》卷十九，兴安陵在县东北二十四里尚德乡，明帝及敬皇后刘氏合葬。

  张璜《梁代陵墓考》，齐武帝萧赜（卫聚贤译本，赜误作颐）墓在丹阳东北二十五里之荷花塘，又云，梁武帝父萧顺之，追谥太祖文皇帝，墓在齐武帝墓东，相隔约三百米尺。案此非齐武帝萧赜陵，乃明帝兴安陵，古地理书具有明文，张氏之误一也；梁文帝建陵在兴安陵北，约三百米尺，其陵皆东向，此云梁文帝墓在齐武帝墓东，张氏之误二也。

营葬年月　《齐书·明帝本纪》，永泰元年（西历四九八年）七月己酉，帝崩，葬兴安陵。

祔葬　《齐书·后妃传》，明敬刘皇后，讳惠端，建元三年，除西昌侯夫人，永明七年，卒，葬江乘县张山，高宗（明帝）即位，追尊为皇后，永泰元年，高宗崩，改葬祔于兴安陵。

  《六朝事迹编类》卷十三引《南史》，齐明钦刘皇后陵，永明七年，葬江乘县张山，今隶淳化镇之北。案明钦《南史》作明敬，《南史》亦有改葬附于兴安陵明文。此云今隶淳化镇之北。似刘皇后未改葬祔于兴安陵也，其误甚矣。

陵前遗物　存石麒麟一，在陵右，一角，见图（16）、（17）。

陵前状况　陵东向，仅存石麒麟一，距离无可测量。陵已无存。

梁文帝建陵（萧顺之，武帝父。　事迹详《梁书·武帝本纪》。）

  民国二十四年三月十六日，余与滕君固，荆君林，及长子偰，亲往调查，测量摄影。

葬地所在　在今丹阳县东北二十五里东城村，其地又名三城港，齐明帝兴安陵北数十步。《南史·梁本纪》，武帝天监元年闰月（闰四月）壬寅，有司奏，追尊皇考为文皇帝，庙号太祖，皇妣张氏为献皇后，陵曰建陵。《元和郡县志》卷二十六，梁文帝萧顺之建陵在县□二十五里。宋王象之《舆地纪胜》，梁太祖文皇帝神道碑，在丹阳县之三城港文帝陵下。《乾隆丹阳县志》卷十九，建陵在县东北二十五里东城村，武帝父文帝及献皇后张氏所葬。

宋欧阳修《集古录跋尾》卷四，右宋文帝神道碑云，太祖文皇帝之神道，凡八大字，按《宋书》，文帝为元凶劭所弑，初谥曰景，庙号中宗，孝武立，改谥曰文，号太祖，其墓曰长宁陵也。案此欧阳修之误也，宋文帝长宁陵，《建康实录》、《元和郡县志》均谓在上元县蒋山东南，此在丹阳县东北，地域悬殊，何能相混；且《南史·梁本纪》，大同十年三月甲午，幸兰陵，庚子，谒建陵，兰陵今丹阳县，则建陵之在丹阳，史有明文，欧阳氏何不考耶。

宋陆游《入蜀记》，亦误认梁文帝陵为宋文帝陵，又误认齐明帝陵为梁文帝陵，其言曰，余尝至宋文帝陵，道路犹极广，石柱承露盘及麒麟辟邪之类皆在，柱上刻太祖文皇帝之神道八字，又至梁文帝陵，文帝武帝父也，亦有二辟邪，尚存其一，为藤蔓所缠，若扎缚者，然陵已不可识矣。

营葬年月　天监元年（西历五〇二年）五月甲辰，追尊陵曰建陵，说见下祔葬条。

祔葬　《梁书·皇后传》，太祖献皇后张氏，讳尚柔，宋泰始七年（西历四七一年）殂于秣陵县因（因当作同，《梁书·武帝本纪》，帝生于秣陵县同夏里三桥宅可证）夏里舍，葬武进县东城里山。天监元年五月甲辰，追上尊号为皇后，谥曰献，东城里山，即东城村，其时武进县尚未改为兰陵县也。据此《南史》所称闰月壬寅，不过为有司奏议，其实行追尊，盖在五月甲辰。

陵前遗物　存石麒麟二，已倒于地，见图（18），神道石柱二，见图（19）、（20），其神道石额已移置于丹阳城内公园，神道石柱下石础有花纹，见图（21），此神道石额，在陵前时左右相向。左为正文顺读，右为反文逆读，与其他诸王侯神道石额左右皆向前者异。

莫友芝《金石笔识》，此梁武帝父顺之陵阙也，其正刻一石，见欧阳修《集古录》，而误属宋文帝，王象之已为举正，宋以后遂逸。此反刻一石，同治八年春，友芝始并访获，犹逸太祖皇三字，娄杨葆光乃蒐出合之，九年秋九月辛卯题记。案《乾隆丹阳县志》卷十九建陵下云，太祖文皇帝之神道，一岿然高耸，又一堕田野中，雷火焚击，剥落无字，而《光绪丹阳县志》则谓正面之文（即左阙，莫氏所谓正刻一石）乃天电所毁云云，惜二志均未注明所毁时代，至同治八年，莫氏杨氏乃各寻获其一，合之，今皇字之字，尚各缺其半。张璜《梁代陵墓考》，一九〇九年（清宣统元年）五月，丹阳县署为

免将来之损失，将此二碑（神道石额）移入城中。据此，则二神道石额移入于丹阳城内公园，当在此时，名为保存古物，实则毁坏，使右阙完好反刻之文字，亦蒙损坏数处，而石柱分劈其半，顶上圆盖遗弃于地，使后来人至此，不知为谁何之陵墓，良可慨也，今将公园墙壁所砌二神道石额摄影如图（20）a、（20）b。

陵前状况　陵东向，二石麒麟、石础、石柱、石龟趺左右相对之距离，为三十四米五十生的，石麒麟至石础距离为六米二十生的，石础至石柱距离为五米九十生的，石柱至石龟趺距离为五米八十五生的，其全境见图（22）。今更绘一简图如上。

梁武帝修陵（萧衍，顺之子。　事迹详《梁书·武帝本纪》，及《南史·梁本纪》。）

民国二十四年三月十六日，余偕滕君固，荆君林，及长子偰，亲往调查，测量摄影。

葬地所在　在今丹阳县东北二十五里东城村，梁文帝建陵北。《梁书·武帝本纪》，太清三年五月丙辰，高祖崩于净居殿，葬于修陵。《元和郡县志》卷二十六，武帝衍修陵在县（丹阳）东三十一里，贞观十一年，沼令百步禁樵采。《建康实录》卷十七，天监七年六月辛酉，复建修二陵周回五里，改陵监为陵令。《乾隆丹阳县志》卷十九，修陵在县东二十五里皇业寺前。案《元和郡县志》及《乾隆丹阳县志》县东二字，当作县东北。《元和志》三十一里之说稍误，修陵即在文帝建陵北数百步，建陵既云在县东北二十五里，则修陵亦不过二十五里也。

营葬年月　《梁书·武帝本纪》，太清三年（西历五四九年）十一月乙卯，葬于修陵。

祔葬　《梁书·高祖郗皇后传》，高祖德皇后郗氏，讳徽，永元元年（西历四九九年）八月，殂于襄阳官舍，其年归葬南徐州南东海武进县东城里山，（《梁书·武帝本纪》，天监元年四月，改南东海为兰陵郡，土断南徐州诸侨郡。）高祖践阼，追崇为皇后，陵曰修陵。《武帝本纪》，大同十年三月甲午，舆驾幸兰陵，谒建宁陵，（《南史》作建陵，此宁字衍。）辛丑，至修陵。《建康实录》卷十七，大同十年三月甲午，幸兰陵，庚子，谒建陵，辛丑，帝哭于修陵，又于皇基寺设法会。据此，则修陵为武帝生时所营，以齐永元元年郗氏所葬墓改造。

皇基寺，今名皇业寺，《乾隆丹阳县志》云，皇业寺在县东二十五里，萧塘港北，本名皇基寺，梁天监中，刺史王僧辨建，唐改名皇业，父老言，梁武帝墓在其下。案此寺既为天监中王僧辨建，时武帝尚在，而此又言武帝墓在其下，岂非自相矛盾，余尝至青龙山下宋墅村，有梁墓阙，旧称为萧瑛墓，询之彼地父老，则云，此为梁武帝七十二疑冢之一，世言曹操有七十二疑冢，今乃将此传说傅之于梁武帝，南京父老言明太祖葬于朝天宫下，此亦与梁武帝葬于皇业寺下，同为齐东野人之言。不足信也。梁武帝饿死台城，乃合葬于郗后修陵，彼时国且将亡，安有闲情营七十二疑冢及将真身葬于皇基寺佛坛下乎？且

《梁书·王僧辩传》，天监中，未尝为南徐州刺史，则皇基寺为王僧辩建，亦不足信，惟《建康实录》言武帝哭于修陵，又于皇基寺设法会，则修陵与皇基寺必甚近，且皇基寺于大同十年时已早建立，此则可信者也。《乾隆丹阳县志》言修陵在皇业寺前，则可正《元和郡县志》修陵在县东三十一里之误矣。

陵前遗物　存陵左石麒麟一，双角，见图（23）、（24）、（25）。

陵前状况　陵东向，石麒麟仅存其一，其距离无可测量，陵尚未全平。石麒麟身长三米三十二生的。高二米七十生的，腰围二米四十生的，腿围一米十八生的，腿长六十五生的，尾粗七十三生的。

梁简文帝庄陵（萧纲，武帝三子。事迹见《梁书·简文帝本纪》，及《南史·梁本纪》。）

民国二十四年三月十六，十七日，余偕滕君固，荆君林，及长子偰，亲往调查，测量摄影。

葬地所在　在今丹阳县东北二十五里东城村，武帝修陵北数十步。《梁书·简

文帝本纪》，大宝二年十月壬寅，太宗崩于永福省，葬庄陵。《元和郡县志》卷二十六，梁简文帝纲庄陵，在县（丹阳）东二十七里。宋乐史《太平寰宇记》卷八十九，梁简文帝陵有麒麟，碑尚存，陵有港，名曰萧港，直上陵口大河，去县（丹阳）二十五里。宋王象之《舆地纪胜》卷七，梁简文帝庄陵，《元和郡县志》云，在丹阳县东二十七里，地名三城港，有石麒麟高丈余。《乾隆丹阳县志》卷十九，庄陵在县治东二十七里，梁简文帝及简后所葬，地有港，名萧塘港，（即萧港。）前有石

麒麟，高丈余，又卷二，萧港在县东二十七里皇业寺前，直入陵口。案《舆地纪胜》，谓庄陵在三城港，则以《寰宇记》所云去县二十五里之说为是。况《乾隆丹阳县志》卷十一，谓皇业寺在县东二十五里萧塘港北，皇业寺去庄陵、修陵不过半里，则二十七里之说，显有误矣。

张璜《梁代陵墓考》云，梁简文帝陵在陵口或萧塘，丹阳东南二十里，陵口车站西南方。（案在东南方。）案陵口离丹阳城，土人云仅十八里，火车行十分钟即到，《乾隆丹阳县志》兴安陵条，引《舆地志》，泰安陵、景安陵、兴安陵在故兰陵东北金牛山，其中邱堞，西为齐梁二代陵，陵口有大石麒麟辟邪夹道，茔户守之，四时公卿行陵，自方山下乘舴艋，经此入兰陵，升安车以至陵所，旧迹犹在。据此陵口之石麒麟，非简文帝陵也，今麒麟已倒于地，一在萧塘河东，一在河西，不似墓前之物，土人亦言此处为里边皇陵门户，由此河口入进至皇陵，故曰陵口，与《舆地志》说合，然则简文帝陵非在陵口明矣。今将陵口石麒麟所在地，绘图如上，其东西石麒麟见图（27）、（28）。

《太平寰宇记》谓，简文帝陵有港，名曰萧港，直上陵口大河，去县二十五里。《乾隆丹阳县志》谓，萧港在皇业寺前，直入陵口，又云皇业寺在县东二十五里萧塘港北，明皇业寺前萧港，可直通陵口大河。梁时公卿行陵，由方山下秦淮河，达丹阳运河，经萧港口，直达庄陵、修陵、建陵，故名此河为萧港，或称萧塘港，而于此河口特置石麒鳞二，以为标识，故名陵口，张璜径以陵口为简文帝庄陵，于故书无征，于地理不合，其误甚明。今将简文帝陵图，约略绘之如右：

营葬年月　《梁书·简文帝本纪》，大宝二年十月壬寅，帝崩于永福省，明年（西历五五二年）四月乙丑，葬庄陵。《南史·梁本纪》，简文帝崩，王伟撤户扉为棺，迁殡于城北酒库中，明年三月己丑，王僧辩平侯景，率百官奉梓宫升朝堂，元帝追崇为简文皇帝，庙号太宗，四月乙丑，葬庄陵。

袝葬　《梁书·太宗王皇后传》，太宗简皇后王氏，讳灵宾，大通三年十月，拜皇太子妃，太清三年三月，薨于永福省，其年，太宗即位，追崇为皇后，谥曰简，大宝元年（西历五五〇年）九月，葬庄陵，先是诏曰，简皇后奄穸有期，昔西京霸陵，因山为藏，东汉寿陵，流水而已，朕属值时艰，岁饥民弊，方欲以身率下，永示敦朴，今所营庄陵，务承俭约。考简文帝即位，方值侯景之难，武帝饿死台城。不别营陵地，葬于郗后修陵，简后崩，即依郗后袝葬文帝陵侧之例，故营庄陵于武帝陵侧，必无心绪别择陵地也。大宝二年十月，简文帝即为侯景所弑，盖简文帝虽即帝位，实为侯景监视，不能行动自由，选择陵地，必有所不能矣，故远营陵口，别出陵制，必不然也。

陵前遗物　存右石麒麟一，已倒，见图（26）。

陵前状况　见上图陵东向。

陵墓遗文　《太平寰宇记》云，碑尚存，则宋时尚有碑，故可定为简文帝庄陵也。《舆地纪胜》误读《寰宇记》陵有麒麟碑尚存二句为一句，于金石类特出梁简文帝庄陵麒麟碑，疏误甚矣。

陈武帝万安陵（陈霸先　事迹见《陈书·高祖本纪》及《南史·陈本纪》。）

　　民国二十四年一月二十七日，余偕滕君固，黄君文弼，裴君善元，罗君香林，及长子偰，亲往调查，测量摄影。

葬地所在　在今江宁县东南高桥门外上方镇石马冲。《陈书·高祖本纪》，永定三年六月丙午，高祖崩于璇玑殿，葬万安陵。《建康实录》卷十九，陈高祖崩，葬于万安陵，在今县（上元）东南三十里彭城驿侧，周六十步，高二丈。《元和郡县志》卷二十六，陈武帝霸先万安陵在县（上元）东三十八里方山西北，贞观十一年，诏百步内禁樵采。《六朝事迹编类》卷十三，陈高祖陵，《建康实录》隶县（上元）东南古彭城驿，今县江宁东崇礼乡，地名陵里，有曰天子林，其地有石麒麟二，里俗相传，即陈高祖墓也，去城二十五里。顾炎武《肇域志》江南四，陈高祖万安陵在城东三十五里，旧名陵里，又曰天子林，古彭城驿侧，石兽尚存，今呼石马冲。案上四说，里数皆不同，初以为今上方镇石马冲之墓，是否为陈武帝万安陵，颇有可疑：其一，宋齐梁三朝皇陵石兽，皆为一角二角之石麒麟。今此二石兽，皆无角，与梁代诸王墓之石兽无异，似非天子之陵，此可疑者也；其二，古彭城驿在县东南三十里，今不知在何处，《同治上江两县志》卷三，彭城山在上元县东南四十五里，西连祈泽山，北接青龙山，有水下注，涓涓成渠，石梁横焉，临渠有彭城馆，又云，祈泽山在上元淳化镇，东连彭城山，北连青龙山，方山在上元东南四十五里，据此，彭城山在淳化镇东，今石马冲在淳化镇西十里左右，尚在上方镇之西，古彭城驿盖必在彭城山侧，不然何以名彭城驿耶，此又可疑者也。

今案万安陵之石麒麟，虽不见角，殆已毁损。且下唇有须，而舌不下垂，与梁代诸王墓之石辟邪不同，此不足疑者一也。又《元和郡县志》谓在方山西北，而《建康实录》谓在县东南三十里，或云三十五里，则颇与石马冲之地址相合，若在彭城山，则在方山北，而离县四十五里。则又与上数书所载方位里数不相合，故今之石马冲，即古之彭城驿，彭城之驿名，即近指｜里许彭城之山名以为名，亦无不可，此又不足疑者也。

《陈书·宣帝本纪》，太建九年秋七月庚辰，大雨震万安陵华表。《北史·孝行传》，王颁，字景彦，太原祁人。父僧辨为陈武帝所杀，及陈灭，颁密召父在时士卒，得千余人，对之涕泣，其间壮士或问曰，郎君仇耻已雪，而悲哀不止，将不为霸先早死不得手刃之耶，请发其邱陇，斲榇焚骨，亦可申孝心矣。颁顿颡陈谢，额尽流血，答曰，其为坟茔甚大，恐一宵发掘，不及其尸，更至明朝，事乃彰露，诸人请具锹锺，于是夜发其陵，剖棺，见陈武帝须皆不落，其本皆出白骨中，颁遂焚骨取灰，投水饮之。既而自缚归罪，晋王表其状，文帝曰，朕以义平陈，王颁所为，亦孝义之道，何忍罪之，舍而不问。

营葬年月　《陈书·高祖本纪》，永定三年（西历五五九年）八月丙申，葬万安陵。

祔葬　《陈书·高祖章皇后传》，高祖宣皇后章氏，讳要儿，世祖即位，尊后为皇太后，废帝即位，尊后为太皇太后，光大二年，后下令黜废帝为临海王，命高宗嗣位，太建元年，尊后为皇太后，二年三月丙申，崩于紫极殿，其年四月，祔葬万安陵。

陵前遗物　有石麒麟左右各一，见图（29）、（30）、（31）。

陵前状况　陵东南向，二石麒麟身长二米五十生的，颈周二米二十一生的，口张，上下唇距离二十三生的，高度因半埋土中，不可测量，二石麒麟距离四十八米八十生的，全景见图（32）。

陈文帝永宁陵（陈蒨，始兴昭烈王长子。事迹见《陈书·世祖本纪》及《南史·陈本纪》。）

民国二十三年十一月二十五日，余与长子偰亲自栖霞山步行而西，约五里许，获睹此陵，乃摄影焉。二十四年五月十九日，又偕罗君香林、荆君林再往测量摄影。

葬地所在　在今栖霞山西陵山之阳狮子冲。

陵山，今土人读如兰山，六朝音读陵若兰，此山名尚相沿未改，古音保存于土音中，其例甚多，今广州音亦读陵若兰，因广州之音，尚多六朝音也。陵山之南为衡阳山，《建康实录》《元和郡县志》均仅言永宁陵在陵山之阳，至宋张敦颐误以雁门山北之林山为陵山，于是加雁门山北以分别之，而不知兰山乃真陵山也。《同治上江两县志》遂谓陈文帝陵在雁门山北，不言陵山，其误更甚。

《陈书·世祖文皇帝本纪》，葬永宁陵。《建康实录》卷十九，文帝崩，葬永宁陵，陵在今县（上元）东北四十里陵山之阳，周四十五步，高一丈九尺。《元和郡县志》卷二十六，陈文帝蒨永宁陵，在县东北四十里蒋山东北。《六朝事迹编类》卷十三,陈文帝永宁陵隶县(江宁)东北陵山之南,今雁门山之北。

按《六朝事迹编类》卷六,摄山(即栖霞山)今去城(江宁)四十五里,今狮子冲在栖霞山西约五里,则狮子冲去城约四十里也,与《建康实录》《元和郡县志》所载里数相合,且与《元和志》所载在蒋山东北亦合。

或谓此系宋文帝长宁陵。以陵上麒麟花纹雕刻与宋武帝初宁陵相似为证,余案二陵麒麟相似之处仅有二:一翼膊皆有鳞,见图(1)、(2)、(33)、(34),然齐武帝陵之石麒麟,及梁萧恢墓萧绩墓之石辟邪,其翼膊亦有鳞,见图(9)、(10)、(51)、(61)、(62),则通宋齐梁陈皆有之,非宋陵独异,此不足为证者也;一后半身皆浮雕花瓣式花纹,见图(1)、(2)、(33)、(34),然二者浮雕花纹,虽皆为花瓣式,其形实不相同,梁萧秀墓之石辟邪后半身亦为浮雕花瓣式,见图(41),试以三者比较,宋武帝陵较朴,梁萧秀墓稍华,陈文帝陵更华焉,此又不足为证者也,且宋武帝陵之麒麟,身体翼膊皆乎直,而陈文帝陵之麒麟,较为玲珑,盖二陵建筑,相去一百四十四年,(宋武陵西历四二二年建,陈文陵西历五六六年建。)故其作风前者拙朴,而后者华美也。宋文帝长宁陵,《建康实录》卷十二,谓在今县(上元)东北二十里,而宋武帝初宁陵,《实录》卷十一,亦谓在县东北二十里,则初宁长宁二陵必甚相近,《元和郡县志》卷二十六,亦云宋武帝刘裕初宁陵,文帝义隆长宁陵,并在县东北二十二里,蒋山东南,唐去六朝尚近,陵上必有遗石可证,最足征信,至宋人始不知其地所在,《六朝事迹编类》卷十三,谓宋武帝初宁陵,当去蒋庙不远,宋文帝长宁陵引宋人《建康图经》云,隶县东北二十五里,与武帝陵相近,今未详所在,此说与《建康实录》《元和郡县志》二说皆相背谬,游移不定之辞,不足为证也。今狮子冲距县四十里,与宋武帝初宁陵相去甚远,且一在蒋山东南,一在蒋山东北,方位亦异,其非宋文帝长宁陵,决无疑义。况长宁陵始葬之地及迁徙之地,《齐书》确有明文,《齐书·豫章文献王嶷传》云,上数幸嶷第,(在青溪北部,与东田相近,见上宋文帝长宁陵条。）宋长宁陵隧道出第前路，土曰，我便是入他冢墓内寻人，乃徙其表阙骐驎于东冈上，骐驎及阙形势甚巧，宋孝武于襄阳致之，后诸帝王陵，皆模范而莫及也。案东冈即东山。在钟山之西南，宋王安石半山之地，今南京城东北隅，即在此山上，而其骐驎又来自襄阳，襄阳与南阳甚近，其形式盖仿自汉南阳宗资等墓之天禄辟邪，必较宋武帝初宁陵之麒麟形势更巧，齐梁陈三代皆模范其式，故陈文帝陵之骐驎实较宋武帝陵之骐驎玲珑，与丹阳齐梁诸陵相近而更华丽，则雕刻后愈进步也，宋文帝长宁陵既有确地，则此为陈文帝永宁陵更无疑义，唐宋以来，记载宋文帝长宁陵之说纷纷不一，皆不足辩矣。

营葬年月　《陈书·世祖文皇帝本纪》，天康元年（西历五六六年）六月丙寅，葬永宁陵。

祔葬　《陈书·世祖沈皇后传》，后讳妙容，高宗即位，以后为文皇后，陈亡入隋，大业初，自长安归于江南，顷之卒。不言葬，未知祔葬否也。

陵前遗物　存石麒麟二，在陵左者头部倾落，身尚未毁，在陵右者尚完好，顶有一角，见图（33）、（34）。

陵前状况　陵向南偏东三十度，二石麒麟，身长二米九十五生的，颈周二米三十五生的，其距离二十四米四十五生的，其高度因半埋泥中，不能测量，陵已无存。

六朝之墓

晋尚书令侍中骠骑将军卞忠贞公墓（卞壶　事迹见《晋书·卞壶传》。）

民同二十四年春，长子僺于朝天宫后访得。葬地所在　在今南京城内朝天宫后。《舆地纪胜》

卷十七，晋卞公祠堂条云，曾文昭公《晋卞公祠堂记》，江宁府之天庆观也，有晋卞忠正公墓。公讳壶。官至尚书令，苏峻之难，与其二子力战，死之，谥忠正，葬冶城，后七十余年，盗发公墓，尸僵如生，李氏建忠正亭于其墓北，穿地得断碑，徐公锴实为之识，本朝叶清臣又封墓刻石表之。

清陈作霖《运渎桥道小志》，直桥街北，有晋卞忠贞公祠，祠旧与朝天宫西夹道通，故俗呼为宫后门口，祠后为墓，墓北向，墓前有全节坊，叶公所书之碑碣犹存。

　　案《晋书·卞壶传》，谥忠贞，《舆地纪胜》谓谥忠正，误。传又云，后盗发壶墓，尸僵，鬓发苍白，面如生，两手悉拳，爪甲穿达手背，安帝诏给钱十万。以修茔兆。

　　又案《梁书·何点传》，点感家祸，绝婚宦，与陈郡谢瀹，吴国张融，会稽孔稚珪，为莫逆友，从弟遁，以东篱门园居之，稚珪为筑室焉。园内有卞忠贞冢，点植花卉于冢侧，每饮必举酒酹之。据此，则卞忠贞墓，晋时在东篱门，而又为高士何点隐居之所焉。

营葬年月　《建康实录》，晋成帝咸和三年（西历三二八年）二月庚戌，苏峻军至钟山，领军卞壶帅六军，与峻战于山南，王师败绩，峻因风放火，进烧青溪栅，再破官军，卞壶等死于栅下。九月，陶侃率温峤庾亮等阵于白石，斩峻。据此，卞壶之葬，必在此年九月以后。

墓前遗物　今存墓碣一，题曰晋尚书令假节领军将军赠侍中骠骑将军成阳卞公墓。其墓碣拓本缩印见木叶。

　　案《六朝事迹编类》卷十二，晋卞忠正庙条云，卞壶，谥忠正，葬吴冶城，盗发其墓，安帝赐钱十万封之。人梁，复毁，武帝又加修治，李氏有江南，建忠正亭于其墓，穿地得断碑，公名存焉，徐锴实为之识。本朝庆历中，知府事龙图阁直学士叶公清臣，又封墓刻石表之。据此，今墓碣乃宋叶清臣所书。其原有断碑及徐锴所识，今已无存。

墓碣题成阳卞公，案壶父粹，以功封成阳子，永嘉中，壶袭父爵，王含之难，加中军将军，含灭，以功封建兴县公。（均见《晋书》本传。）

此碣当题建兴卞公，不应题成阳卞公，盖墓碣当以最后爵位称也。
冢墓遗文　《晋卞公祠堂记》，宋曾肇撰，正书，在冶城，文载《江宁金石记》卷五。
梁侍中大将军扬州牧临川靖惠王墓（萧宏，文帝第六子。事迹见《梁书·临川王宏传》及《南史·梁宗室传》。）

　　民国二十三年十月二十一日，余偕长子偰亲往调查摄影。

葬地所在　在今麒麟门仙鹤门间大道东张库村。宋王厚之《复斋碑录》，梁临川靖惠王神道二，去城三十里北城。（乡见《宝刻丛编》卷十五。）《六朝事迹编类》卷十三，梁临川王墓，在北城乡，去城三十里。莫友芝《金石笔识》云，梁临川靖惠王萧宏神道二石柱，在上元北城乡张库村，去安成碑南可十里，距朝阳太平两门各二十余里。自《六朝事迹》著录后，元明迄今金石家，皆未之及。同治戊辰八月，访吴乎石柱。花林一村叟漫言张库两石柱正与此相似，尤高大，亦梁武帝坟也，（村人指秀憺景诸碑柱，皆谓梁武帝坟。）因冒雨亟寻获之。

营葬年月　《梁书·武帝本纪》，普通七年（西历五二六年）夏四月乙酉。太尉临川王宏薨。其葬期当去此时不远。

墓前遗物　墓左存碑一，左右石柱二，左右石辟邪二。见图（35）、（36）、（37）、（38）、（39）。

　　案左碑向东，右碑已无，必向西，则二碑相向立也。左右石柱，其书字之额皆北向，题云，梁故假黄钺侍中大将军扬州牧临川靖惠王之神道，其左柱顺读，右柱逆读。莫友芝《金石笔识》云，其东柱顺读，始右，西柱逆读，始左。（莫氏误

临川王墓简图

以墓南向，故以左柱为东柱，其实在西也，右柱为西柱，其实在东也。见下墓图。）又与安成吴平两反刻不同，字画精美，绝似《瘗鹤铭》。两杨州牧杨字，并从木，王怀祖氏《读书杂志》历引《史》《汉》碑版以证杨州字隋以前从木，唐人误从手，得此二石，又增一确证。

墓前状况　绘图如右　其墓全景见图（40）。

墓向北偏西二十度，二石碑距离为四米九十二生的，石柱与石辟邪之距离为八十五米十五生的。

梁散骑常侍司空安成康王（墓萧秀，文帝第七子。　事迹见《梁书·安成康王秀传》及《南史·梁宗室传》。）

民国二十三年十一月二十五日，余偕长子偰亲往调查摄影。二十四年五月十九曰，又偕罗君香林、荆君林再往测量摄影。

葬地所在　在今尧化门东清风乡甘家巷。（栖霞山西。）宋王厚之《复斋碑录》，梁散骑常侍司空安成康王碑，在花林村。（《宝刻丛编》卷十五引。）《六朝事迹编类》卷十二三，梁安成王墓，去城三十八里，又卷十四，梁安成康王碑，在清风乡甘家巷。

张璜《梁代陵墓考》，安成王萧秀墓，在甘家巷，南京东北二十五里。又云，始兴王萧憺墓，在南京东北三十五里之黄城村，靠近萧秀墓，案始兴王墓已云在南京东北三十五里，安成王墓较始兴王墓稍远，不应云在南京东北二十五里，盖此二十五里亦三十五里之误。

营葬年月　《梁书·武帝本纪》，天监十七年（西历五一八年）二月癸巳。征北将军雍州刺史安成王秀薨。又《安成康王秀传》，十六年，迁雍州刺史，便道之镇，十七年春，行至竟陵之石梵，薨。据此，则其葬亦当在天监十七年。

墓前遗物　存上左右碑各一，见图（46）、（47），右石柱一，见图（43）、（44）、（45）。左石柱仅存柱础，下左右碑均仅存龟趺，左右石辟邪皆完好。见图（41）、（42）。

《南史·梁宗室传》，安成康王秀薨，佐史夏侯亶等表立墓碑志，诏许焉，当世高才游王门者，东海王僧孺，吴郡陆倕，彭城刘孝绰，河东裴子野，各制其文，欲择用之，而咸称实录，遂四碑并建。宋王厚之《复斋碑录》，梁散骑常侍司空安成康王碑，故州民前廷尉卿彭城刘孝绰撰，奉朝请吴兴贝义渊正书。莫友芝《金石笔识》，梁安成康王萧秀东碑（案此系墓前左上之碑）条云，宋张敦颐《六朝事迹》，谓秀墓碑二，其一已磨灭，即此碑也。今审其额，犹可识。希祖案今存碑额文字如下图（一）：

又安成康王萧秀西碑（案此系墓前右上之碑）条云，距东碑七八丈许。东西相向，《六朝事迹》谓其一字画犹可读，乃彭城刘孝绰文，又云是贝义渊书，在清风乡甘家巷，今碑文已剥，漫无一字，唯额略可识。希祖案今存碑额文字如下图（二）：

图一　墓前左上碑额　　　　　图二　墓前右上碑额

凡图中加□者字已漫灭

莫氏又云，其碑阴刻人名，约千有三百余人，存剥相半，犹可寻南朝小楷法度，胜抱宋以来集帖，虚慕晋人也，中最奇者，蕴盖姓，姓苑、字书所未见。王昶《金石萃编》卷二十六，误以安成王秀碑阴为始兴王憺碑阴，下注云，阴俱人名，分二十列，每列六十四人，凡字存难辨者，加□，石阙者空之，今将拓本编印如下叶，其文字可与《金石萃编》所列参考。

墓右神道石柱题额尚存反文"故散"二字。

墓前状况 绘图如下：墓南向偏东四十度，二石辟邪距离及石柱与碑距离失量，辟邪体高三米，腿长（前足）一米十四生的，腿粗一米四十六生的，颈围四米，口张四十生的，腹围三米六十五生的，墓全景如图（48）。

梁侍中司徒鄱阳忠烈王墓（萧恢，文帝第九子。事迹见《梁书·鄱阳王恢传》及《南史·梁宗室传》。）

民国二十二三年十一月二十五日，余偕长子偰亲往调查摄影。

葬地所在 在今南京东北三十六里之黄城村，始兴王萧憺墓东数十步。张璜《梁代陵墓考》，鄱阳王萧恢墓，在南京东北三十六里，紧靠萧憺墓。

案此墓是否为鄱阳王所葬，尚有可疑，因唐宋以来地志金石诸书，均未载鄱阳王墓所在地也。宋赵明诚《诸道石刻录》，梁鄱阳王神道，正书。宋王厚之《复斋碑录》，梁侍中司徒鄱阳忠烈王墓志，梁张缵奉敕造，（均见《宝刻丛编》卷十五。）均不言葬地所在。《同治上江两县志》卷十二，梁侍中司徒鄱阳王萧恢墓志铭，张缵撰，在清凉寺法堂下，此虽载地址，然清凉寺在南京城内石头城清凉山，亦未必为鄱阳王葬地，不知张璜何所据而云此为鄱阳王墓焉。今姑采其说而存其疑。

营葬年月　宋王厚之《复斋碑录》，梁侍中司徒鄱阳忠烈王墓志，梁张缵奉敕造，普通七年（当作八年，说见下，时西历五二七年）二月二十五日，葬（《宝刻丛编》卷十引。）

案《梁书·武帝本纪》，普通七年秋九月己酉，骠骑大将军开府仪同三司荆州刺史鄱阳王恢薨。又《鄱阳忠烈王恢传》，天监十七年，征为侍中安前将军领军将军，十八年，出为使持节散骑常侍都督荆襄雍梁益宁南北秦八州诸军事征西将军开府仪同三司荆州刺史，普通五年，进号骠骑大将军，七年九月，薨于州，诏赠侍中司徒。据此，则墓志所称普通七年二月二十五日葬，当为普通八年二月二十五日葬之误，盖恢于普通七年九月薨于荆州，迁柩回京，必经时日，故于八年二月葬，乃相合，此乃《宝刻丛编》误刻普通八年为七年，未必墓志原文如此也。

墓前遗物　存左右石辟邪二，右辟邪已有裂痕，见图（48）、（49）、（50）、（51）。

墓前状况　墓向东偏南二十度。二石辟邪身长三米四十七生的，颈周二米四十五生的，其距离十九米四十生的，全景见图（52）。

梁侍中司徒骠骑将军始兴忠武王墓（萧憺，梁文帝第十子。事迹见《梁书·始兴忠武王憺传》及《南史·梁宗室憺传》。）

民国二十三年十一月二十五日，余偕长子傁亲往调查摄影。二十四年五月十九日，又偕罗君香林、荆君林再往测量摄影。

葬地所在　在今南京尧化门东花林村。（旧名黄城村，在甘家巷西南。）宋王厚之《复斋碑录》，梁侍中始兴忠武王碑，在花林清风村。（《宝刻丛编》卷十五引。）《六朝事迹编类》卷十三，梁始兴王墓在清风乡黄城村，今去城三十七里。　张璜《梁代陵墓考》，萧憺墓在南京东北三十五里之黄城村。

营葬年月　《梁书·武帝本纪》，普通三年（西历五二二年）十一月甲午，抚军将军开府仪同三司领军将军始兴王憺薨。本墓碑云，普通三年十一月八日薨于位。

墓前遗物　有石辟邪二，皆已残损，在墓右者尤甚，见图（53）。又墓左有碑一，见图（54），碑额碑文尚存，梁徐勉撰，贝义渊书，余有考证，详《六朝建康冢墓碑志考证》篇。莫友芝《金石笔识》，梁始兴忠武王萧憺碑，在安成碑西一里，碑西向，南侧又直东石兽，盖其东碑，其西适有龟趺东向。南侧直西石兽，其有西碑无疑。案莫氏当同治时，碑西尚有龟趺，今已无存。

墓前状况　墓向南偏东四十度，二石辟邪之距离为十九米六十生的，墓景全图见图（55）。

梁侍中抚军将军开府仪同三司吴平忠侯萧公墓（萧景，梁武帝从父弟。事迹见《梁书·萧景传》及《南史·梁宗室景传》。）

民国二十三年十一月二十五日，余偕长子偰亲往调查摄影。

葬地所在　在今南京尧化门东神巷村西。（在萧憺墓西一里余。）宋王厚之《复斋碑录》，梁吴平忠侯萧公神道，在花林村。（《宝刻丛编》卷十五引。）《六朝事迹编类》卷十三，梁吴平忠侯墓，在花林之北，今去城三十五里。又卷十四，梁吴平忠侯萧公神道石柱，在清风乡花林村。莫友芝《金石笔识》，梁吴平忠侯萧景神道石柱，在始兴碑西南三里，所谓花林村之名，今犹存。

营葬年月　《梁书·萧景传》，普通四年（西历五二三年）卒于州，（案《景传》，普通元年，为郢州刺史。）其葬当在普通四五年之间。

墓前遗物　存石辟邪二，右辟邪已破碎，神道石柱一，见图（56）、（57）、（58）、（59）。

莫友芝《金石笔识》，萧景神道石柱题额，其文反刻顺读，其柱南直西石兽，其东兽亦存，而东柱亡久矣。安成西碑南侧，亦有石柱，其额剥烂不可拓，其前二行，以碑额推之，当是梁故散骑常侍，今唯故散二字略可识，亦反刻顺读，差足为此柱额比例，惜两东柱并亡耳。《至正金陵新志》（元刻本）卷十二，梁吴平侯墓，有石麒麟二，石柱二。希祖案《至正志》凡记古代陵墓，全袭《景定建康志》，考《景定志》仅云吴平忠侯墓有石柱一，不应至元代反多一石柱，足以知二字之误也。

墓前状况　墓东南向。二石辟邪距离未量。

梁侍中中军将军开府仪同三司南康简王墓（萧绩，梁武帝第四子。事迹见《梁书·高祖三王传》及《南史·梁宗室绩传》。）

民国二十四年二月一日，余偕长子偰亲往调查摄影。

葬地所在　在今南京东南八十里句容县西北十五里之石狮干（在江宁县汤山东新塘村南十二里，其墓正对赤山。）《至正金陵新志》，南康简王墓，在句容西北二十五里，余询之土人，云十五里。莫友芝《金石笔识》，梁南康简王萧绩神道二石柱，同治己巳，甘泉张肇岑访获于句容之侯家边。张璜《梁代陵墓考》，萧绩墓在南京东南八十里之石狮干。

营葬年月　《梁书·武帝本纪》，中大通元年闰六月己未，安右将军护军南康王绩薨。《南康简王绩传》，普通五年，出为江州刺史，丁董淑仪忧，居丧过礼，征授安右将军，领石头戍军事，寻加护军，羸疾弗堪视事，大通三年，因感病薨于任。案《梁书·武帝本纪》，无大通三年，传所谓大通三年，即本纪中大通元年，当从本纪，其葬亦当在此年。

墓前遗物　存石辟邪二。见图（60）、（61）、（62）、（63）。神道石柱二，见图（64）、（65）。

神道石柱文字，在墓左者顺读，右者逆读，图如下：

```
梁故侍中中軍將    南康簡王之神道
軍開府儀同三司
南康簡王之神道    梁故侍中中軍將
                軍開府儀同三司
     左闕              右闕
```

墓前状况　墓南对赤山。墓景全图见图 (66)、(67)。

梁侍中左卫将军建安敏侯萧公墓（萧正立，临川靖惠王宏子。事迹见《梁书·临川靖惠王宏传》及《南史·梁宗室传》。）

　　民国二十四年一月二十七日，余偕滕君固、黄君文弼、裘君善元、罗君香林及长子偰亲往调查，测量摄影。

葬地所在　在今江宁县东南，淳化镇西南九里刘家边接引庵前。宋王厚之《复斋碑录》，梁建安敏侯神道，在淳化镇。（《宝刻丛编》卷十五引。）《六朝事迹编类》卷十三，梁建安侯萧正立墓，在淳化镇西宋野（案当作宋墅，实在前宋墅南一里余刘家边。）石柱塘，有石柱二，去城三十五里，又卷十四，梁建安敏侯神道石柱，在凤城乡淳化镇西。张璜《梁代陵墓考》，萧正立墓，在南京东南三十五里之清化镇，其所附《南京附近历代陵墓图》，则列于淳化镇西南梁萧暎墓西，地名颜村，案颜（读若孩）村即侯村，余尝亲至其地，确有一墓，存神道石柱一，字皆漫灭，又有石辟邪二，见图(68)、(69)，其为何人墓不可考矣，自侯村而东经后宋墅村，张璜所谓萧暎墓在焉，又经前宋墅村，抵刘家边，共约二里，始见萧正立墓，神道石柱二，书梁故侍中左卫将军建安敏侯之神道，此可以正张璜之误者也。

营葬年月　《南史·梁宗室传》，正立后位丹阳尹，薨，不书年月，其子贲嗣，正立弟正德，为侯景所立，贲出投之，改姓侯氏，则其时正立已薨，盖在太清二年（西历五四八年）以前也。

墓前遗物　有石辟邪二，见图（68）、（69）神道石柱二，见图（70）、（71）文字左顺读，右逆读，图如下：

左阙

右阙

凡加□者字已漫灭

墓前状况　墓向东略偏南，二石辟邪身长二米五十五生的，其高度因半埋土中，不能测量，颈周二米八十生的，口张，上下唇距离三十五生的，二辟邪距离十六米三十六生的，二神道石柱距离十七米六十生的，神道石柱与石辟邪距离一百六十七米五十九生的。墓境全图见图（72）。

冢墓遗文　近得南京碑帖店经古舍送来"梁故侍中左卫将军建安敏侯萧公墓志"方额拓片一纸，今附印于下叶。

梁侍中仁威将军新渝宽侯萧公墓（萧暎，始兴忠武王憺子。事迹见《梁书·始兴忠武王憺传》及《南史·梁宗室憺传》）

民国二十四年五月十九日，余偕罗君香林、荆君林及长子偰亲往调查摄影。

葬地所在　在今南京尧化门东甘家巷北董家边。莫友芝《金石笔识》，梁新渝宽侯萧暎西阙，在句容。张璜《梁代陵墓考》，萧暎，萧景子，（案《梁书》及《南史》，均言暎乃憺子，此误。）新渝侯，墓在南京东南三十五里之 Choen Hoa then，又云，萧正立，建安侯，墓在南京东南三十五里之清化镇，则 Choen Hoa then 盖即清化镇之译音，而其所附《南京附近历代陵墓图》，则萧暎、萧正立皆列于淳化镇，则清化镇又为淳化镇之误。考唐宋以来地志，均不载萧暎墓，故不能确知其墓地所在，惟宋王厚之《复斋碑录》，有梁新渝宽侯神道，（《宝刻丛编》卷十五引。）然亦不载地名，莫友芝谓在句容，固误，张璜谓在淳化镇亦误，余于本年一月十七日，尝亲至江宁县东南淳化镇西南侯村，见梁墓一，有石辟邪二，神道石柱一，其上文字漫灭，石辟邪、神道石柱及墓境全图，见图（85）、（86）、（87），其东约一里弱，地名后宋墅村，又有神道石柱一，上已无字，见图（83）、（84），张璜《南京附近历代陵墓图》，即以在侯村者当萧正立墓，在后宋墅村者当萧暎墓，而不知其皆误也。本年春，余长子偰在甘家巷北董家边，发见梁新渝宽侯神道石柱一，始知萧暎墓之所在，莫张二说，皆不攻自破矣。

营葬年月　《建康实录》卷十九，萧暎镇广州，奏高祖（陈武帝霸先）为中直兵参军，从至广州，令招士马，大同十年（西历五四四年），高祖大破贼军，房杜僧明等。《陈书·高祖本纪》，僧明降，其年冬，萧暎卒，高祖送丧还都，至大庾岭，会有诏高祖为交州司马领武平太守。据此，暎葬当在大同十年冬或十一年春矣。

墓前遗物　仅存神道石柱一，见图（73），宋王厚之《复斋碑录》载此神道云，梁故侍中仁威将军新渝宽侯之神道，今谛观石刻，其文逆读，盖为墓右石柱，莫友芝所谓梁萧暎西阙也。今绘图如右：

> 莫友芝《金石笔识》云，梁新渝宽侯萧暎西阙，在句容，以诸阙例之，侯下只应有一之字，而此有三字空，审石上，乃似无字者。案莫氏未尝亲至其地，故误为在句容，唯曾见流传神道拓本系逆读，故能断定为西阙，石上宽侯下有之字，尚依稀可认，而莫氏云三字空，可见未见石柱，且未读《复斋碑录》也。

```
神 寛 威 梁
道 侯 將 故
    之 軍 侍
    新 中
    渝 仁
```

此石刻字之处，仅占三分之二，首二行各五字，三行三字，四行二字

墓前状况　墓东南向，约与萧秀墓同。

冢墓遗文　梁元帝撰《梁故侍中新渝宽侯墓志铭》，见唐欧阳询《艺文类聚》卷四十八，余有考证，采入《六朝建康冢墓碑志考证》篇。

附未能考定之墓

丹阳县水经山下偏东之墓

民国二十四年三月十六日，余偕滕君固，荆君林，及长子傁亲往调查东西二墓，测量摄影。

此墓在丹阳县东北四十里水经山下，偏东。

> 水经山，为经山东南支山。《乾隆丹阳县志》，经山，在县东北二十五里，昔有异僧讲经于此，故名，上有金牛洞，一名金牛山，今土人名经山为旱经山，而以其东南五里之支山为水经山。

墓东南向，前有石辟邪二，身长二米一十生的，胸宽五十生的，见图（74），二石辟邪距离一十四米，其全景如图（75）。

丹阳县水经山下偏西之墓

墓东南向，前有二石辟邪，因身埋土中，仅露头部，无可测量。其距离约与偏东之墓同。其全景如图（76）。

> 案东墓疑为齐前废帝郁林王之墓，西墓疑为齐后废帝海陵王之墓。郁

林王，名昭业，武帝之孙，文惠太子长子，事迹见《齐书·郁林王本纪》。本纪载隆昌元年七月壬辰，被杀，殡以王礼。

齐谢朓撰《郁林王墓志铭》云，绿车旖旎，翠蕤掩暎。癸贰戏良，临桃弛盛。毁德归桐，弃尊君郑。（《艺文类聚》卷四十五。）

海陵王，名昭文，文惠太子二子，事迹见《齐书·海陵王本纪》。本纪载延兴元年十一月，废为海陵王，被杀。给温明秘器，敛以衮冕，葬给辒辌车。九旒大辂，黄屋左纛，前后部羽葆，鼓吹挽歌二部。

齐谢朓《海陵王墓铭》云，中枢诞圣，膺历受命，于穆二祖，天临海镜。显允世宗。温文著性。三善有声，四国无竞。嗣德方衰，时惟介弟。景祚云及，多难攸启。载骤轸猎，（《艺文类聚》作载驱轸辖。）高辟代邸。庶辟欣欣，威仪济济，亦既负扆，言观帝则。正位恭己，临朝渊默。虔思宝缔，负荷非克。敬顺天人，高逊明德。西光已谢，东旭（《艺文类聚》作东龟）又良。龙纛夕俨，葆挽晨锵。风摇草色，日照松光。春秋非我，晚夜（《艺文类聚》作晓夜）何长。（《梦溪笔谈》十五，又见《艺文类聚》四十五，有删节。）

宋沈括《梦溪笔谈》卷十五，庆历中，予在金陵，有瓮人以一方石镇肉，视之，乃海陵王墓铭，谢朓撰。严观《江宁金石记》，遂云海陵王萧昭文墓志，谢朓撰，在江宁，文见沈括《梦溪笔谈》。案墓志石在江宁，未必其墓即在江宁，如今墓志石转辗流传入于大都会者甚多，不能即据墓志流传之地，即定为其墓即在是也，如《上江两县志》言梁鄱阳王萧恢墓志，在清凉寺法堂下，不能即定恢墓在清凉山也。海陵王墓志见于江宁，其墓或在丹阳，亦未可知，盖齐代陵墓。多在丹阳，如齐宣帝高帝二陵，在经山西南，齐景帝陵，在经山南，齐武帝陵，在经山东，齐明帝陵在经山东南。则前废帝后废帝墓在经山东南水经山下，其推测亦未必甚误。或谓此二墓，安知非齐废帝东昏侯宝卷及齐和帝宝融之墓乎。《梁书·豫章王综传》，综，高祖第二子，其母吴淑媛，自齐东昏侯宫，得幸于高祖，七月而生综，宫中多疑之者，及淑媛宠衰，怨望，遂陈疑似之说，故综怀之，恒于别室祀齐氏七庙，又微服至曲阿拜齐明帝陵。然犹无以自信，闻俗说以生者血沥死者骨，渗，即为父子，综乃私发齐东昏墓出骨，沥臂血试之，并杀一男，取其骨试之皆有验，自此常怀异志。

据此，则东昏侯墓在曲阿，曲阿即丹阳也。《齐书·和帝本纪》，中兴二年夏四月辛酉，禅诏至，丁卯，梁王奉帝为巴陵王，宫于姑熟，（今安徽当涂。）戊辰薨，追尊为齐和帝，葬恭安陵。齐代陵墓，多在丹阳，则和帝陵亦必在丹阳也。希祖案豫章综至曲阿拜齐明帝陵后，尚犹无以自信，闻俗说后，乃私发齐东昏侯墓出骨，则东昏侯墓是否在曲阿，尚无明文。朱孔阳《历代陵寝备考》谓东昏侯冢在丹阳县东三十一里，盖误以齐武帝陵为东昏侯冢，未足据也。宋王象之《舆地纪胜》卷十八，齐和帝陵，世传当涂县北黄山岳庙行宫之基，即此陵也。考梁武帝长兄懿为东昏侯所杀，武帝既斩东昏，未必更以王礼归葬兰陵，和帝陵在姑熟，已有明文，则或说未必然也。惟齐前废帝郁林王，后废帝海陵王，虽为明帝所杀，然终以王礼葬，且齐祚尚存，故归葬于祖茔左右，此理之可必者也。

江宁县栖霞山西北张家库墓

民国二十三年十一月二十五日，余偕长子傁亲往调查。二十四年四月，长子傁又往摄影。

墓在栖霞山西北张家库，东南向，有石辟邪二，见图（77），其全景见图（78）。

案此墓疑为齐萧颖胄墓。宋王厚之《复斋碑录》，齐侍中尚书丞相巴东献武公萧颖胄碑，普通五年，太岁甲辰，三月辛亥朔，十日庚申，镌。在花林村。(《宝刻丛编》卷十五引。)《六朝事迹编类》卷十三，齐巴东献武公墓，在柄霞寺侧，有碑额云，齐故侍中尚书令丞相巴东献武公之墓。(案墓字盖为碑字之误。)《景定建康志》与此同，惟墓字作碑。宋王象之《舆地纪胜》卷十七，花林市，去城三十五里。齐梁诸坟，多在其地。案今花林村，仅见梁代诸坟，有此齐墓，庶与此语相合。

《齐书·和帝本纪》，中兴元年十一月壬寅，尚书令镇军将军萧颖胄卒。案颖胄事迹见《齐书·萧赤斧传》，梁王已平郢江二镇，颖胄辅帝出居上流，有安重之势，十二月壬寅(当依本纪作十一月)夜卒，诏赠侍中丞相，本官如故，前后部羽葆鼓吹班剑三十人辒辌车黄屋左纛。梁天监元年，诏曰，齐故侍中丞相尚书令颖胄，可封巴东郡公，邑三千户，本官如故。丧还，今上车驾临哭渚次，诏曰，齐故侍中丞相尚书令颖胄，葬送有期，前代所加殊礼，依晋王导齐豫章王故事，可悉给，谥曰献武。据此，颖胄之葬，有特殊之礼，则其墓有石辟邪，有碑，亦不足异，且最近栖霞山，故疑此为颖胄墓也，宋代碑文尚在，故可确指所在，今碑已亡，故列于存疑之列。

江宁县江宁镇方旗庙墓

民国二十三年九月二十九日，余偕长子偰亲往调查。二十四年四月，长子偰又往摄影。

墓在江宁镇西约一里余方旗庙，其墓东南向，有二石辟邪，见图(79)、(80)。

江宁县笆斗山徐家村墓

民国二十四年五月十九日，余偕罗君香林、荆君林及长子偰亲往调查摄影。

墓在江宁县笆斗山徐家村，存神道石柱一，阙面向西偏南二十度，柱高四米三十生的,阙横一米十生的,纵八十生的,字已漫灭,见图(81)、(82)。

  案笆斗山东连临沂山,或谓此系梁永阳昭王萧敷墓,以永阳敬太妃墓志铭云,附瘗于琅邪临沂县长干里黄鹄山为证,临沂县故城,即在临沂山下,且永阳昭王及永阳敬太妃二墓志,均见于清风乡,见宋张敦颐《六朝事迹编类》卷十四,徐家村接近清风乡,此又一证。余谓此处无黄鹄山,而长干里又在秦淮之南,遽谓永阳王萧敷墓在笆斗山,实与墓志所称地名不能密合也。
笆斗山墓地发现六朝砖颇多,疑即当时墓砖,今选拓五方于下叶。

江宁县淳化镇西南后宋墅村墓

民国二十四年一月二十七日,余偕滕君固,黄君文弼,裘君善元,罗君香林,及长子僾亲往调查测量摄影。

墓在江宁县高桥门外淳化镇西南(上方镇南)后宋墅村,存神道石柱一,上有圆盖,见图(83)、(84),柱高自圆盖下至地面三米五生的。

江宁县淳化镇西南侯村墓

民国二十四年一月二十七日,余偕滕君固、黄君文弼、裘君善元、侯君绍文、罗君香林及长子僾亲往调查测量摄影。

墓在江宁县淳化镇西南（上方镇南）侯村，有石辟邪二，神道石柱一，见图（85）、（86）。

其墓向南偏西三十度，二石辟邪身长一米三十二生的，其距离十四米八十八生的，左石辟邪距石柱六十八米二十生的，右石辟邪距石柱八十米四十生的，则此石柱为左石柱也，全景见图（87）。

江宁县淳化镇西南官塘墓

　　民国二十四年一月二十七日，长子偰独往调查，偶尔发现。

墓在江宁县淳化镇西南官塘，与萧正立墓相近，神道石柱已全陷塘中，仅有柱顶可辨，未能摄影。

六朝陵墓石迹述略

滕 固

六朝陵墓上还存留着多量的石迹，这些石迹对于历史或艺术都是珍贵的资料；而且石迹的位置有许多还未移动，对于坟墓形式的检讨，尤多便利。作者参加中央古物保管委员会调查工作，亲历其地，摩挲审视，惊其制作之精，每徘徊不忍离去。现在调查告竣，凡关陵墓之历史，形制，及碑志考证，遏先、伯商两先生都有精博的论述，作者仅从艺术方面，对于各种石迹作一简单的叙述。叙述次序，依残存石迹的性质，分为三部分，一神道石柱，二石兽，三碑饰。

一　神道石柱

神道石柱之存留于今日，约有十来件，除了笆斗山，淳化镇和上方镇三处，　时检考不出谁氏的墓域外，其他完全保存在梁朝的陵墓上。在梁文帝陵，梁临川靖惠王墓，梁安成康王墓，梁吴平忠侯墓，梁南康简王墓，梁建安敏侯墓及梁新渝宽侯墓上，都可以找出些神道石柱。这些石柱除了二三件略觉完整外，其余都是残破或陷入于土壤而仅可看出一小段。所以要把它们仔细地比较，颇觉困难。但就所看见的各件石柱而言，其形式大都无甚差异。倘使我们把那些遗品集合起来观察，对于某一石柱的形式。亦可获得整然的认识。因此，这里综合了各遗品，分石柱本身。柱头及柱础三方面叙述，以呈现一石柱的全形。

甲　石柱本身　柱身圆形或略带椭圆形，自上部到神道刻文的一段，雕着突起的瓜稜直纹，顶间雕一绳辫围住。其次，正面为神道刻文的方石，作钉在柱上的样子，方石背后在瓜稜纹上又雕有绳辫围着。复次，紧接于神道刻文方石的，为一较小的与柱身相称的方石，这方石暂名为介础（Fries）；在介础上刻有三个半人半兽的怪物浮雕；这三个怪物，中间的作正面形，两傍的作左右相向的半侧面形。其状毛发纷披，宛如羽翼，面目狰狞，裸出乳部和腹部，而膝骨和脚骨都极坚劲，骨的关节处特刻圆形为表现。此种怪物有些像汉代武氏祠石刻崇楼杰阁一景内石人相承为楼柱的石人；又像唐墓明器中的方相或魌头一类的东西；但究竟是否一物，不易断定。还有河南巩县北魏石窟第二窟南壁，有二个有翼的鬼形怪物浮雕，其雕刻风格与此更近，故此种怪物或传自佛家故事（注一），就其技巧而言，奇谲泼辣，坚劲和谐，为同时代雕刻中所罕见的：其风格疑与伊兰系的艺术有关。介础的下面又围以绳辫，绳辫的下面是浮雕围带，刻双龙交首之纹，极尽生动之妙致。再下就是隐陷的直刳稜纹，即普通所谓希腊柱式。参看（57）、（58）、（59）等图。

作者曾经看见过两颗比梁朝更早的石柱：一是汉琅邪相刘君石柱，此柱出自山东历城，现保存于济南的山东省立图书馆内。一是骠骑将军石柱，传亦汉（或称晋）代的遗物，现保存于洛阳河洛图书馆。（参看本书插图一）这两颗石柱，都是凸起的瓜稜纹，柱顶，刻文方石的背后及柱身下部，也都围有绳辫，方石上也有神道刻文。而刘君石柱神道刻文的方石下还刻有双螭拱蟠的浮雕。两者都是柱身部分的残存，所以柱头和柱础是怎样的，已无可稽考了。仅就柱身而论，梁代石柱的上部脱胎于汉代，自无疑义。惟梁柱有介础和浮雕围带，石柱的下身用隐陷的直刳稜纹，这是别致的地方。汉代坟墓上的石柱，见于《水经注》所记载的，为数不少；但所遗存的，就作者所见，只有上述两颗。倘汉代石柱的雕饰统统像那两颗朴实不华，那末梁朝的石柱比较汉代的更繁复而更富有装饰的情味了。瓜稜柱围以绳辫，上部有神道刻文的方石，此可令人推想最初是木造的，由许多小圆木凑合起来，用绳子捆为一束，成一颗较大的柱子。而把一方木版钉在柱上，写或刻文于其上。后来变了石造，还要保存或故意摹仿木造，所以产生了此种形式。

瓜稜柱式，在古代埃及泼笃伦美哀（Ptolemaeer）王朝（公元前一三二八——一三三〇）的建筑里，亦可找到，瓜稜的下面并亦有围带；但我们可断言和中国的瓜稜柱无所关系。以现有知识，瓜稜柱来自汉代，必为中国固有的东西；或即上面指出的模仿木造而来的。至于隐陷的直刻稜纹，在梁朝以前的建筑物中尚未发现，说它不是中国风尚，当非过甚之言。此种柱式通常以为希腊柱式，实则埃及中期（约公元前二一〇〇——一六〇〇）的建筑中有所谓原形多利亚柱（Protodorische Saeule），即此种柱式。波斯建筑亦采用此种柱式，有名的百柱宫（Hundertsaeulensaal）（纪元前六世纪末）即由此种柱式所构成。梁代石柱，上承汉制，又或参以波斯和印度（关于印度参考后面的叙述）的风尚，所以显示出分外的华美和装饰上的技巧。

乙　柱头　柱顶有一圆盖若盘形，较柱身略大，盖底作莲花纹，（参看（38）图。）莲花纹渊源于印度，是亦普知的事实，我们看了巴尔呼德（Bharhnt）石栏（公元前二百年）上的各式各样的莲花纹样，就知道比中国早得多。中国佛教盛行的时候，莲华纹样随之而普遍。云冈，龙门，巩县和天龙山的石窟藻井，都刻着莲花纹，北朝碑碣上此种纹样更多而更富变化（参看本文插图二）可知莲花纹样为南北朝盛行的雕饰；而梁柱圆盖盖底的莲花纹为最普通的一种。盖的周缘亦作莲花纹，此周缘的莲花纹，有类李明仲《营造法式》第二十九，石柱柱础的"铺地莲花"。圆盖上蹲着一头小辟邪（参看（57）图）。此种柱头形式与印度的阿育王石柱（约公元前二五〇之际）不无关系，阿育王石柱有多种，大抵圆身，柱身周围上下刻诏诰之文；柱头作钟形，（按前述波斯宫殿的柱，柱头亦为钟形，可考见其渊源所自。）周缘刻细长的莲花瓣，其上围以绳辫，又上置一小圆盘，盘上蹲着狮子，有的石柱上蹲着牡牛（注二）（其大体形式参看本文插图三）。所不同的，梁柱化钟形为盘形，化狮子牡牛为辟邪了。

说梁柱与印度的阿育王石柱有关，固无明证，然当时南方艺术确与印度有过交涉。释慧皎记康居国僧人康僧会在南方的活动说："僧会欲便道振江左，兴立图寺；乃杖锡东游，以吴赤乌十年，初达建业。营立茅茨，设像行道。时吴国以初见沙门。睹形未及其道，疑为矫异。有司奏曰：有胡人入境，自称沙门，容服非恒，事应检察。权曰：昔汉明梦神，号称为佛；彼之所事，岂其遗风耶？即召会诘问，有无灵验？会曰：自来迁迹，忽逾千载，遗骨舍利，神曜无方。昔阿育王起塔乃八万四千。夫塔寺之兴，以表遗化也。权以为夸诞。乃谓会曰：若能得舍利，当为造塔；如其虚妄，国有常刑。会请期七日，乃谓其属曰：法之兴废，在此一举。今不至诚，后将何及。乃共洁斋静室，以铜瓶加几，烧香礼请，七日期毕，寂然无应。求申二七，亦复如之。权曰：此欺谎！将欲加罪，会更请三七，权又特听。会谓法属曰：宣尼有言，文王既没，文不在兹乎，法灵应降，而我等无感，何假王宪，当以誓死为期耳。三七日暮，犹无所见，莫不震惧。既入五更，忽闻瓶中铿然有声。会自往视，果获舍利。明日呈权，举朝集观，五色光炎，照耀瓶上。权白手执瓶，泻于铜盘。舍利所冲，盘即碎破。权大肃然惊起，而曰：希有之瑞也。会进而言曰：舍利威神，岂直光相而已；乃劫烧之火不能焚，金刚之杵不能碎。权命令试之，会更誓曰：法云方被，苍生仰泽，愿更垂神迹，以广示威灵。乃置舍利于铁砧槌上，使力者击之，于是砧碓俱陷，舍利无损。权大叹服，即为建塔。以始有佛寺，即号建初寺；因名其地为佛陀里，由是江左大法遂兴。（注三）康僧会这一来，不但掀起了南方的佛法，又激动了画家画佛，"时曹不兴见西国佛画（康僧会带来的），仪范写之，故天下盛传曹也"（注四）。到了后来又有雕刻品的输入；"狮子国天竺旁国也，……晋义熙初，始遣使，献玉像，经十载乃至。像高四尺二寸，玉色润洁，形制殊特，殆非人工。此像历晋宋，世在瓦棺寺。寺先有征士戴安道手制佛像五躯，及顾长康维摩画图，世人谓为三绝。至齐东昏遂毁玉像，前截臂，次取身。为嬖妾潘贵妃作钗钏"（注五）。梁天监元年立长干寺，寺内有阿育王所造像，像的铜花趺上有外国书，蕃僧识云阿育王为第四女所造（注六）。中国画家采用印度技法绘画，亦见于梁朝，大同三年置一乘寺，寺在丹阳，邵陵王纶造。寺门遍画凹凸花，代称张僧繇手迹，其花乃天竺遗法，朱及青绿所成，远望眼晕如凹凸，就视即平，世咸异之，乃名凹凸寺（注七）。就这些旁证来说，梁朝石柱受阿育王石柱的影响，似乎绝不勉强之事。天龙山石刻浮雕中，有莲花柱头，柱头并亦作野兽，此可想见，南北朝建筑上亦有采用此种柱式（注八）。传至后代，殆即《营造法式》第二十九的望柱狮子头。柱头以精巧错落的莲花瓣雕成，中间呈露一莲蓬，莲蓬上蹲一狮子；我们看了那图样，就知道含有梁柱的遗意。

丙　柱础　分两层，上层一双有翼的虾蟆对口，口内各含珠，全部略作圆形。刻虾蟆不知何所取义，在前代的艺术品中亦找不出来。按《史记·龟策传》："月为刑而相佐，见食于虾蟆。"《汉书·武帝纪》："元鼎五年秋，蛙蟆虾斗。"《后汉书·灵帝纪》："修复玉堂殿，铸铜人四，黄钟四，及天禄虾蟆。"关于虾蟆或在很早时候已有一串神话了。北朝碑碣上，往往刻虾蟆和凤鸟一类的奇鸟相配（注九）。这也不知是何用意。或即是龙，或与佛教的传说有关，或因其行动迟缓，和龟鳖一样取作安定稳固之义。此皆暂为推测，其详当俟通人之考定。下层即底部，为一方石，即似《营造法式》二十九，所谓"柱础角石"。角石四面都有浮雕，似多属动物形象，惜漫漶太甚，不易辨认了（参看（19）、（20）、（21）、（43）、（43）、（45）诸图）。以意逆之，其动物刻纹，或与梁临川靖惠王碑侧所刻为同类的东西，参考后文。

二　石兽

六朝陵墓上遗存的石兽尚多，此对于研究者为莫大之幸运。今按照史传里通常的称呼，在帝王陵的石兽，叫做麒麟；在王侯墓的石兽，叫做辟邪。所有的石兽都为有翼兽，且皆长须垂胸，就其完整者而观，有的作双角，有的作独角。

先就麒麟的形式作一大体上的比较观察，为明瞭其各种特征起见，分兽身，头部及翼部三方面观察。至其细部的异同探讨。以俟将来的机会。

第一　兽身大体上可分为五种。兹分述如下：

(a) 兽身平正，颈项昂直而装饰较为简朴的，——如宋武帝陵的石兽（参看（1）、（2）图）。

(b) 兽身窈窕，颈项稍作斜形而装饰较富的，——如齐宣帝陵的石兽（参看（3）图以下）和齐武帝陵的石兽（参看（9）图以下）。

(c) 兽身窈窕，胸部昂挺而装饰较富的，——如齐景帝陵的石兽（参看（11图以下）。

(d) 兽身平正，颈项肥短而装饰较富的，——如齐明帝陵的石兽（参看（16）（17）图）及梁武帝陵的石兽（参看（24）图以下）。

(e) 兽身平正，项短头重而装饰特繁的，——如陈文帝陵的石兽（参看（33）（34）图）。

根据上述兽身的诸形式，使我们知道，凡颈项短的，身躯必然平正，颈项高的，身躯必然窈窕。照通常的设想，身躯窈窕的石兽，呈示微妙的灵活之姿态，所谓曲线的发达，其时代必较后。但这个假说，不能适用上述的诸石兽，在那些石兽间，平正和窈窕，错综为用；不必时代先的都是平正，时代后的都是窈窕。况且东汉宗资等墓上的石兽，早以身躯窈窕见长（参看（88）、（89）图）（注十）。可知汉代已有多种多样的兽身形式，垂为后人任意选择。我们要认识时代差别，只有从装饰方面着手。就上述石物看来，大抵装饰细致而繁富的，不论其兽身形状为平正为窈窕，都是比较后来的产物。我们从宋武帝陵的石兽，依其时代，顺次看去，至陈文帝陵的石兽为止，确然可以明瞭其演变之迹。只有一个例外，那就是陈武帝陵的石兽（参观（29）图以下），此虽为时代较后的东西，而装饰特别简朴，令人不可思议。作者的意思，以为此种例外，或原于当时石造工程较为短期而粗率之故。又其石兽较他墓毁损特甚，或因王颁毁陵时所为，以致装饰剥蚀殆尽。

第二　头部的形式，约分为三种：

(a) 朵颐隆起，口部略作圆形而额上及口角有茸毛小翅的，——如齐宣帝，齐武帝及齐景帝陵的石兽。

(b) 朵颐较薄，鼻大，口部方阔而额上及口角有茸毛小翅的，——如齐明帝和梁武帝陵的石兽。

(c) 头部沉重，角上有鳞纹并有三出翅而额上茸毛旋鬓特显装饰丰富的，——如陈文帝陵的石兽。

就上述石兽头部诸形式而言，早期的愈近于汉代刻兽的形制。例如 a 项朵颐隆起，口端圆形，上唇作人字形的刻文，这都是脱胎于汉代的狮像。汉武氏祠及铜雀台的石狮。为当时典型作品，其朵颐及上唇的刻法，都是这种形式的（注十一）。后来鼻部和眼部过于突出，而使朵颐薄化了；且为适应装饰，口部变圆形为方阔，但其上唇，仍作人字形，不过两线开张，几乎成平直的了。此间最令人意想不到的，为陈文帝陵的石兽，其头部异乎寻常的繁复。装饰愈富丽。离开野兽的本形愈远，所以在这个石物的头上，完全呈现出一个极不合理的错综堆砌的混合物象。雕琢固然工致，以艺术眼光看来，亦不免失之颓废。

第三　翼部的形式，可分五种叙述：

(a) 短翼而翼膊有鳞纹的，——如宋武帝及陈文帝陵上的石兽。

(b) 短翼翼膊作涡纹而腹部复衬有羽翅纹的，——如齐宣帝陵的石兽。

(c) 短翼翼膊有鳞纹而腹部复衬有羽翅纹的，——如齐武帝及齐景帝陵的石兽。

(d) 四小翼拼成一大翼而腹部复衬有羽翅纹的，——如齐明帝陵的石兽。

(e) 简单的短翼而翼膊作涡纹的，——如梁武帝陵的石兽。

上述各种翼翻的形式，其基本意匠亦来自汉代，例如翼膊有鳞纹，武氏祠石刻太古开辟一景内，飞龙飞马的羽翼，翼膊都作鳞纹。翼膊作涡纹，亦先行于汉代，宗资墓上的石兽即其一例。但六朝石物之装饰方面，比较汉刻丰富得多了。尤其可注意的，在短翼之外腹部复衬修长的翅羽纹，令人看了觉得翼子较大较厚，足以鼓翻飞翔；不像只有一片小翼，令人疑为只是一宗茸毛。此种伶俐的设计，可获得装饰以上的效果，故为此时代的一种特色。齐明帝陵的石兽，以四小翼拼成一大翼，虽似巧妙而意义殊觉薄弱，在我们看来，不过是一种装饰上的游戏。

还有可以比较的，是石兽的尾部，足部，胸部和臀部。有些石兽因为一半陷入土壤，看不见足部和尾部了。就看得见的来说，大抵其尾长垂，以尾端卷旋于足趾；足有爪，类似狮子。至其胸部和臀部，各有花纹，随其装饰的特质而或精或粗地环缀着。但我们明白了头部和翼部的装饰，这些附属花纹，可以暂不细究了。雕刻的技巧，其间亦微有不同；如宋武帝陵的石兽用方刀法，齐武帝陵的石兽用圆刀法；而用圆刀法的最多。

其次说到辟邪，辟邪也为有翼兽，其特征颈短而阔，伸舌垂于胸次。兽身纹饰较麒麟为朴质，因此给予我们的印象，亦与麒麟完全不同。雕刻方面有用方刀法的，如梁安成康王墓的石兽（参看（41）、（42）图），此种刀法可和宋武帝陵的石兽归入一类。有用圆刀法的，如梁鄱阳忠烈王墓的石兽（参看（49）、（50）图）及丹阳水经山下的石兽（参看（74）图），此种刀法可和齐武帝陵的石兽归入一类。所有留存的诸辟邪，大同小异，未将基本形式改动，益以装饰朴实，变化较少；所以过分要把它们分别部居，似乎是不必要的。辟邪的形式和麒麟不同，亦即和汉宗资墓的石兽不同。更和高颐墓的有翼兽不同（注十二）。这样使我们生起一个感想：如果此种体制先行于汉代而现在统统遗失了，那末我们可以根据这些辟邪，推想汉代已失去的形式；如果此种体制为此时代新创的，那末我们可以明白，此时代的雕刻品不独以装饰华藻见长，却也有雄健朴实的表现。

现存石兽，无论为麒麟或为辟邪，都有绝对年代可稽，这是对于我们作比较观察时为莫大之便利。惟此类石物产生于地域接近和风俗接近的条件之下，虽略有年代之先后，大抵后者抄袭前者，至多略加润色，所以中间没有强烈的变化。同时因人力物力的厚薄，也牵动到石刻技巧的精粗。所以要指出某朝的石物，有甚么特征，这也是很困难的。

陵墓以石兽为表饰，秦汉以来，已经盛行。秦物不可知，而汉代遗物，我们尚可看见；但汉代有翼兽之存于今日，就作者所知。只有宗资墓和高颐墓的石物。此二种石物其体制又不一致，而六朝陵墓的石兽与宗资墓的石物比较接近，可知其渊源于河南一带，其发展行迹可征验者也就在此。然作者深信，石物装饰的华美为六朝时期并且是南方的特色；即以文饰简朴的辟邪而论，也绝少含有蛮风而表露出南方优雅的调子。此与其时代浮靡享乐的生活相适应，亦为其时代艺术的一般倾向；而我们在雕刻史上所不能轻轻放过的，也就在这一点上面。

有翼兽传自波斯，而远溯于亚述利亚（注十三），自无疑义。但何时始传入中国。这是很成问题。作者起初以为在汉代始有有翼兽，而且认为自汉代通西域后才输入的（注十四），近读徐中舒先生关于古代狩猎图像的考证，知道在周代铜器上，已有有翼兽的刻纹，例如秋氏壶上面，分明刻着有翼兽作飞奔之势（注十五）。那末有翼兽的传入中国当然是很早。汉代所盛行的有翼兽，是否前代所遗留的，这也是耐人寻味的事情。波斯有有翼兽，希腊和印度也有有翼兽，以至所谓斯鸠底（Scythian）的艺术上，大夏（Bactria）的艺术上都有有翼兽。所以作者的意见，有翼兽的输入，不必从一个地方来的，也不必止是一次传入的。在中国未发现的古代艺术品中，一定还有许多有翼兽。而六朝陵墓上的有翼兽，可断言为渊源于汉代，故其形式与波斯的固然不同，与周代铜器上的亦复异致。我们更可断言，到了六朝陵墓上的有翼兽，已十足的中国化了。

关于有翼兽的名称，在上文我们称为麒麟称为辟邪，原也依照史传的通传。此种野兽实与狮子相近，其足部有爪，即为明证。因为它或有一角的，或有双角的，我们可称它为桃拔或符拔（注十六），似觉妥当些。去年作者到曲阜孔林，见石刻有翼的独角兽，孔家的人说，历世相沿，称为角端。按此名称亦颇有来历：《汉书·司马相如传》，麒麟角端，注角端似牛，其角可以为弓。《后汉书·鲜卑传》，禽兽异于中国者，野马、原羊、角端牛，以角为弓，俗谓之角端弓者。《宋书·符瑞志下》，角端者日行万八千里，又晓四夷之语，明君圣主在位，明达方外幽远之事，则奉书而至。《元史·太祖本纪》，十九年甲申……帝至东印度国，角端见，班师。就其角可为弓而论，六朝石兽的角，皆修长而向后弯曲，或部分的与此种野兽有关。

在外国，除了神话中有特殊意义的，如希腊的有翼马称为 Pegasus（按《山海经》内的有翼马叫做天马）外，其他大抵因野兽的本形而称为有翼狮，有翼马，有翼牡牛等等。西伦尝称六朝陵墓上的有翼兽，为"有翼的希美辣"（Winged Chimaera）（注十七），按希美辣为古代中部意大利哀脱罗利亚（Etrurien）的铜雕物，今保存于浮罗冷嵫（Florenz）的博物院，作者曩年旅游该地，亲见其物。其物前身是狮子，背脊的中部昂起一头山羊，其尾为一长蛇，乘势折回而咬住山羊之角。审其体制，似和六朝石物无干；西伦云云，乃亦暂定之称谓。

三　碑　饰

六朝陵墓石迹中，残存最少的是碑版，现在所看见的，只是梁临川靖惠王墓碑（参看（35）图以下），梁安成康王墓碑（参看（46）图）及梁始兴忠武王墓碑（参看（54）图）三种。对于文字方面，本报告内朱遏先先生别有论述。这里只将碑的外面形式，略加叙述。为便利起见，也分碑首，碑侧及龟趺三方面陈述。

甲　碑首　碑首都作琬首形，双龙交辫，环缀于石脊，中有方框刻文，框下有穿孔。此种形式渊源于东汉。西汉的碑尚作圭首，到了东汉中叶以后，变至琬首。初用重晕，制作较简，后渐有作螭龙相交之状（注十八）。就其方框刻文并凿有穿孔而论，尚存汉北海淳于长夏君碑，孔府君碑及郑季宣碑的遗意。惟石脊上环缀交辫的双龙，与汉制不同。此为南北朝刻碑的一般趋势，现存北朝碑碣尚多，多作龙矩势，即为交龙之纹；尤其造象碑饰。

华藻丰富，变化百出。上述碑首形式，似属南方流行的简朴的形式。

乙　碑侧　碑侧分为八格，刻鸟兽怪物纹样（参看（39）图），今据临川靖惠王墓碑碑侧的拓本而观：第一格刻半人半兽的怪物；第二格刻双孔雀或为别种奇鸟（疑为印度雕刻中之鹅）；第三格刻形如虾蟆而为有翼的怪物；第四格刻双角飞兽，作奔驰空际之象；第五格刻药叉一类的怪物；第六格刻鼓翼的凤鸟；第七格又刻药叉一类的怪物；第八格刻飞马形状的怪兽。每格分际处刻忍冬花纹样（参看本文插图四）。诸种物状都呈现出奇横生动之妙致，其刀法与神道石柱介砌上的怪物浮雕如出一辙。碑侧的分格雕饰，殆亦盛行于南北朝；北朝碑侧多分格刻造。

丙　龟趺　刻一大龟，简朴有力，其刻法类诸辟邪。按汉碑中如柳敏碑，益州太守无名碑，单排六玉碑及没字碑等，碑下皆刻龟蛇（注十九）；惟白石神君碑，碑下有龟趺（注二十），可知此制亦起于汉。龟趺大抵直写龟的形状，升其首，略作昂起之状。一直传到后世，除了纹饰略有变化外，其基本形式大致差不多的。所以《营造法式》第十六，有鳌坐写生的一条。

统观六朝陵墓石迹，最觉珍贵的是神道石柱和石兽。神道石柱虽传自汉代，而完全的形式不能不求于六朝陵墓；并且我们可于此窥见当时石造工事的一斑。作者疑神道石柱的形式受些阿育王石柱的影响，倘这种推测不是大谬，则此类石柱尤为吾人兴味之所寄托。其次，论及中国南北朝的雕刻，大都以佛像雕刻为主要材料；这一大宗石兽是佛教艺术以外的大作品。有了它们，上可以探讨汉代的石物。下可以观察唐代陵墓的诸种石兽；在贫弱的遗品中，使我们还有发展变化的线索可寻。所以这一大宗石兽的重要。亦是不言而喻的。最后，石物上附属的浮雕也很宝贵的，如神道石柱介砌上的浮雕，柱础角石的浮雕及碑侧的浮雕；倘使我们有兴致，还可以把它们和汉代的石刻画像作比较研究，用以明瞭浮雕的发展情形。也可以从这些浮雕里玩味当时绘画上动物和鬼怪的风格。

二十四年，六月，十日，南京。

注一　常盘，关野，《支那佛教史迹》第二集，第一〇六图。

注二　关于柱头形式，可参看 A. Coomaraswamy：History of Indian and Indonesian Art. New York 1927. 第四图版及说明。

注三　见慧皎《高僧传》卷一。

注四　郭若虚《图画见闻志》卷一，引蜀僧仁显《广画新集》。

注五　参看《梁书》卷五十四及《南史》卷七十八。

注六　参看许嵩《建康实录》卷十七夹注内引《长干寺记》。

注七　《建康实录》卷十七。

注八　参看外山太治郎《天龙山石窟》，第二十图至二十三图。

注九　参看冯终敬造像及东魏比丘法海等造像碑。

注十　并参看拙作《霍去病墓上石迹及汉代雕刻之试察》，载《金陵学报》四卷二期。

注十一　参看拙作前引文。

注十二　参看拙作前引文。

注十三　参看 R. Grousset：The Civilization of the East (the Near and MiddleEast)，New York 1931, P. 80—86, 126—133. 及拙撰前引文。

注十四　参看拙撰前引文。

注十五　参看徐中舒《古代狩猎图像考》，《国立中央研究院历史语言研究所集刊外编》，《蔡元培先生六十五岁庆祝论文集》抽印本。

注十六　关于此点拙撰前引文中曾略引证。本报告内未逼先生撰有《天禄辟邪考》，详论其事，惜作者草此文时，朱先生文已付排，不获参考为憾。

注十七　参看 O. Siren：Winged Chimaeras in Early Chines Art. Easten Art. Octobcr 1928.

注十八　洪适《隶续》卷五，所著录之碑图，可参考，然因钩摹木刻，殊失原形。

注十九　参看洪适前引书卷五碑图。

注二十　见牛运震《金石图说》，白石神君碑图。

骠骑将军石柱

滕固：石迹插图（1）
汉琅邪相刘君石柱

滕固；石迹插图（二）

滕固：石迹插图（三）
印度阿育王石柱（琊滕葛尔夫）

滕固：石迹插图（四）
梁临川靖惠王墓碑碑侧浮雕拓本

六朝陵墓总说

朱 偰

一 总 说

六朝陵墓，散布江东，而尤以江宁句容丹阳三地，遗迹最多。故本调查报告，亦以南京及句容丹阳为研究范围。计已发现而尚可考者，有下列各陵墓：

朝代	陵墓名称	地点
晋宋	领军将军卞壶墓 武帝刘裕初宁陵 文帝刘义隆长宁陵	冶城朝天宫后 麒麟门外麒麟铺 栖霞山狮子冲
齐	宣帝萧承之永安陵 高帝萧道成泰安陵 武帝萧赜景安陵 景帝萧道生修安陵 明帝萧鸾兴安陵	丹阳东北狮子湾 丹阳东北赵家湾 丹阳正东前艾庙三姑庙 丹阳进山鹤坳 丹阳东城村
梁	文帝萧顺之建陵 武帝萧衍陵 简文帝萧纲庄陵？ 临川靖惠王萧宏墓	丹阳东城村齐明帝陵北 丹阳东城村梁文帝建陵北 丹阳陵口萧梁河口 麒麟门外张库

朝代	陵墓名称	地点
梁	安城康王萧秀墓	栖霞山甘家巷
	鄱阳忠烈王萧恢墓	栖霞山西甘家巷西南
	始兴忠武王萧憺墓	栖霞山西甘家巷西南
	吴平忠侯萧景墓	栖霞山西神巷村西
	南康简王萧绩墓	句容石狮干
	建安敏侯萧正立墓	淳化镇
	新渝宽侯萧瑛墓	栖霞山西北董家边
陈	武帝陈霸先万安陵	上万镇石马冲

其已发现而不可考者，有下列各墓：

地名	备考
南京栖霞山张家库	二辟邪
南京笆斗山徐家村	一华表（或墓阙）
南京淳花镇宋墅后村北	一华表及圆盖
南京淳化镇侯村	一幕阙及二辟邪
南京淳化镇官塘	墓阙已全陷塘中仅有遗迹可辨
南京江宁镇方旗庙	二辟邪（一已毁其后部）
丹阳水经山下偏西	二辟邪
丹阳水经山下偏东	二辟邪

此外史乘纪载，确有地名可考，或因年久失传，或遭风霜剥蚀，陵谷变迁，已湮没不可考者，根据（一）唐许嵩《建康实录》，（二）宋张敦颐《六朝事迹编类》，（三）宋王象之《舆地纪胜》，（四）清朱孔阳《历代陵寝备考》，及（五）碑铭墓志等，列表如下：（必要时并参考（六）府县志。）

朝代	陵墓名称	地点
吴		
	武烈帝孙坚高陵	丹阳孙陵港（《丹阳县志》）
	大帝孙权蒋陵	县东北十五里钟山之阳（《建康实录》）
	敬怀王皇后敬陵	
	会稽王孙亮墓	丹阳顿乡（《历代陵寝备考》）
	景帝孙休定陵	江南太平府东（仝上）
	诸葛瑾墓	武进
	韦昭墓	丹阳延陵镇（《丹阳县志》）
	甘宁墓	上元直渎山（《上江两县志》）
	陶基及诸陶氏墓	横山麓陶墓冈（《舆地纪胜》）
东晋	元帝司马睿建平陵	县北九里鸡笼山阳不起坟（《建康实录》）
	明帝司马邵武平陵	县城北九里鸡笼山与元帝同（仝上）
	成帝司马衍兴平陵	县北七里鸡笼山阳与元帝同处（仝上）
	康帝司马岳崇平陵	县北钟山之阳（仝上）
	穆帝司马聃永平陵	县城北十九里幕府山之阳周四十步高一丈六尺
	哀帝司马丕安平陵	（仝上）
	废帝海西公马昱高平陵	县北九里鸡笼山之阳元帝同处（仝上）
	孝武帝司马曜隆平陵	吴县（仝上）
	安帝司马德宗休平陵	县城东北十五里钟山之阳不起坟（仝上）
	恭帝司马德文冲平陵	县城东北十五里钟山之阳不起坟（仝上）
	王导墓	钟山之阳今县城东北十五里不起坟（仝上）
	恒温墓	在蒋山之阳安帝同处（仝上）
	恒彝墓	上元幕府山（《上江两县志》）
	温峤墓	当涂（《舆地纪胜》）
	谢安墓	宣城县北八十里焦村（仝上）
	颜含墓	上元幕府山（仝上）
	谢灵运墓	在石子冈山（《元和郡县志》）
		在上元显东与本业寺相近（《景定建康志》）（按在麒麟门外去南京四十余里）

朝代	陵墓名称	地点
	毕卓墓	当涂县东南龙山（《舆地纪胜》）
	蔡谟墓	丹阳县南四十里石城乡（《丹阳县志》）
	甘卓墓（旧有碑云梁州刺史甘府君墓）	江宁东南一百二十里横山（《至正金陵新志》）
宋	武帝章胡皇后熙宁陵	丹徒（《历代陵寝备考》）
	文帝昭路皇后修宁陵	丹阳秣陵县岩石景宁陵东南（仝上）
	文帝宣沈皇后崇宁陵	建康幕府山（仝上）
	孝武帝刘骏景宁陵	上元县南四十里岩山之阳（《建康实录》）
	孝武殷淑妃墓	龙山未详处所（《历代陵寝备考》）
	前废帝刘子业墓	丹阳秣陵县南郊坛西龙山（仝上）
	明帝刘彧高宁陵	临沂县幕府山（《建康实录》）
	后废帝苍梧王刘昱墓	丹阳秣县郊坛西
	顺帝刘準遂宁陵	
	长沙景王刘道邻墓	临沂幕府山（宋刘袭墓志）
	临澧侯刘袭墓	琅邪乘武冈（宋刘袭墓志）
	散骑常侍谢涛墓	上元城南崇礼乡土山东山寺前（《上江两县志》）
齐	废帝郁林王萧昭业墓	
	废帝海陵王萧昭文墓	
	废帝东昏侯萧宝卷墓	今镇江府丹阳县东三十一里（《历代陵寝备考》）
	和帝萧宝融恭安陵	姑孰（?）
	文惠太子萧长懋墓	夹石
	豫章王萧嶷墓	金牛山（江宁东南铜山）《南齐书·竟陵王子良传》
	竟陵王萧子良墓	祖硎山
	齐献武公萧颖胄墓	上元摄山（《上江两县志》）
梁	武帝穆丁皇后宁陵	
	邵明太子萧统安宁陵	在建康县北三十五里（《建康实录》）南京燕雀湖（《穷神秘苑》）
	元帝萧绎墓	始葬江陵津阳门外后改葬江宁（《历代陵寝备考》）

朝代	陵墓名称	地点
	永阳邵王萧敷墓	临沂县长干里黄鹄山
	王憎辨墓	方山（《上江两县志》）
	柳世隆墓	方山五城渡（《仝上》）
	蔡大宝墓	丹阳县修陵北（《丹阳县志》）
陈	武帝昭钱皇后嘉陵 文帝陈蒨永宁陵 废帝临海王陈伯宗墓 宣帝陈顼县宁陵	县东北四十里陵山之阳周四十五不高一丈九尺（《建康实录》） 县南四十里牛头山西北（《元和郡县志》）

二　陵墓体制

六朝陵墓，虽丛残不全，然根据史籍记载，及实地调查所得，亦可考见其制度大概。兹先述帝王陵寝，再论王侯坟墓。

（1）帝王陵寝

（a）起坟与不起坟　东晋南渡，规模草创，帝王陵寝，类不起坟。《建康实录》卷八注云："按晋十一帝有十陵，元明成哀四陵在鸡笼山之阳，阴葬不起坟；康简文武安恭五陵，在钟山之阳，亦不起坟；惟孝宗一陵在幕府山起坟也。"

（b）陵之大小　陵之起坟者，史或记其周围及高度，兹据《建康实录》，列表如下：

陵　名	周　围	高
晋穆帝永平陵	四十步	一丈六尺
宋武帝初宁陵	三十五步	一丈四尺
宋文帝长宁陵	三十五步	一丈八尺
陈武帝万安陵	六十步	二丈
陈文帝永宁陵	四十五步	一丈九尺

又《北史·孝行传》载王颁为报父仇，拟发陈武帝陵，密召父在时士

卒，得千余人，对之涕泣。其间壮士或问曰："郎君仇耻已雪，而悲哀不止，将不为霸先早死。不得手刃之耶？请发其邱陇，斫榇焚骨，亦可申孝心矣。"颁顿颡陈谢，额尽流血，答曰："其为坟茔甚大，恐一宵发掘，不及其尸，更至明朝，事乃彰露。"诸人请具锹锸，于是夜发其陵。……读此亦可见当时陵寝之伟大。

（c）石兽　帝王陵寝，其前左右皆列石兽，左者双角，盖为天禄，右者独角，或为麒麟。

如宋武帝初宁陵右兽角已剥落，但视其痕迹，显系独角（注一）；宋文帝长宁陵右兽，尚完好，为独角；齐宣帝永安陵东北向经山，其右亦为独角；齐景帝修安陵左兽双角，右兽独角；梁武帝修陵仅余左兽，双角；齐明帝兴安陵仅余右兽，独角是也。石兽皆有翼，肘骏膊焰，腾骧欲飞。

注一　宋武帝初宁陵在麒麟铺，右兽立墙角，左兽已倾水际。其右兽头部已损；二十四年五月，好古者于地下得其头后部，装于兽上，数百年剥落之古物，又归原位。因此本文得知其为独角者。

（d）墓阙或华表　石兽之后，往往即为墓阙，一称华表。墓阙之基，作二蜥蜴环绕相向之形，或曰虾墓。墓阙之上为神道碑，左右相向，如梁文帝建陵，大书"太祖文皇帝之神道"。一作正书，一作反文。神道碑上为圆盖，盖上有小石兽一。其史籍上尚可考见，而今日已亡者，则有宋武帝初宁陵之墓阙（注一），陈武帝万安陵之华表（注二）及宋孝武帝殷淑仪墓之石柱（注三）。以此推之，可见每陵皆有华表。

注一　《建康实录》卷十三，大明七年夏四月，大风折初宁陵华表。

注二　《建康实录》卷二十，太建九年七月，大风雨震万安陵华表。

注三　《南史·江智深传》："后车驾幸南山，乘马至殷氏墓，群臣皆骑从，上以马鞭指墓石柱谓智深曰：此柱上不容有怀字。"

（e）碑及龠屃　华表之后，为碑及龠屃二，左右相向。例如梁文帝建陵华表之后，尚有龠屃一对，惟碑已亡；然据《丹阳县志》记载，则已坠落田野中，雷火焚击无文字，或今日不可考耳。又袁枚《梁武帝疑陵》诗

（实指陈武帝万安陵），亦云"旁有穹碑无文字，万万蝇书记某吏"，然则帝王陵寝，皆有碑文，今湮没莫考耳。

（f）隧道　自石兽至陵，行左右华表碑碣之间，是谓隧道。谢庄《孝武宣贵妃殷氏诔》所谓"山庭寝日，隧路抽阴，重扃闶兮灯已黯。中泉寂兮此夜深"是也。《建康实录》卷十七，"中大同元年，曲阿县建陵隧口石辟邪起舞，有大虬斗隧中，其一被伤奔走，又青虫食陵叶俱尽"，所谓隧盖即指此。

（2）王侯将相墓　王侯将相墓，与陵寝大同小异：前列辟邪，左右相向，无角有翼。辟邪之后为墓阙，（多为二十四棱，惟萧宏墓阙独二十八棱，雕刻亦佳。）神道碑皆前向。（萧宏，萧秀，萧景，萧绩，萧正立墓皆然，惟梁文帝建陵之神道碑，左右相向耳）。墓阙之后为碑，东西相向。独梁安成康王萧秀墓，有碑凡四。前为辟邪一对，次为碑一对（左右皆仅余赑屃），次为墓阙一对（左仅余柱础），最后又为碑一对。其墓规模大者，如萧宏萧正立墓，前后历百步，不亚于帝王陵寝也。

六朝陵墓，皆在低隰之地，却依冈阜，前临原野，与后世之因山筑墓者，迥异其趣。

六朝建康冢墓碑志考证

朱希祖

序

六朝冢墓碑志之存于今者甚尠，而碑尤甚，良以魏晋以来，禁断立碑，江左臣民，莫敢私违其式。稽之旧史，犹有可考者，如《宋书·礼志》云，汉以后。天下送死奢靡，多作石室石兽碑铭等物，建安十年，魏武帝以天下凋弊，下令不得厚葬，又禁立碑。魏高贵乡公甘露二年，大将军参军太原王伦卒，伦兄俊作《表德论》以述伦遗美云，祗畏王典。不得为铭，乃撰录行事，就刊于墓之阴云尔。此则碑禁尚严也，此后复弛替。晋武帝咸宁四年，又诏曰，此石兽碑表，既私褒美，兴长虚伪，伤财害人，莫大于此，一禁断之，其犯者虽会赦令，皆当毁坏。至元帝大兴元年，有司奏故骠骑府主簿故恩，营葬旧君顾荣，求立碑，诏特听立，自是后禁又渐颓，大臣长吏，人皆私立。义熙中，尚书祠部郎中裴松之又议禁断，于是至今。（《宋书》卷十五。）案《宋书》为沈约撰，所谓至今者，盖至齐梁时也。《宋书·裴松之传》云，松之以世立私碑，有乖事实，上表陈之曰，碑铭之作，所以明示后昆，自非殊功异德，无以允应兹典，大者道动光远，世所宗推，其次节行高妙，遗烈可纪，若乃亮采登庸，绩用显著，敷化所莅，惠训融远，述咏所寄，有赖镌勒，非斯族也，则几乎僭黩矣，俗敝伪兴，华烦已久，是以孔悝之铭，行是人非，蔡邕制文，每有愧色，而自时厥后，其流弥多，预有臣吏，必为建立，勒铭寡取信之实，刊石成虚伪之常，真假相蒙，殆使合美者不贵，但论其功费，又不可称，不加禁裁，其敝无已。以为诸欲立碑者，宜悉令言上，为朝议所许，然后听之，庶可以防遏无征，显彰茂实，使百世之下，知其不虚，则义信于仰止，道孚于来叶，由是并断。(《宋书》卷六十四。)《隋书·礼仪志》云，梁天监六年，申明葬制，凡墓不得造石人兽碑，唯听作石柱记名位而已。(《隋书》卷八。《后汉书·光武十王传》云，中山简王焉薨，诏大为修冢茔，开神道。李贤注，冢前开道，建石柱以为标，谓之神道。案今南京附近梁代冢墓，石人石兽石碑，当时皆不得私造，必朝廷所许，乃得造立，石柱则可听人私造焉。)本篇所述梁安成康王萧秀碑，《南史》谓其佐吏夏侯亶等表立墓碑志，(《梁书·安成康王秀传》，仅云表立墓碑，不言志。)诏许焉。当世高才游王门者，东海王僧孺，吴郡陆倕，彭城刘孝绰，河东裴子野，各制其文。欲择用之，而咸称实录，遂四碑并建。(《南史》卷五十二。)夫以贵为帝弟，爵列诸王，尚须表请诏许，乃得立碑，此六朝碑铭之所以少也。墓志之作，虽始于汉时，然至刘宋，始扩大厥字，摛辞叙事，渐与碑铭相等，然究系初起，且藏墓中，发掘犹鲜，故流传至今，亦甚希觏。《南史·何承天传》，张永开玄武湖，遇古冢，冢上得一铜斗，有柄，文帝以访朝士，承天曰，此亡新威斗，王莽三公亡，皆赐之，一在冢外，一在冢内，时三台居江左者，唯甄邯为大司徒。必邯之墓，俄而永义启，冢内更得一斗，复有一石铭，大司徒甄邯之墓。(《南史》卷三十三。)此为江左最古之志铭，此石虽藏墓内，然既不叙事，又无铭辞，与后世立于墓外之碣无异。《南史·齐武穆裴皇后传》，后薨，葬休安陵时议欲立石志，王俭曰，石志不出礼，(《齐书·礼志》引作墓铭不出礼典。)起宋元嘉中颜延之为王球石志（《文选》卷五十九，任彦升《刘先生夫人墓志》注引吴均《齐春秋》，王俭曰，石志不出礼典，起宋元嘉中颜延之为王琳石志，此琳字误。）素族无铭策，（《齐书·礼志》引作素族无碑策。）故以纪行，自尔以来，共相祖习，储妃之重，礼绝恒例，既有哀策，不烦石志，从之。（《南史》卷十一。）考石志之作，汉晋已有，西汉王史威长葬铭，载于张华《博物志》，晋刘韬墓志，武亿得于偃师，颜延之所作，今已不传，本篇所述谢涛墓志，成于宋元嘉十八年，刘袭墓志，成于宋泰始六年，足征此风始盛于宋，自尔以降，作者渐多，然自宋迄陈，志石昭垂，寥落无几，唐欧阳询《艺文类聚》，征引较多，然皆采自集部，未必出于冢中，且删节全文，猎取辞藻，而事迹俄空焉。今采集遗文，分为碑志二类，时必限于六朝，地必限于建业，唐张祜诗云，文物六朝兴废地，江山万里帝王都，此虽寥寥数篇，而江山文物系焉。其目如下：

碑

晋故使持节侍中丞相领扬州刺史始兴王公碑
　　王导　晋孙绰撰　墓在幕府山西，见《元和郡县志》碑石已亡，逸文见《艺文类聚》。

梁故散骑常侍司空安成康王碑铭
　　萧秀　梁刘孝绰撰　墓今在清风乡甘家巷　碑石尚在，碑文已漫灭，逸文见《艺文类聚》碑阴尚存。

梁故侍中司徒骠骑将军始兴忠武王碑
　　萧儋　梁徐勉撰　墓今在清风乡黄城村　碑石尚在，碑文亦存。

志

宋故散骑常侍谢公墓志
　　谢涛　不著撰人名氏　墓在建康县东乡土山里，见本志　志石宋代出土志文见明陶宗仪《古刻丛钞》。

宋故散骑常侍护军将军临澧侯刘使君墓志
　　刘袭　不著撰人名氏　墓在南琅邪乘武冈，见本志　志石不知何时出

土　志文见明陶宗仪《古刻丛钞》。

梁故侍中司空永阳昭王墓志铭

　　萧敷　梁徐勉撰　墓在南琅邪临沂县长干里黄鹄山，见本志　志石宋代出土　志文拓本藏江苏吴县潘氏。

梁故永阳敬太妃墓志铭

　　萧敷夫人　梁徐勉撰　墓同上　志石宋代出土　志文拓本藏江苏吴县潘氏。

梁故侍中新渝侯墓志铭

　　萧暎　梁元帝撰　墓今在栖霞山西北董家边　志石未出土　志文逸文见《艺文类聚》。

余读六朝冢墓碑志，而所得有四事焉，故特为之考证，兹列举如下：

一曰可证六朝史籍之脱误　梁始兴忠武王萧憺碑云，十四年，更授使持节散骑常侍都督荆湘雍益梁宁南北秦八州诸军事荆州刺史。而《梁书·始兴忠武王憺传》云，十四年，迁都督荆湘雍宁南梁南北秦七州诸军事荆州刺史。考《梁书·鄱阳忠烈王恢传》，十八年，都督荆湘雍梁益宁南北秦八州诸军事荆州刺史，即继始兴王为荆州刺史者，则碑称都督八州诸军事，可以证《梁书·憺传》七州之误，并可证明其脱梁之一州也。宋临澧侯刘袭墓志云，曾祖宋孝皇帝。而《宋书·武帝本纪》云，永初元年，夏六月丁卯，即皇帝位，追尊皇考为孝穆皇帝，皇妣为穆皇后。（《南史·宋本纪》同。）考唐杜佑《通典》载宋武帝受禅，追尊皇考为孝皇帝皇妣为孝穆皇后策曰，维永初元年七月，皇帝谨遣某官某，奉策上皇考尊号曰孝皇帝。皇妣尊号曰孝穆皇后，（《通典》卷七十二。）则墓志称孝皇帝，可以证《宋书》《南史》称孝穆皇帝之误，孝穆乃皇妣之尊号也。诸如此类，约数十事，他若王谢江萧褚何等贵胄，以及刘宋宗室，约可增多二十余人，此其有裨于史籍不尠也。

二曰可证六朝文艺之变迁　宋谢涛刘袭墓志，虽属贵胄宗室，仅叙家世官爵。至于行事，文主简质，意未铺张；至于梁代，若永阳之志，始兴之碑，则敷叙华繁，文辞靡丽，溢美之辞，于是不免，此可以观文章之升降也。梁安成康王西碑，（西碑文虽漫灭，碑阴尚存千余字。）始兴忠武王东碑，皆吴兴贝义渊书，莫友芝谓较北魏诸刻，格韵相等，而稍朗润，盖南北大同小异处，上承钟王，下开欧薛。其论甚是，盖南朝楷书，存于今者甚尠，惟有梁一代，瘗鹤之铭，不哑于郑文公碑也，至于吴平忠侯之神道，太祖文皇帝之双阙，虽北朝亦逊其弘丽，义渊之书，皆穹碑巨制，文累数千，尤足见其造诣，世人南帖北碑之论。但见南朝集帖，未尝见其穹碑，遂以碑帖分南北，或又以唐欧薛诸公，参酌南北，外和内刚，集厥大成，亦未尝见梁代诸矩制也，故此数碑，正可以破评书者之瞽论，而足觇六朝艺术之流变也。

三曰可证六朝门第之峻严　六朝崇尚门第，尤以王谢为最，盖自晋王导谢安以来，累世簪缨，华贵无比，素族不能与之通婚，观宋谢涛墓志，涛为安之曾孙，祖瑶父璞及涛，三世皆娶王氏，涛妻祖献之，晋安僖王皇后父也。刘袭墓志，袭为宋武帝弟长沙景王之孙，其父义融弟寔，皆娶王氏，姊茂徽妹茂嫄，皆嫁王氏。梁永阳敬太妃墓志铭，太妃为武帝次兄敷妻，其曾祖僧朗，宋明恭王皇后父也，其从父弟琳，尚武帝妹义兴公主，琳子铨，尚武帝女永嘉公主，铨子溥，尚简文帝女余姚公主，而简文皇后，亦为王氏。以此三志观之，王谢世为婚姻，而王氏则女适帝室，男尚公主，已可见其一斑。进观南朝诸史，王氏为皇后者十有二，（其中太原王氏三：晋哀靖王皇后，简文顺王皇后，孝武定王皇后是也。琅邪王氏九：晋安僖王皇后，宋孝武文穆王皇后，明恭王皇后，齐文安王皇后，后废帝王皇后，和帝王皇后，梁简文王皇后，敬王皇后，陈废帝王皇后。）谢氏为皇后者一，（宋顺谢皇后。）而王谢女为诸王妃，男尚公主者，不可胜数。侯景未反时，请娶于王谢，帝曰，王谢门高，非偶，可于朱张以下访之，（朱谓朱异，张谓张缵，皆当时显宦。）景恚。是则当时之王谢，正犹周代之妫姜，司马刘萧，则姬氏也。盖门第之崇高，政治学术，文章风俗，悉为左右，婚姻不过其表帜而已，此不可不察也。

四曰可证六朝婚姻之习尚　六朝离婚再嫁之风，虽尊如帝室，贵如王谢，亦成为习俗，视为正当，观宋刘袭墓志，袭身为宗室，封临澧侯，其第三姊茂姬，嫡平昌孟诩，官中军参军，离。此离婚不以为奇也。又其第一姊茂徽，初媲陈郡殷臧，重媲琅邪王闵之，官镇西主簿，闵之父昇之，都官尚书，祖敬弘，侍中，左光禄大夫，开府仪同三司；第五妹茂容，初媲兰陵萧赡，重媲济阳蔡康之，官通直郎，父熙，散骑常侍，祖廓，太常卿；第六妹茂媛，初媲济阳江逊，重媲琅邪王法兴，官骠骑参军，父翼之，广州刺史，祖植之，侍中；此再嫁不以为异也。《宋书·蔡廓传》，廓官祠部尚书。少子兴宗，为散骑常侍，开府仪同三司，荆州刺史，妻刘氏早卒，一女甚幼，外甥袁颢始生象，而妻刘氏亦亡，兴宗姊，即颢母也，一孙一侄，躬自抚养，年齿相比，欲为婚姻，每见兴宗，辄言此意，大明初，诏兴宗女与南平王敬猷婚，兴宗以为姊生平之怀，屡经陈启，答曰，卿诸人欲各行已意，则国家何由得婚，且姊言岂是不可违之处邪！旧意既乖，象亦他娶。其后象家好不终，敬猷遇害，兴宗女无子嫠居，名门高胄，多欲结姻，明帝亦敕适谢氏，兴宗并不许，以女适象。（《宋书》卷五十七。）据此，袁蔡皆与刘氏互为婚姻，刘袭墓志，第五弟茂通，娶袁氏，第五妹茂容重适蔡氏，而袁象家好不终，则离婚也，蔡兴宗女，重适袁象，则再嫁也，且兴宗女先适南平王敬猷，无子嫠居，名门高胄，多欲结姻，明帝敕适谢氏，是皇室嫠妇，且奉敕再醮矣，王谢高胄，皆娶再醮之妇矣，其后开元中，定安公主初降王同皎，后降韦濯，又降博陵崔铣，铣复先卒，及是公主薨，其子驸马王䌞，请与其父合葬，敕旨依。（《通典》卷八十六。）是则六朝婚姻之风，至唐中叶，尚未改也。中华民国二十四年五月十六日作于青溪。

六朝建康冢墓碑志考证

朱希祖

一 碑

晋故使持节侍中丞相领扬州刺史始兴王公碑

<small>孙绰撰</small>

　　唐欧阳询《艺文类聚》作《晋丞相王导碑文》，孙绰撰，此非碑之原题也。唐许嵩《建康实录》，咸和五年秋七月，使持节侍中丞相领扬州刺史始兴公王导薨，今依此结衔，为碑之题署，宋赵明诚《诸道石刻录》有晋卞壶墓志，题曰成阳卞公，成阳者，壶袭爵成阳子也，始兴王公，亦犹此例。梁临川靖惠王神道，题曰梁故假黄钺侍中大将军扬州牧临川靖惠王之神道，此云使持节侍中丞相领扬州刺史，其例亦同。不称始兴文宪公碑者，以导非宗室，例须标列姓氏，临川靖惠王系宗室，故可不题萧姓也。

《晋书·王导传》，导字茂弘，光禄大夫览之孙也，父裁镇军司马，导初袭祖爵即丘子，元帝登位，进骠骑大将军仪同三司，以讨华轶功，封武冈侯，进位侍中，明帝即位，伐敦，假导节都督诸军领扬州刺史，敦平，进封始兴郡公，邑三千户，成帝进位太傅，又拜丞相，依汉制，罢司徒官以并之，咸和五年薨，时年六十四，谥曰文宪。
唐李吉甫《元和郡县志》，晋王导墓，在上元县西北十四里幕府山西。

公胄兴姬文，氏由王乔，玄圣陶化以启源，灵仙延祉以分流。贤俊相承，世冠海岱。

《晋书·王祥传》，祥琅邪临沂人，祖仁，青州刺史，父融，公府辟不就，祥仕魏，官至司空，转太尉，加侍中，封睢陵侯，武帝践祚，拜太保，进爵为公，薨，谥曰元，弟览以大中大夫归老，卒谥曰贞。此琅邪乃北琅邪，故云世冠海岱也。

二仪交泰，妙气发晖，醇曜所钟，公实应之。玄性合乎道旨，冲一体之自然，柔畅协乎春风，温而侔于冬日，信人伦之水镜，道德之标准也。惠怀之际，运在大过，皇德不建，神器再绝，猃狁孔炽，凶类焱起，公见机而作，超然玄悟，遂扶翼蕃王，室协东岳，弘大顺以一群后之望，仗王道以应天人之会。

《晋书·王导传》，元帝为琅邪王，与导素相亲善，导知天下已乱，遂倾心推奉，潜有兴复之志，帝之在洛阳也，导每劝令之国。会帝出镇下邳，请导为安东司马，军谋密策，知无不为。及徙镇建康，吴人不附，纪瞻顾荣贺循，皆江南之望，导因进计引之，以结人心，由是吴会风靡，百姓归心，自此之后，渐相崇奉，君臣之礼始定。

于时乾维肇振，创制理物，中宗拱已，雅仗贤相，尚父之任，具瞻在公。

《晋书·王导传》，时荆扬晏安，户口殷实，导为政务在清静，每劝帝尅己励节，匡主宁邦，于是尤见委仗，情好日隆，朝野倾心，号为仲父。

存烹鲜之义，殉易简之政，（殉疑作徇。）大略宏规，卓然可述。公雅好谈咏。

《隋书·经籍志》，《晋丞相王导集》十一卷。

恂然善诱，虽管综时务，一日万机，夷心以延白屋之士，虚己以招岩穴之俊，逍遥放意，不峻仪轨。

《晋书·王导传》，洛京倾覆，中州士女，避乱江左者十六七，导劝帝收其贤人君子，与之图事。帝尝从容谓导曰。卿吾之萧何也。对曰，大王方立，命世之勋，一匡九合，管仲乐毅，于是乎在，岂区区国臣所可拟议，愿弘深神虑，广择良能，顾荣，贺循，纪瞻，周玘，皆南土之秀，愿尽优礼，则天下安矣，帝纳焉。

公执国之钧，三十余载。

案导身仕元明成三帝，元帝在位六年，明帝在位三年，至成帝咸和五年，导卒，仅十四年，《晋书·元帝本纪》，永嘉初，用王导计，始镇建邺，考怀帝永嘉六年，愍帝建兴四年，亦仅十年。综计不过二十四年，此三字或系二字之误。

时难世故，备经之矣，夷险理乱，常保元吉，匪躬而身全，遗功而勋举，非夫领鉴玄达，百炼不渝，孰能莫忤于世，而动与理会者哉。（《艺文类聚》四十五。）

《晋书·王导传》，及刘隗用事，导渐见疏远，任真推分，澹如也，有识咸称导善处兴废焉。王敦之反也，刘隗劝帝悉诛王氏，论者为之危心，导率群从昆弟子侄二十余人，每旦诣台待罪，帝以导忠节有素，特还朝服，帝召见之，乃诏曰，导以大义灭亲，可以吾为安东时节假之，明帝即位，伐敦，假导节，都督诸军，敦平，进封始兴郡公。苏峻难作，六军败绩，导入宫侍帝，峻以导德望，不敢加害，时路永匡术贾宁并说峻令杀导，峻敬导不纳，故永等贰于峻，导使参军袁耽潜讽永等，谋奉帝出奔义军，而峻卫御甚严，不果，导乃携二子随永奔于白石。庾亮以望重地逼，出镇于外，南蛮校尉陶称间说亮当举兵内向，或劝导密为之防，导曰，吾与元规休戚是同，悠悠之谈，宜绝智者之口，则如君言。元规若来，吾便角巾还第，复何惧哉，又与称书，以为庾公帝之元舅，宜善事之，于是谗间遂息。案导更刘隗王敦苏峻庾亮构难，皆身全勋举，此所谓时难世故，备经之矣，夷险理乱，常保元吉者也。

梁故散骑常侍司空安成康王碑铭

故州民前廷尉卿彭城刘孝绰撰

宋王厚之《复斋碑录》云，梁散骑常侍司空安成康王碑，故州民前廷尉卿彭城刘孝绰撰，奉朝请吴兴贝义渊正书，在花林村。（《宝刻丛编》卷十五。）

宋张敦颐《六朝事迹编类》云，梁散骑常侍司空安成康王碑，刘孝绰撰，贝义渊书，在清风乡甘家巷，（卷十四。）又云《南史》（《秀传》）称佐史夏侯亶等表立碑志，王僧孺陆倕刘孝绰裴子野各制其文，欲择而用之，咸称实录，遂四碑并建，今所存者二，其一已磨灭，其一字画犹可读，乃彭城刘孝绰文也。（卷十三。）

清莫友芝《宋元旧本书经眼录》附录云，梁安成康王萧秀东碑，宋张敦颐《六朝事迹》，谓秀碑二，其一已磨灭，即此碑也，今审其额，犹可识。其西碑《六朝事迹》谓其字画犹可读，乃彭城刘孝绰文，即是碑也。碑文已剥漫无一字，唯额略可识，其阴刻人名，约千有三百余人，存剥相半。史称四碑并建，今二碑南侧，立二石柱，一亡一剥，二柱之南，二龟趺亦东西向，又南二石兽，四碑之迹，犹可仿佛。而二碑宋前已毁，二碑仅存空石，四文竟无一存，可慨也。

希祖案莫氏所谓东碑西碑，以墓左为东，墓右为西耳，安成康王墓东南向，其左碑在东北，右碑在西南，四碑并建，当云左上左下，右上右下，刘孝绰所撰实为右上一碑，碑文宋时犹可读，今已磨灭，今从唐欧阳询《艺文类聚》所引者录于下：

昔者重华文命，并胄高阳之苗，丰邑春陵，俱纂帝尧之绪，而虞夏革运，姚姒之姓已分，高光再兴，大汉之名无改，如我皇家，梁齐代建，异文叔之绍开，起自王族，非伯禹之更姓，公则本枝别干，诞自河岳，五百之期，实膺命世，卜商有问，是谓色难，承志望颜，在公斯易。至如文琰之对食余，幼权之言爵里，卫子之朗月映山，杜生之凝脂点漆，惟公具美，历驾前修。峨峨焉非岳陵之所至，浩浩焉总江汉而为长，故能击水三千，抟风九万，排天阙而俯胝，掩浮云而上征。皇帝甄名挺圣，河洛有征，握衡含枢，奄一时夏，利建藩屏，因叶深根，郴霍酆郁，方周启祚，封公为安成王，食邑二千户。

《梁书·安成康王秀传》，高祖义师至新林，秀与诸王侯并自拔赴军，高祖以秀为辅国将军。是时东昏弟晋熙王宝嵩，为冠军将军，南徐州刺史，镇京口。长史范岫行府州事，遣使降，且请兵于高祖，以秀为冠军长史，南东海太守，镇京口。建康平，仍为使持节都督南徐兖二州诸军事，南徐州刺史，辅国将军如故。天监元年，进号征虏将军，封安成郡王，邑二千户。

允同卫叔，赐宝器于商郊，殊异应侯，戏桐珪于汾水。乃公为平西将军，荆州刺史。

《梁书》本传，天监二年，以本号征领石头戍军，加散骑常侍，三年，进号右将军，五年，加领军中书令，六年，出为使持节都督江州诸军事，平南将军江州刺史，七年，遭慈母陈太妃忧，诏起视事，寻迁都督荆湘雍益宁南北梁秦州九州诸军事，平西将军荆州刺史，其年迁号安西将军。

楚之对齐，屈完引城池之固，荆之比宋，墨翟陈辇路之殊，品金作贡，不异淮海，珠玑犀象，又无求于晋国，况以云梦九百之弘侈，章华三休之巨丽，公御烦以寡，居高而降，执冲虚之道，无矜满之情，其为政也，庄敬足以范物，慈惠足以庇民，刚毅足以威暴，清贞足以励俗。天监十七年薨。

案此碑天监七年以后，历官未载，《梁书》本传天监十一年，征为侍中中卫将军领宗正卿，石头戍事，十三年复出为使持节散骑常侍，都督郢司霍三州诸军事，安西将军郢州刺史，十六年迁使持节都督雍梁南北秦四州，郢州之竟陵，司州之随郡诸军事，镇北将军，宁蛮校尉，雍州刺史，便道之镇，十七年春，行至竟陵之石梵，薨。《梁书·武帝本纪》，天监十七年二月癸巳，镇北将军雍州刺史安成王秀薨。

春秋四十有五，

> 裴子野《安成康王行状》，《梁书》本传，皆作年四十四。

凡我庶民，窃亲高义，况复祗承帝命，来仕王家，

> 《梁书·刘孝绰传》，出为平南安成王记室，随府之镇。案天监六年，安成王出为使持节都督江州诸军事，平南将军江州刺史。《孝绰传》又云，出为镇南安成王谘议，考《梁书》及《南史·安成王秀传》皆无镇南一官，惟《梁书》本传，天监十六年为镇北将军，镇南盖镇北之误。孝绰两仕安成。故云尔也。

兔园晚春，叨从者之赐，

> 《艺文类聚》卷七十二，有刘孝绰《谢安成王赉祭孤石庙胙肉启》，故云叨从者之赐也。

高唐暮天，而奉作赋之私，常惧庆云之惠不酬，而摇落奄至，岂谓经（经当作轻）尘之效莫展，而峻极先颓，思所以立言贞石，贻厥长世，铭曰，昔在文诏，五贤二圣，汉藩魏屏，微风不竞。于赫我梁，德符姬姓，康王康叔，异时同盛。爰自妙年，令问不已，一孝一悌，实光行始，义府文场，词人髦士。波澜莫际，墙仞难窥。

> 《隋书·经籍志》，《梁昭明太子集》下注云，梁有《晋安成王集》三十卷，亡，案此集前后皆列梁人，且均属宗室，此晋字疑衍，即安成王秀所撰文集也。

用兹先觉，道此后知，德大心小，居高志卑，再握不倦，三吐忘疲。飞龙在天，肇基宛渎，地犹小肺，民同世复，皇情睠正，属难推毂，允矣宗英，移藩改牧。谁谓路永，江汉已浮，彼苍不惠，遽反成周，川回泝轴，塗引归旐。（《艺文类聚》四十七。）

> 希祖案《艺文类聚》所引碑文，皆系节录，不载全文，如卷四十五所载沈约《齐司徒安陆昭王碑》，与《文选》所载《齐故安陆昭王碑文》相较，《文选》所载系全文，《艺文类聚》所载，不及其半，则知此篇碑文亦如是也，其他不全碑志，由《艺文类聚》引出者皆如

此，所谓存十一于千百也。

附梁故司空安城（城当作成）康王行状

裴子野撰

《梁书·安成康王秀传》，故吏夏侯亶等表立墓碑，诏许焉，当世高才游王门者，东海王僧孺，吴郡陆倕，彭城刘孝绰，河东裴子野，各制其文，古未之有也。据此，则子野亦撰安成康王碑文，今观《艺文类聚》卷四十五，有子野所撰《司空安成康王行状》，或疑此即碑文，非行状也，盖夏侯亶等表立墓碑，未尝言行状也。考六朝碑文行状全文载于昭明太子《文选》者，其体例尚可辨，碑必有铭，行状无铭，此篇行状，与《文选》所载梁任昉《齐竟陵文宣王行状》，文体全同，则为行状无疑。《梁书·裴子野传》，除右军安成王参军，又《安成王秀传》，天监三年，进号右军将军，则子野于天监三年，曾仕安成王也，或当时子野文名最高，且为史官，故既作碑文，又作行状，今碑文既亡，姑录此行状，以附碑文之末。

降七纬之祯灵，五行之正性，珪璋博达，清明在躬，学无常师，□希风乎孔甫，几神殆庶，谅亚迹乎颜生，悦礼敦诗，方昔人而有裕，既明且哲，体大雅而弗渝，若乃慈明外朗，淑德内润，夏候玉树之谈，卫玠璧人之目。

此下文有删节。

又授使持节郢州刺史，

此下文有删节。

公四居方岳，

据《梁书》本传，天监六年，出为使持节都督江州诸军事，平南将军，江州刺史，一也；七年，迁都督荆湘雍益宁南北梁秦州九州诸军事，平西将军，荆州刺史，二也；十三年，复出为使持节都督郢司霍三州诸军事，安西将军，郢州刺史，三也；十六年，迁使持节都督雍梁南北秦四州郢州之竟陵，司州之随郡诸军事，镇北将军，雍州刺史，四也；所谓四居方岳，指此。

政刑克举，仁恕以怀君子，刑宪以肃小人，莅烦以简，居难则易，需如时雨，芬若兰荪，所去见思，所居称治，遘疾薨竟陵之石梵，时年四十四。

《梁书》本传，迁雍州刺史，便道之镇，十七年春行至竟陵之石梵薨，时年四十四，与此合。

皇上震天伦之悼，庶僚怀人百之感，诏赠司空常侍王如故，礼也。

《梁书》本传，丧至京师，高祖使使册赠侍中司空，谥曰康。自巴濮以东，郧邓以北，方舟连骑，赴者如云，昔王薨及葬，仁禽有践境之识，羊祜云亡，市人有罢归之恸，若公结恩三楚，亦异出（出或作世）一时，之（之上下有脱文）公幼无择言，长无择行，立功以庇物，执德以居宗，重以道性虚闲，居处冲约，终日清静，如布素焉。（《艺文类聚》四十五。）

梁故侍中司徒骠骑将军始兴忠武王碑

宋王厚之《复斋碑录》云，梁侍中始兴忠武王碑，徐勉造，贝义渊正书，张（缺）明监作，吴贤明□□，郜元明上石，在花林清风村。（《宝刻丛编》卷十五引。）

宋张敦颐《六朝事迹编类》云，梁始兴王墓，《南史》梁始兴王萧憺，谥曰忠武，墓在清风乡黄城村，有石麒麟四，（案仅有二在西，其东二近人谓为鄱阳王恢墓。）及神道碑，云梁故侍中司徒骠骑将军始兴忠武王之碑，今去城三十七里。（卷十三。）又云，梁侍中司徒骠骑将军始兴忠武王碑，徐勉造，贝义渊书，在清风乡黄城村。（卷十四。）

希祖案此碑今尚存，余有光绪时拓本，兹以严观《江宁金石记》（嘉庆九年刻本）王昶《金石萃编》（嘉庆十年刻本）莫友芝《宋元旧书经眼录》附录《金石笔识》（同治癸酉刻本）所载碑文相校，莫氏所载，较光绪拓本及严王二本多千余字，盖所得为旧拓本，故以莫本为主，严本与王本及光绪拓本亦互有详略，故皆用以参考焉。

莫友芝《金石笔识》云，梁始兴忠武王萧憺碑，在安成碑西一里，《六朝事迹》所谓徐勉造，贝义渊书，在清风乡黄城邨者也。最古即《梁书·邵陵王传》载将军赵伯超议征侯景所不宜从之黄城大道，今黄城之名，唯六七十叟犹记之，问少壮者皆茫然。碑文漫剥三之一，撰书人在碑末尚未损，其清朗处，校北魏诸刻格韵相等，而差朗润，盖南北大同小异处，上承钟王，下开欧薛，皆在此碑。其漫剥处，细审亦能得十二三，以较王兰泉氏《金石萃编》所录，可多识千许字，如第一行，公讳憺字僧达，南徐州兰陵郡兰陵县都乡中都里人，凡二十一字，次行提行云，太祖文皇帝之少子，今上之季弟也，即《萃编》所未录。碑阴未经磨厉，审无刻字，碑西向，南侧又直东石兽，盖其东碑，其西适有龟趺，东向，南侧直西石兽，其有西碑无疑。凡应刻碑阴者，当具其中，亡在宋以前矣。兰泉《萃编》乃指安成西碑阴为此碑阴，疏误之甚。

公讳憺，字僧达。南徐州兰陵郡兰陵县都乡中都里人。

《齐书·高帝本纪》，帝讳道成，汉相国萧何二十四世孙，萧何居沛，侍中彪免官，居东海兰陵县中都乡中都里，晋元康元年，分东海为兰陵郡，中朝乱，淮阴令整过江居晋陵武进县之东城里，寓居江左者，皆侨置本土，加以南名，于是为南兰陵兰陵人，《南史·齐本纪》同。案中都乡中都里，《文选》沈休文《齐故安陆昭王碑》注引作东都乡中都里，东字盖误。此碑作都乡中都里，都乡土疑脱中字。《梁书·武帝本纪》，帝讳衍，南兰陵中都里人，汉相国何之后，则南兰陵亦有中都里也。

太祖文皇帝之少子，今上之季弟也。

《梁书·太祖五王传》，太祖十男，张皇后生长沙宣武王懿，永阳昭王敷，高祖，衡阳宣王畅，李太妃生桂阳简王融，陈太妃生临川静惠王宏，南平元襄王伟，吴太妃生安成康王秀，始兴忠武王憺，费太妃生鄱阳忠烈王恢。然诸嗣王传云，懿高祖长兄，敷高祖次兄，畅为高祖四弟，则高祖为太祖第三子也。《太祖五王传》则云，宏太祖第六子，秀太祖第七子，伟太祖第八子，恢太祖第九子，憺太祖第十一子。诸嗣王传，桂阳王融不言太祖第几子，《南史》则以融为太祖第五子，恢为第十子，憺为第十一子，余同《梁书》，则缺第九子。希祖案《梁书》鄱阳王恢为太祖第九子，不误，始兴忠武王憺本为太祖第十子，《梁书》误为第十一子，则与上文太祖十男之说不符。故知原文憺为第十子也，《南史》则因憺已误为第十一子，更误以恢为第十子，则误之又误者也，憺为太祖第十男，故碑文云，太祖文皇帝之少子，今上之季弟也。

沠维（莫氏原注云，识而未确者加方围）命氏含光，华滋累代，尚圣于囗囗，丕基于王业。苞河海而为浚，指雒阆而同阴，天乙降玄鸟以居亳，微子驾白马而君宋。爰初启姓，是（严本作实，王本作是）惟建国，文终德冠群后，少傅儒雅一时，积叶实囗，会昌自昔。

《史记·萧相国世家》，孝惠二年，相国何卒，谥为文终侯，此云文终德冠群后，盖指此也。少傅儒雅一时，考《齐书·高祖本纪》，《梁书·武帝本纪》，叙其祖先，无有为少傅者，惟有太傅望之，《汉书·萧望之传》，望之好学，治《齐诗》，事同县后仓且十年，以令诣太常受业，复事同学博士白奇，又从夏侯胜问《论语》礼服，京师诸儒称述焉。此则可称儒雅一时矣。盖徐勉撰碑时误记太傅望之为少傅耳。

太祖嘉猷贻谋，奇计命世，德惟时并，名与功偕，齐祚之初，佐成大议，道书天府，勋纪太常。仁义为基，厥后斯大，爰集宝命，兴我皇家，盛德之风，于斯乎在。公禀五纬之纯瑕，资三才之声灵，践高明之盛仪，体淳壹之弘道，俶傥英迈，风仪澄远，声为律吕，言成典诰。嬉龀之岁，早有令德，弁角之辰，夙怀聪敏，率由孝友，因心敬让。时年数岁，所生吴太妃有疾，公衣不解带，累日绝食，迨乎执丧，毁瘠过礼，慕兼乐正，哀甚颜含。

　　《梁书·始兴王憺传》，数岁，所生母吴太妃卒，憺哀感傍人。又《安成康王秀传》，年十二，所生母吴太妃亡，秀母弟始兴王憺，时年九岁，并以孝闻，居丧累日不进浆饮，太祖亲取粥授之，哀其早孤，命侧室陈氏，并母二子，陈亦无子，有母德，视二子如亲生焉。

幼与群伴闲居，忽尔雷震，群者骇散，惟公独否。既闻民爹之歌，

　　《梁书·始兴忠武王憺传》，为荆州刺史，诏征还朝，民为之歌曰，始兴王，民之爹，（徒可反。）赴人急，如水火，何时复来哺乳我。

　　　弥见台辅之量，故典戈负弩，□□功倍，谘经问道，匡扶自直，室迩人遐，则应之千里，始登冠礼，成膺府命，（命严本作令，王本此字空，案拓本亦作命。又案成字，严王二本无，拓本不似成字，可阙疑。）参西中郎，修伍法曹，俄迁外兵，优游戎佐，谈咏而已。

　　　《梁书·始兴忠武王憺传》，齐世弱冠，为西中郎法曹行参军，迁外军参军。

齐德将昏，人离众散，圣皇乘时抚运，念拯生民，龙骧汉水，虎据南徐。公与第八兄南平王伟知□□所归，辞职待从，睹风云之会，乘天地之符，众犹熊熊，（熊熊，当作熊罴，与下句貔虎对。）将如貔虎，五臣十乱之旅，四七二八之雄，纵横上略，纷纭决勇，公参赞神谟。夙兴帷幄，功均屯垒。

　　《梁书·南平元襄王伟传》，高祖为雍州，虑天下将乱，求迎伟及始兴王憺来襄阳，俄闻已入沔，高祖欣然，谓佐吏曰，吾无忧矣。又《武帝本纪》，高祖启迎弟伟及憺，是岁至襄阳，于是潜造器械，多伐竹木，沉于檀溪，密为舟装之备。永元二年冬，懿被害，十一月乙巳，召僚佐集于听事，谓曰，昔武王会孟津，皆曰纣可伐，今昏主恶稔，穷虐极暴，诛戮朝贤，罕有遗育，生人涂炭，天命殛之。卿等同心疾恶，共兴义举，公侯将相，良在兹日。是日建牙，收集得甲士万余人，马千余匹，船三千艘。

南康王摄西朝，制命荆陕。以公为冠军将军，西中郎谘议，相国从事中郎，俄迁给事黄门侍郎。

《齐书·和帝本纪》，帝讳宝融，高宗第八子，永元元年，封南康王，持节督荆雍益宁梁南北秦七州军事，西中郎将，荆州刺史。二年十一月甲寅，长史萧颖胄杀辅国将军巴西梓潼二郡太守刘山阳，奉梁王举义。丙辰，以雍州刺史梁王为使持节都督前锋诸军事，左将军。丁巳，以萧颖胄为右将军都督行留诸军事。十二月壬辰，宣德太后令西中郎将南康王，宜纂承皇祚，方俟清宫，未即大号，可且封宣城王，相国，荆州牧，加黄钺，置僚属，选百官，西中郎将南康国并如故。《梁书·始兴忠武王传》，义师起，南康王承制，以憺为冠军将军，西中郎谘议参军，迁相国从事中郎，与南平王伟留守。和帝立，以憺为给事黄门侍郎。据此，则给事黄门侍郎一官，在留守雍州之后，和帝即位时所迁，碑文稍失其次叙。

霸王振兴，连旆西土，义师雷动。龚行天讨，公与南平王留守雍部。

《梁书·武帝本纪》，三年二月，南康王为相国，以高祖为征东将军。戊申，高祖发襄阳，留弟伟守襄阳城，总州府事，弟憺守垒城，移檄京邑，檄中有云，南中郎谘议参军军主萧伟等三十九军主，巨舰迅楫，冲波噎水，旗鼓八万，焱集石头，南中郎谘议参军军主萧憺等四十二军主，熊罴之士，甲楯十万，沿波驰艦，掩据新亭。按之《始兴忠武王传》仅为西中郎谘议参军，则檄中二南中郎谘议参军，皆为西中郎谘议参军之误，西中郎将，即南康王也。

于时四海宅心，八百胥会，人神协契，莫不率从，而庸恶之朋，弗识天命，先迷未晤，后服犹昏，实繁有徒，梗我王略，（略严本作路是。）公弼谐州事。镇抚关河，肃奉成规，事等萧寇，（萧严本作箫。）出屯西垒，影响南平。梁州齐兴太守颜僧都，魏兴（兴严本作川误）太守裴师仁，阻绝城郭，众逾一万（万严本作方误。）谋据汉北，将至城下，公（公王本误作必）毗赞讦谟，尽其晨夜，遣缮精锐先据始平，要击多杀，二贼鸟窜。

《梁书·南平元襄王伟传》，义师起，南康王承制，拔为冠军将军，留行雍州开府事。义师发后，州内储备及人皆虚竭，魏兴太守裴师仁，齐兴太守颜僧都，并据郡不受命，举兵将袭雍州，伟与始兴王憺遣兵于始平郡待师仁等，要击，大破之，州境以安。

及萧㻱鲁休烈来寇上明，奸回犹逞，豕突方纵；又镇军将军萧颖胄佐命西朝。政教攸在，一朝徂殒，内外恒然，（恒严本误作怛。）以公式遏有方，朝野兹寄。

《梁书·南平元襄王伟传》，高祖既克郢鲁，下寻阳，围建业，而巴东太守萧慧训子㻱及巴西太守鲁休烈起兵逼荆州，屯军上明，连破荆州，镇军萧颖胄遣将刘孝庆等距之，反为㻱所败，颖胄忧愤暴卒，西朝凶惧。尚书仆射夏侯详议征兵雍州，伟乃割州府将吏，配始兴王憺往赴之，憺既至，㻱等皆降。考《齐书·和帝本纪》，中兴元年五月，巴西太守鲁休烈，巴东太守萧慧训子㻱，拒义军，《梁书·始兴忠武王憺传》，憺以书喻㻱等，旬日皆降。

爰下玺策，（策原作荣，王本误作荥，严本作下玺三策亦误。）征公入辅，闻命选徒，裹粮遄迈，纪郢□鲁□识□其□疆域□会□诸□建□乃□水□和帝仍除侍中右将军，行荆州事，公运以英规，罪人斯得，七州底定，百揆时叙，大蕃兴后来之歌，皇舆无反顾之虑。

《齐书·和帝本纪》，中兴元年十一月壬寅，尚书令镇军将军萧颖胄卒，以黄门郎萧憺行荆州府事。丁巳，萧㻱鲁休烈降。碑文谓公运以英规。罪人斯得，即指以书喻㻱等降也。除侍中右将军，此事不见于史。

和帝西下，以公为使持节都督荆湘益宁南北秦六州诸军事，平西将军，行荆州刺史。于此时帝将与贤，昌我侯国，承天革命，磐石斯建，维城大启，公勋兼望爽，亲惟鲁卫，帝曰钦哉，胎字南服，天监元年四月，封始兴郡王，食邑二千户，江汉之纪。实（实严本误作定）惟南国，形胜之要，⬜作⬜镇西楚，苞含蛮蜓，（蜓即今蛋户，王本作蜒误。）控接巴巫，分陕之寄，民望攸隆。⬜惟⬜⬜公⬜⬜谊⬜⬜笃⬜天伦，相维缔业，总督之任，实曰允谐，诏使持节都督荆湘益宁南北秦六州诸军事，安西将军，荆州刺史。

《梁书·始兴忠武王憺传》，是冬，高祖平建业，明年春，和帝将发江陵，诏以憺为使持节都督荆湘益宁南北秦六州诸军事，平西将军，荆州刺史，未拜，天监元年，加安西将军，都督刺史如故，封始兴郡王，食邑三千户。案《梁书》作食邑三千户，碑作食邑二千户，考《梁书·太祖五王传》，天监元年，封宏临川郡王，邑二千户，秀安成郡王，邑二千户，伟建安郡王，邑二千户，恢鄱阳郡王，邑二千户，则憺封始兴郡王邑亦必二千户也，碑文是，《梁书》误也。始兴郡，吴置，今广东曲江县。

公褰襜以化梨（同黎）氓，张袖以纳夷狄，先之以德惠，后之以威刑，广田省役，（同役）。阶无滞讼，应接如神，⬜趋⬜⬜召⬜弗懈。

《梁书·始兴忠武王憺传》，时军旅之后，公私空乏，憺厉精为治，广辟屯田，减省力役，存问兵死之家，供其穷困，民甚安之。憺自以少年始主重任，思欲开导物情，乃谓佐史曰，政之不臧，士君子所宜共惜，言之可用，用之可也，如不用，于我何伤，吾开怀矣，尔其无丞，于是小人知恩，而君子尽意，民辞讼者，皆立前待，符教决于俄顷，曹无留事，下无滞狱，民益悦焉。

益部诸将⬜李⬜⬜奉⬜伯，倚刘季连，寇乱岷峨，撄城固守，公折简以示祸福，无俟兵革之劳，成都又安，公之力也。

《梁书·武帝本纪》，天监元年六月，前益州刺史刘季连据成都反。二年五月乙丑，益州刺史邓元起克成都。又《刘季连传》，天监元年六月，元起至巴西，季连遣其将李奉伯等拒战，兵交互有得失，久之，奉伯乃败，退还成都，季连驱略居人，闭门固守，元起稍进围之，蜀中丧乱，已二年矣，城中食尽，升米三千，亦无所籴，饿死者相枕，季连饥窘无计，二年正月，高祖遣主书赵景悦宣诏降季连，季连肉袒请罪，元起迁季连于城外，待之以礼，元起诛李奉伯并诸渠帅，送季连还京师。碑文云，公折简以示祸福，无俟兵革之劳，成都又安，公之力也，毋乃失之过谀。惟高祖遣赵景悦宣诏降季连，而为季连任战争者，以李奉伯为首，憺盖先示奉伯祸福，劝其戢兵主降，故季连得诏即降耳，弥戢斡旋，憺与有力焉。史不书此，以其功太隐微耳。

事闲务隙，常集宾僚，访问政道，谈述诗赋，亲屈车骑，轼隐者之庐，虚己降尊，延白屋之士，给医药以拯疾病，建惠台以救乏绝，齐相之乐交食客，晋卿之脯糒翳桑，以古方今，岂能及此，振仁风乎梦水，被茂泽于楚山，寻加鼓吹一部。

《梁书·始兴忠武王憺传》，性好谦，降意接士，常与宾客连榻而坐，时论称之。三年，诏加鼓吹一部。

六年，沮漳瀑水，（瀑严王二本皆作暴。）汎滥原隰，南岸邑居，频年为患，老弱遑遽，将至沈溺，公匪惮沾沐，躬自临视，忘垂堂之贵，亲版筑之劳，吏民忧恐，趍进益急，见辟危竭，挐叶旋城，购以俸金，所获甚众，洪波无惊，举境叹服，德之攸盛，皆曰神明，四部所漂，赈以私粟，鬈眉绾发，莫不歌颂。是岁嘉禾，一茎九穗生于邓州，甘露降于府桐树，唐叔之美，事符兹日，并欲奏闻，谦让弗许。

《梁书·始兴忠武王憺传》，六年，州大水，江溢堤坏，憺亲率府将吏，冒雨赋丈尺筑治之，雨甚水壮，众皆恐，或请憺避焉，憺曰，王尊尚欲身塞河堤，我独何心以免，乃刑百马祭江神。俄而水退堤立。邓州在南岸，数百家见水长惊走，登屋缘树，憺募人救之，一口赏一万，估客数十人应募救焉，州民乃以免，又分遣行诸郡遭水死者给棺槥，失田者与粮种，是岁嘉禾生于州界，吏民归美，憺谦让不受。

七年，丁慈母陈太妃忧，水浆不人口六日，毁瘠三年，扶而后起，中旨慰喻，以大军之后，宜尽绥辑，频表自陈，反（反严本误作人）哀苦次，服制有阕，毁痛逾常，羊祜不堪屐履，荀顗面不可识，哀瘠在皇，（皇严本作皂，释云皂即身，王本误作皇。）忧未忘也。

《梁书·始兴忠武王憺传》，七年，慈母陈太妃薨，水浆不人口六日。居丧过礼，高祖优诏勉之，使摄州任。

其年十二月，以奉征还朝，

《梁书·始兴忠武王憺传》，是冬，诏征以本号还朝，民为之歌曰，始兴王，民之爹，赴人急，如水火，何时复来哺乳我。

改授平北将军，护军将军。领石头戍事，又诏都督北讨众军。

《梁书·武帝本纪》，天监七年五月，以平南将军江州刺史安成王秀为平西将军荆州刺史，安西将军荆州刺史始兴王憺为护军将军。十月，诏大举北伐，以护军将军始兴王憺为平北将军，率众人清；车骑将军王茂率众向宿预，丁丑，魏悬瓠镇军主白皁生，豫州刺史胡逊，以城内属。据此，则碑文次平北将军于护军将军之前，误也。《梁书·始兴忠武王憺传》云，八年，为平北将军护军将军领石头戍事，则不特历官次叙误，即年月亦误矣。

八年，诏授中书令中卫将军，续领卫尉卿，公趁事紫墍，（塑严本误作居。）兼总关柝，丝纶惟序，衿带以清，八屯斯谧，千庐无警。

《梁书·始兴忠武王憺传》，寻迁中军将军，中书令，俄领卫尉卿，案碑作中卫将军，传作中军将军，颇有歧异，考《隋书·百官志》，梁有四中将军，中军中卫中抚中护是也，与四征将军同为二十三班，则中军中卫，官虽相等，名须画一，考《梁书·武帝本纪》，天监八年四月戊申，以护军将军始兴王憺为中卫将军，此与碑文相合，当以中卫为是，虽本纪同年十月又称中军将军始兴王憺，与传文合，然究为传写之误，当以碑文为正。

其年秋，更授使持节散骑常侍都督南北兖北徐青冀五州诸军事镇北将军南兖州刺史，（南兖州王本脱南字，严本有。）以太妃忧，服未阕，固辞鼓吹。北招起督南兖，扬竟（同境）刑繁讼扰，旧曰难治，公登车揽辔，怀远能迩，贝锦在路，不盗窃于逵中，桃李垂荫，不潜掇于樾下，李珣率由清约，马 融 雅好人伦，等诸 今 者，弗能及也。离罕（莫友芝云，离罕，《史记·河渠》离碓，《汉书·沟洫》罦）王垒，井络金城，乘传述 职，首车具选。

《梁书·武帝本纪》，天监八年冬十月乙巳。以中军（当作中卫）将军始兴王憺为镇北将军，南兖州刺史。又《始兴忠武王憺传》，是秋，出为使持节散骑常侍都督南北兖徐青冀五州诸军事镇北将军南兖州刺史。案秋当从本纪作冬。

九年正月，迁使持节散骑常侍都督益宁梁南北秦沙七州诸军事镇西将军益州刺史，两通渭满，北指秦川，乌 鼠 河沙之酋，龟兹陇右之长，民兔（免严本误作鱼，案疑是夷字）方（方严本王本皆作万，即萬字，此误）族， 塞 马 千 群， 趋 庭 恐 后。

《梁书·武帝本纪》，天监九年正月乙亥，镇北将军南兖兖州刺史始兴王憺为镇西将军益州刺史。又《始兴忠武王憺传》，九年春，迁都督益宁南梁南北秦沙六州诸军事镇西将军益州刺史。案碑文言都督益宁梁南北秦沙六州而曰七州，传作六州，考碑文言梁，而传文言南梁，疑南下尚有北字，碑文梁上脱南北二字，《梁书·鄱阳忠烈王恢传》，十一年，都督荆湘雍益宁南北梁南北秦九州诸军事荆州刺史，十三年，迁都督益宁南北秦沙七州诸军事，益州刺史，此处益宁南北秦沙仅五州而亦曰七州，益亦脱南北梁二州也，恢为荆州时，益宁南北梁南北秦同归都督，为益州时又以益宁南北梁南北秦并归都督也。由此可证碑文梁上脱南北二字，《憺传》梁上脱一北字，碑文七州不误，而传文误为六也。

魏攻巴，南安太守垣季珪坚壁拒守，南安将校挺宼，三巴百县，狼顾影伺，公命旅授师，苇（同算）无遗策，戒途匪日。凶锋折道。

《梁书·始兴忠武王憺传》，时魏袭巴南，西园，南安，南安太守垣季珪坚壁固守，憺遣军救之，魏人退走，所收器械甚众。

遐迩具瞻，夜户不闭，问子真于谷口，祭仲元于圭畿，表君平之旧庐，轼长卿之故馆，停骖询俗，揖客诹经，聿修复汉讲堂礼殿，诞于成都，绍文翁之教，习饮射之仪，命王冲子广信侯映，降为诸生，率先胄子，执经受业，适道为群，长幼移趋，相观竞好，信达多人，不师古道，则业（莫友芝云业同仆）夫咲之。

《梁书·始兴忠武王儋传》，开立学校，劝课就业，遣子映亲受经焉，由是多向方者。《南史·始兴忠武王憺传》，旧守宰丞尉，岁时乞丐，躬历村里，百姓苦之，习以为常，憺至州，停断严切，百姓以苏。又兴学校，祭汉蜀郡太守文翁，由是人多向方者。

十四年，更授使持节散骑常侍都督荆湘雍益梁宁南北秦八州诸军事，镇右将军荆州刺史。

《梁书·武帝本纪》，天监十四年二月辛丑，新除中抚将军始兴王憺为荆州刺史。又《始兴忠武王憺传》，十四年，迁都督荆湘雍宁南梁南北秦七州诸军事，镇右将军荆州刺史。案传脱益州。故云七州，碑文梁州，传作南梁，《梁书·鄱阳忠烈王恢传》，十一年，都督荆湘雍益宁南北梁南北秦九州诸军事。荆州刺史，似此时亦当都督九州，南梁当为南北梁。惟《恢传》又言，十八年，都督荆湘雍梁益宁南北秦八州诸军事，荆州刺史，即继始兴王憺者，则作八州为是，传言七州，必误无疑。

同郭伋之再至，等黄霸之重来，下车之日，举贤弹枉，都邑安宁，川域无反，有以公指麾□□□不言□□□为典容其短，仰公慈哲，莫不改过，开立序校，肄习生徒，采玉荆山，求□赤水，赴我计车，认道八九，顾视□有十五乎宾或讳□中之宁部乞师卫行□□□笃公检蜀众精勇者授之故将不废荒部斯道乃清□会□于益□

以上史不载。

十七年，第七兄司空安成康王薨，公同胞异体，弥深友爱，奉问惊恸，绝而复苏，珠散縼流，解投弗垂，累月积时，涕演勿辍。

《梁书·武帝本纪》，天监十七年二月癸巳，镇北将军雍州刺史安成王秀薨。又《始兴忠武王憺传》，同兄安成王秀将之雍州，薨于道，憺闻丧自投于地，席藁桌哭泣。不饮不食者数日，倾财产赙送，部位小大皆取足焉，天下称其悌。案宋版《梁书》作同兄，今本作同母兄，盖据《南史》补，宋版脱母字。

十八年，征授侍中中抚将军，□□□同三司，领军将军，明良哉于壹德，群僚仰乎硕辅，仁人周亲，于斯为盛，正色立朝，梦而弥序，贵而思降，夙夜匪懈。吐握无怠，弘济于艰难，宣力于治忽，方诞讲五戎，重司九伐，将领修法，介服亭立，乃为之三令五申，识日设□□朴表，□掌景司待景□道绝趋拜，亦不以废礼有讥。

《梁书·武帝本纪》，天监十八年春正月甲申，以领军将军鄱阳王恢为征西将军荆州刺史，荆州刺史始兴王憺为中抚将军开府仪同三司，领军。又《始兴忠武王憺传》，十八年，征为侍中中抚将军开府仪同三司领军将军。又本纪普通二年六月丁卯，义州刺史文僧明以州叛入于魏，秋七月丁酉，假大匠卿裴邃节督众军北讨。碑文所谓诞讲五戎，重司九伐，盖指此也。

普通二年十一月八日薨于位。

《梁书·武帝本纪》，普通三年十一月甲午，抚军将军开府仪同三司领军将军始兴王憺薨。又《始兴忠武王憺传》，普通三年十一月薨。时年四十五。

爰初遘疾，至大渐，舆驾骤幸，有废寝膳，公虑贬神和，辞不称剧，逮乎反席，湛然无挠。　　上震悼，遣侍中□□护丧事惟宜不贷迨葬，诏曰，故侍中中抚将军开府仪同三司领军将军始兴郡王憺，茂修于同气，治绩于相庭，辉光庶务，翼佐运始，勋隆陕服，契阔屯夷，劬劳蕃寄，自内掌戎司，嘉献弥著，方正位论道，弘赞衮阙，奄焉丧次，朕用伤悼于厥心，饬终加等，实惟首谘，宜伫灵车，以申追诰，可赠侍中司徒骠骑将军，余如故，给班剑卅人，羽葆鼓吹一部，谥曰忠武王，礼也。

《梁书·始兴忠武王憺传》曰，追赠侍中司徒骠骑将军，给班剑三十人，羽葆鼓吹一部。册曰咨故侍中司徒骠骑将军始兴王。夫忠为令德，武谓止戈，于以用之，载在前志。王有佐命之元勋，利民之厚德，契阔二纪，始终不渝，是用方轨往贤，稽择故训，鸿名美义，允臻其极，今遣大鸿胪程爽谥曰忠武，魂而有灵，歆兹显号，呜呼哀哉。

惟公栖心衡泌，则缮性虚寂，枕戈授律，则勋隆协赞，孝敬尽于君亲，仁义行乎乡党，孜孜为善，温温克让，机神妙极，斧藻英华，□□□□，□□□□。政存勿扰，治贵无为，绩著荆蛮，化行江汉，刃宜其利，鉴献其朗，推贤下士，降尊就卑，无弃贱贫，所珍儒雅，盐梅鼎实，舟楫大川，信列辟之羽仪，庶僚之准的者也。加以深信大道，妙识苦（苦王本作若）空，味绝滋腴，身离烦渴，□□□□，□□□□，用能使出世钻仰，道俗影附，功高宇宙，誉穆悖史。自驰印潜光，鹿旆将驾，吏民衰怃，裒经成林，瞻大（大严本王本作太）山而弥悲，仰栋宇而兴慕，谅已镂金雕玉，昭像凤墀，餝碧绘丹，图形（形严本王本作刑，严云，图形作图刑，仪型作仪形）驎阁，戎狄思耿，羌胡悲邓，告哀堕泪，不□□□，□□□□□□故吏罗玄昭等，烟霞绝阻，川路攸长，不及卜远之晨，罔逮易名之请，洒泣无寄，衔恨莫伸，谨遵前议，刊□立碑，雾髯令德，依稀神仪，传世代而莫朽，等山岳而无亏，其辞曰。日月贞明，川岫澄清，□□奉职，毗世作桢。于铄忠武，体二于情，义均奭旦，道蔼间平，栋梁是则，羽翼人英。木运告圮，彝伦殄覆，我□□□，□□□□，□□□水，虎啸樊谷。关河之寄，允归亲睦，若恂系兵，犹何转毂。缔构宝历，山河万寓，云雷利建，□此南土，比汉于梁，方周于鲁，拥旄推毂，出蕃入辅，车服以庸，旗章有序。六条设教，八命胥彰，再临七泽，傍□□□，□□□□，□□□□，□深彭泗，恩浹樊襄，有来斯穆，无思不康，弘阐圣化，休我烈光。文武兼资，出内均美，式兹□□，肃雍中垒，仪形（同型）三事，飞腾九轨，绢是讴歌，明兹狱市。方趋上铉，燮理阴阳。倍銮日观，（銮上空格，莫本有观字，严本王本皆无，莫本衍文也。）侍跸（陇陇严本王本作龙，此误）乡，遝□向化，□□□□。□□公后，□此台光，报施为虚，福仁遂爽，璱树云落，人伦安放，罢市四蕃，行号十壤，吏民摧慕，宾御□悃，山海安讬，蝉佩空想，如郑丧侨，由（同犹）晋亡向，西光暧暧，东川潏潏，时谢深恩，年流德广，式雕玄永寄希仰。（玄下碑原脱一字，未注补，可见上文尚有脱文，如中都乡之中，南北梁之南北，是也。）

侍中尚书右仆射宣惠将军东海徐勉造。

前正员将军吴郡张法明监作。

吴兴贝义渊书。

□□□□丹阳尸贤明刻字。

防阁吴兴郜元□石。

案宋王厚之《复斋碑录》，贝义渊书，义误作文。尸贤明刻字，尸作用吴。郜元□石，作郜元明上石，当从王说。严观云，碑末刻防阁吴郡元明立石，防阁吴兴郜元明刻字，王昶木作防阁吴兴郜元明，皆非也。今拓本吴贤明刻字，防阁吴兴郜元明等字尚清晰。郜元明下似上似立，不能辨矣。莫友芝跋云，文二千八百四十许字，全剥阙者八十余字，兰泉录者一千三百六十许字，今增绎出千有二百二十字，正兰泉误释十六字，其识而未确，及漫不可识者，仅八十许字。

二 志

宋故散骑常侍谢公墓志

宋张敦颐《六朝事迹编类》云，土山净名寺新得古碑，（案张氏此书成于绍兴三十年庚辰，则此碑出土当在绍兴时。）云宋散骑常侍谢涛，元嘉十七年（墓志作十八年，此误）葬于扬州丹阳郡建康县东乡（墓志无东乡二字）土山里，夫人琅邪王氏，大明七年，合祔于土山里，夫人之祖曰献之，父曰静之。（卷十三。）宋王厚之《复斋碑录》云，宋散骑常侍谢涛埋铭，涛字明远，春秋四十有（缺）元嘉十八年，岁次屠维。月旅（墓志作侬）林钟，十七日卒，其年九月三十日，窆穸于扬州丹阳郡建康县东乡土山里，夫人王氏，大明七年岁次单阏十月十四日（墓志作十一月十四日）合祔。（《宝刻丛编》卷十五引。）

祖瑶，字球度，琅邪（原注下缺十余字。）

《晋书·谢安传》，安有二子，瑶、琰，瑶袭爵庐陵郡公，官至琅邪王友，早卒，子该嗣，终东阳太守，无子，弟光禄勋模，以子承伯嗣，有罪，国除，刘裕以安勋德济世，特更封该弟澹为柴桑侯，邑千户，奉安祀，澹少历显位，元熙中，为光禄大夫，复兼太保，持节奉册禅宋。琰字瑗度。案瑶字球度，史失载，琅邪下盖脱王友二字。

夫人琅邪王氏，父颐之，字修年，振威将军东海内史。

《晋书·王廙传》，廙丞相导从弟，父正，尚书郎，廙封武陵县侯，官平南将军，领护南蛮校尉，荆州刺史，卒赠侍中骠骑将军，谥曰康，子颐之嗣，仕至东海内史，《晋书》不载颐之字及历官。

父□，字景山，给事黄门侍郎散骑常侍光禄勋。

《南史·谢晦传》，澹字景恒。祖安，晋太傅。父瑶，琅邪王友。弟璞，字景山，幼孝友，祖安深赏爱之，位光禄勋。此云父□，官终光禄勋，盖即璞也。黄本骥《古志石华》卷一，载谢涛墓志，父□作父璜，恐系传写之误。

夫人太原王氏，父坦之，字文度，持节都督平北将军，□□□□刺史，蓝田献侯。

《晋书·王浑传》，浑太原晋阳人，又《王湛传》，湛司徒浑之弟也，湛子承，承子述，述子坦之，字文度，袭父爵，与谢安共辅幼主，迁中书令，领丹阳尹。俄授都督徐兖青三州诸军事，北中郎将徐兖二州刺史，卒赠安北将军，谥曰献。此志刺史上所缺四字，即徐兖二州也，安北将军当依墓志作平北将军。

宋故散骑常侍（此下疑有缺文）扬州丹阳郡秣陵县西乡显安里（此下疑有缺文）领豫州陈□阳夏县都乡吉迁里（领字疑误）。

《南史·谢晦传》，陈郡阳夏人，晋太常裒之玄孙也，裒子弈，据，安，万，铁，并著名，安即涛之曾祖。此陈□当即陈郡。

谢涛，字明远。

《宋书》《南史》皆不载。

春秋卅时有几，元嘉十八年，岁次屠维，月依林钟。

宋张敦颐《六朝事迹编类》卷十三引作元嘉十七年，宋陈思《宝刻丛编》卷十五引作月旅林钟，皆误。

十七日卒，其年九月卅日，窆岁扬州丹阳郡建康县土山里。夫人琅邪王氏，七十有二，大明七年岁次单阏月□□□十五日卒，其年十一月十四日合祔。父静之，字□寿，司徒□长史义兴太守。祖献之，字子敬，中书令。

《晋书·王羲之传》，羲之司徒导之从子也，有七子，知名者五人，献之字子敬，除建威将军吴兴太守，征拜中书令，卒于官。安僖皇后立，以后父追赠侍中，特进光禄大夫太宰，谥曰宪，无子，以兄子静之嗣位，位至义兴太守，《晋书》不载静之字及历官。

嗣曾孙绰。（原注下缺。严可均《全宋文》卷六十引明陶宗仪《古刻丛钞》。）

宋故散骑常侍护军将军临澧侯刘使君墓志

曾祖宋孝皇帝。

　　《宋书·武帝本纪》，永初元年夏六月丁卯，即皇帝位，追尊皇考为孝穆皇帝，皇妣为穆皇后。案《宋书·后妃传》，孝穆赵皇后讳安宗，以晋穆帝升平四年嫔孝皇，生高祖；孝懿萧皇后讳文寿，孝穆后妲，孝皇帝娉后为继室。据此则武帝皇考翘实追尊为孝皇帝，二后一曰孝穆，一曰孝懿，本纪称皇考为孝穆皇帝，皇妣为穆皇后皆误，当云追尊皇考为孝皇帝，皇妣为孝穆皇后，唐李吉甫《元和郡县志》，兴宁陵在丹徒县东南三十五里，宋武帝追尊曰孝皇帝，讳翘，初仕郡为功曹，与此墓志合，可证《宋书》本纪之误。

祖讳道邻，字道邻，侍中太傅长沙景王。

　　《宋书·宗室传》，长沙景王道怜，高祖中弟也，高祖平定三秦，方思外略，征道怜还，为侍中都督徐兖青三州扬州之晋陵诸军事，守尚书令，徐兖二州刺史，持节将军如故，元兴元年，解尚书令，进位司空，出镇京口，高祖受命，进位太尉，封长沙王，食邑五千户，持节侍中都督刺史如故。永初三年六月薨，年五十五，追赠太傅，《宋书》作道怜，墓志作道邻。当以墓志为正。

妃高平平阳檀氏，字宪子，谥曰景定妃。父畅，道渊，永宁令。祖貔，稚熊，琅邪太守。

　　《宋书·檀道济传》，道济高平金乡人，盖与畅同族。

合葬琅邪临沂莫府山。

　　宋张敦颐《六朝事迹编类》卷三引《舆地志》云，晋成帝咸康三年，分江乘县，置临沂县属琅邪郡，又卷六引《舆地志》云，临沂县东八里有幕府山，《寰宇记》云，晋元帝自广陵渡江，建康城荒落，以府第居县北山下，因以幕府山为名，又引《图经》云，丞相王导建幕府于此山，因名之，案莫幕通用。

父讳义融，字义融，领军车骑桂阳恭侯。

《宋书·宗室传》，长沙景王道怜六子，义融为三子，永初元年，封桂阳县侯，食邑千户，历侍中左卫军。太子中庶子，五兵尚书，领军有质干，善于用短楯，元嘉十八年卒，追赠车骑将军，谥曰恭侯。

夫人琅邪临沂王氏，字韶风。父简，长仁，东阳太守。祖穆，伯远，临海太守。

《晋书·王导传》，导第五子邵，邵长子穆，临海太守。穆长子简，不载其仕历，此云东阳太守，可补史阙。

合葬丹徒练壁雩山，所生母汤氏，宣城人，葬练壁雩山。

《宋书·后妃传》，孝穆赵皇后生高祖，葬晋陵丹徒县东乡练壁里雩山，陵曰兴宁，《元和郡县志》，兴宁陵在丹徒县东南三十五里。

兄颉，茂道，散骑常侍，桂阳孝侯。

《宋书·宗室传》，义融卒，子孝侯颉嗣。官至太子翊军校尉，为元凶所杀，世祖即位，追赠散骑常侍，无子，弟袭，以子晃继封。

夫人庐江灊何氏宪英。父愉之，彦和，通直常侍。祖叔度，金紫光禄大夫。

《宋书·何尚之传》，尚之庐江灊人，父叔度恭谨有行业，为金紫光禄大夫，吴郡太守，加秩中二千石，太保王弘称其清身洁己，元嘉八年卒，尚之弟悠之，义兴太守，侍中太常，悠之弟愉之，新安太守，案《宋书》不载愉之字及通直常侍。

合葬练壁雩山。

第三弟彪，茂蔚，秘书郎。

《宋书·宗室传》，袭弟彪，秘书郎，蚤卒。

葬江乘白山。

《六朝事迹编类》卷六引《图经》云，白山旧属江乘县，周回八里，高八十丈，东接竹堂山，南接蒋山，北连摄山，西有水，下注平陆。

夫人河南阳翟褚氏成班。父方回，太傅功曹。祖叔度，雍州刺史。

《南史·褚裕之传》，裕之字叔度，名与武帝同，故行字焉。《宋书·褚叔度传》，叔度，河南阳翟人，曾祖哀，晋太傅，祖歆，秘书监，父爽，金紫光禄大夫，叔度初为广州刺史，仍除都督交广二州诸军事，建威将军。领平越中郎将广州刺史，高祖受命，为右卫将军，封番禺县男，永初三年，出为使持节监雍梁南北秦四州荆州之南阳竟陵顺阳义阳新野随六郡诸军事，征虏将军雍州刺史，卒，子恬之嗣，官至琅邪太守，第二子寂之，著作佐郎，方回不见于史，盖为其少子焉。

第四弟寔，茂轨，太子舍人。

《宋书·宗室传》，弟寔，太子舍人，蚤卒。

夫人琅邪临沂王氏淑婉。父津，景渊，中书郎。祖虞，休仲，左卫将军。

《宋书·王弘传》，弘琅邪临沂人，曾祖导，晋丞相，祖洽，中领军，父殉，司徒，弘官侍中中书监太保录尚书事扬州刺史，封华容县公，谥曰文昭，弟虞，廷尉卿，虞子深，有美名，官至新安太守。《南史·王弘传》，虞字休仲，位廷尉卿，虞子深，字景度，位新安太守，津字景渊，盖为深之弟，不见于史。

合葬江乘白山。

第五弟季，茂通，海陵太守。

《宋书·宗室传》，寔弟爽，海陵太守，此云季，与史异。葬练壁雩山。夫人陈郡阳夏袁氏妙口。父淑，阳源，太尉，忠宪公。祖豹，士蔚，丹阳尹。

《宋书·袁湛传》，湛陈郡阳夏人，为晋尚书右仆射。高祖北伐，湛兼太尉，卒官，太祖即位，以后父追赠侍中，以左光禄大夫开府仪同三司，谥曰敬公，弟豹，字士蔚，代孟昶为丹阳尹，义熙七年，降为太尉谘议参军，仍转长史，九年卒官，以参伐蜀之谋，追封南昌县五等子。又《袁淑传》，淑字阳源，丹阳尹豹少子也，十余岁为姑夫王弘所赏，博学多通，好属文，官太子左卫率，元凶将为弑逆，淑见杀，世祖即位，赠侍中太尉，谥曰忠宪公。

第一姊茂徽，媷陈郡长平殷臧，宪郎。父元素，南康太守。祖旷，思泰，□军功曹。

陈郡长平殷氏，亦为宋大族，《宋书》有殷景仁殷谆殷孝祖等传，皆陈郡长平人，惟殷旷三世不见于史。

重媷琅邪临沂王闵之，希损，镇西主簿。父昇之，休道，都官尚书。祖敬弘。左光禄仪同。

《南史·王裕之传》，裕之，字敬弘，晋骠骑将军廙之曾孙，司州刺史胡之之孙也，名与宋武帝讳同，故以字行，父茂之，晋陵太守，敬弘少有清尚，元嘉三年，为尚书仆射，六年，迁尚书令，固让，改授侍中，特进左光禄大夫，十六年，以为左光禄大夫开府仪同三司，侍中如故，薨，谥文贞公，子恢之，秘书郎，恢之弟昇之，位都官尚书。《宋书·王敬弘传》，昇之子延之，昇明末，为尚书左仆射。江州刺史，惟闵之不见于史，盖延之弟也。

第二姊茂华，媷庐江灊何求，子有，祕书郎。父镇，长弘，宜都太守。祖尚之，彦德，司空简穆公。

《宋书·何尚之传》，尚之字彦德，庐江灊人，父叔度，金紫光禄大夫，吴郡太守，尚之位司空，领尚书令，迁侍中左光禄大夫，开府仪同三司，薨追赠司空侍中中书令，谥曰简穆公。《南史·何尚之传》，尚之子偃，偃弟铄，铄子求，字子有，铄仕宋位宜都太守，求元嘉末为文帝挽郎,历位太子洗马丹阳郡丞,清退无嗜欲,后为太子舍人,泰始中,妻亡,还吴葬旧墓,除中书郎,不拜,仍住吴,隐居波若寺,足不逾户,人莫见其面,宋明帝崩,出奔国哀,除永嘉太守,求时寄住南涧寺,不肯诣台,乞于野外拜受,见许,一夜忽乘小船逃归吴,隐虎丘山,齐永明四年,拜太中大夫,不就卒,初求父铄素有风疾,无故害求母王氏,坐法死,求与弟点以此无宦情,案求父铄,墓志作镇,其官皆作宜都太守,当以墓志为是,求除中书郎,不拜,墓志作秘书郎,亦异,泰始中,妻亡,盖即刘袭第二姊茂华也。

第三姊茂姬,姬平昌安丘孟诩,元亮,中军参军,离。父灵休,太尉长史。祖昶,彦远,丹阳尹。

《晋书》《宋书》《南史》皆无孟昶传,而《晋书·列女》有孟昶妻周氏传,略叙昶事,《宋书·武帝本纪》,高祖建兴复之计,平昌孟昶等并同义谋,《建康实录》卷十一,晋元兴二年冬十二月,桓玄篡位,三年二月帝(刘裕)还丹徒,潜谋匡复,会孟昶昶弟怀玉等二十七人,愿从者百十人,斩桓修,修弟弘青州刺史镇广陵,昶为弘主簿,劝其出猎,斩之,收其众济江,义军克京城,玄轻舟南逸,以昶为建威将军丹阳尹,义熙三年秋七月。加昶吏部尚书,四年四月丙寅,进昶为尚书左仆射,五年正月,伪燕王慕容超大略淮北,昶曰师往必克,公其行。四月。帝北伐,徐道覆以帝北伐也,自往番禺说卢循,令袭京师,昶以贼内逼,仰药自杀,此墓志所载昶子灵休孙诩。均不见于史。

第四姊茂姜,姬兰陵萧惠徽,中书郎。父思话,征西将军仪同三司。祖源之,君流,前将军。

《宋书·萧思话传》,思话南兰陵人,孝懿皇后弟子也,父源之,字君流,历中书黄门郎徐兖二州刺史冠军将军,南琅邪太守,永初元年卒，追赠前将军。思话赠征西将军开府仪同三司，持节常侍都督刺史如故，谥曰穆侯，思话宗戚令望，蚤见任待，凡历州十二，杖节监都督九焉。长子惠开，次子惠明，四子惠基，惠开别有传，《南史·萧思话传》，长子惠开，惠明其次弟也，惠明弟惠基，桂阳王休范妃，惠基姊也，惠基弟惠休。综观《宋书》《南史》，思话五子，长惠开，次惠明，三子不见于史，四子惠基，五子惠休，然则此墓志之惠微，殆即思话之第三子乎，抑更为惠休弟，不可考矣。

第五妹茂容，姬兰陵萧赡。叔文。父斌，伯蒨，青冀二州刺史。祖摹之，仲绪，丹阳尹。

《宋书·萧思话传》，源之从父弟摹之，丹阳尹，追赠征虏将军，子斌，豫章太守，历侍中辅国将军青冀二州刺史，其后附元凶劭，斌诸子并诛灭。案茂容之夫萧赡，因在诛灭之列，故茂容再嫁蔡氏也。

重姬济阳圉蔡康之，景仁，通直郎。父熙，元明，散骑侍郎。祖廓，子度，太常卿。

《宋书·蔡廓传》，廓字子度，济阳考城人，曾祖谟晋司徒，廓为中书黄门郎，宋台建为侍中，迁司徒左长史，出为豫章太守，征为吏部尚书，不拜，徙祠部尚书，元嘉二年卒，少子兴宗熙及其子康之不见于史。

第六妹茂嫄，媵济阳考城江逊，孝言。父湛，徽渊，左光禄仪同，忠简公。祖夷，茂远，前将军湘州刺史。

《宋书·江夷传》，夷字茂远，济阳考城人，祖晋，护军将军，父敳，骠骑谘议参军。夷豫讨桓玄功，封南郡州陵县五等侯，宋台初建为五兵尚书，高祖受命，转掌度支，寻拜吏部尚书，加散骑常侍，迁右仆射，出为湘州刺史，未之职，病卒，追赠前将军本官如故。又《江湛传》，湛字徽渊，夷子，元嘉二十五年，征为侍中，任以机密，二十七年，转吏部尚书，上将废劭，使湛具诏草，劭之入弑，湛受害，湛五子，恁、恕、憼、瑶，法寿，皆见杀，世祖即位，追赠左光禄大夫开府仪同三司，加散骑常侍，本官如故，谥曰忠简公，墓志逊与瑶同，逊既被元凶劭所杀，故茂嫄再嫁王氏也。

重娙琅邪临沂王法兴，骠骑参军。父翼之，季弼，广州刺史。祖桢之，公幹。侍中。

《晋书·王羲之传》，羲之子徽之，字子猷，徽之子桢之，字公幹，历位侍中大司马长史，翼之法兴皆不见于史。

夫人济阳考城江氏景娬。父淳，徽源，太子洗马。祖夷，茂远，前将军湘州刺史。

江夷已见上第六妹茂嫄条，《南史·江夷传》，夷子湛，湛五子，恁、恕、憼、瑶、法寿，皆见杀，恁子斅、字叔文，母宋文帝女淮阳长公主，初宋明帝敕斅出继其叔瑶为从祖淳后，王俭启礼无后小宗之文，江忠简胤嗣所寄，唯斅一人，傍无期属，斅宜还本，若不欲江瑶绝后，可以瑶小儿继系为孙，于是学斅还本家，诏使自量立后者，据此，淳盖为湛弟，淳亦无后，故宋明帝敕湛孙斅出继其叔瑶为从祖淳后也。

第一男晃，长晖，出后兄绍，封桂阳侯。
《宋书·长沙景王道怜传》，桂阳恭侯义融卒，子孝侯颍嗣，无子，弟袭，以晃继封，昇明二年，与员外散骑侍郎安成戡仁祖荒人王武连羽林副彭元傁等谋反，国除。

第二男旻，渊高，拜临澧侯世子。
《宋书·长沙景王道怜传》，太始六年，袭卒，子旻嗣，昇明三年，改封东昌县侯，与兄晃俱伏诛。

第三男昺，渊华，

《宋书》不载。

第四男星，渊邃，出后第四弟实，

  《宋书·长沙景王道怜传》，袭弟实，太子舍人，蚤卒，星之出后实，不见于《宋书》。

第五男□，渊颎，第六男晏，渊平。

  皆不见于《宋书》。

第一女丽昭，第二女丽明，第三女小字僧归，亡葬□□。

宋故散骑常侍护军将军临澧侯刘使君墓志

君讳袭，字茂德，

  《宋书·长沙景王道怜传》，袭字茂德。

南彭城人，

  《宋书·武帝本纪》，高祖武皇帝讳裕，彭城绥里人，皇考翘，祖靖，曾祖混，始过江，居晋陵郡丹徒县之京口里，即所谓彭城绥里也，此彭城既在京口，即南彭城矣。

宋高祖武皇帝弟景王之穆也，

  《宋书·后妃传》，孝穆赵皇后生高祖，孝懿萧皇后生长沙景王道怜，临川烈武王道规，然则道怜道规为高祖同父异母弟也。又《长沙景王道怜传》，道怜六子，义欣，义庆，义融，义宗，义宾，义綦，义融五子，颖，袭，彪，实，季。

神姿韶雅，风誉夙懋，弱冠，拜秘书郎，逮二凶肆祸，人伦道消，君身离幽执，仅免虎口。

  二凶劭与濬也，《宋书·二凶传》，劭行弑逆，桂阳侯颖等并以宿恨狱死。又《长沙景王道怜传》，桂阳孝侯颖为元凶所杀，袭为颖弟，盖亦被幽执也。

事清，还复旧职，以母忧去官，既除，复为秘书郎。

以上均不见于史。

转太子舍人，

《宋书·长沙景王道怜传》，袭太子舍人，安成太守。

自升□二宫，令望允缉，出为镇蛮护军庐江太守，莅政平蔺，声绩兼著，迁明威将军。

以上诸职事，亦不见于史。

安成太守，

已见上引。

属中流构衅，四表迷逆，君英议独发，招会如神，故能以一□之旅，克济忠节，义超终古，诚冠当今，皇朝钦嘉，爵赏取荣，除辅国将军郢州刺史，封建陵县开国侯。

《宋书·晋陵王子勋传》，子勋为江州刺史，废帝狂凶，多所诛害，长史邓琬等因奉子勋起兵，以废立为名，太宗定乱，进子勋号车骑将军，琬等不受命，传檄京邑，泰始二年正月七日，奉子勋为帝，即伪位于寻阳城，年号义嘉元年，备置百官，四方并响应，威振天下，是岁四方贡计，并诣寻阳，沈攸之至寻阳，诛子勋。又《长沙景王道怜传》，晋安王子勋为逆，袭据郡距之，勋遣军攻围不能下，太宗嘉之，以为郢州刺史，封建陵县侯，食邑五百户。

俄征太子右卫率，加给事中，未拜，迁侍中冠军将军。

以上均不见于史。

改封临澧县开国侯，

《宋书·长沙景王道怜传》，建陵县属苍梧郡，以道远，改封临澧县侯。镇肃石头，实当关要之寄，迁左卫将军，未拜。

以上均不见于史，

仍除中护军，春秋卅有八，泰始六年三月十日薨于位，圣主嗟悼，朝野伤悲，有诏：故中护军临澧县开国侯，志行贞纯，才用理济，忠勋著于艰时，懋绩倡乎泰运，年志始壮，奄焉凶折，悲伤恻割，实兼常怀，思嘉宠数，以申哀荣，可赠护军将军，加散骑常侍，余如故，谥曰忠侯。

　　《宋书·长沙景王道怜传》，太始六年卒于中护军，追赠护军将军，加散骑常侍，谥曰忠侯。

粤五月二十七日庚寅，将葬于琅邪之乘武冈。以悲幽明之殊隔，伤一诀而永分，仰清徽而洒泪，俸玄石而裁文，其辞曰：峨峨□□，山岳效灵，允矣君子，诞膺休祯，支荫帝宇，缔庆文明，德以行高，仁与□□，□华二宫，官政两服，国步时屯，艰难斯属，忠则忘家，义实光族，朝遒钦庸，以□□□，□望既归，□宠惟□，或侍帝言，或司蕃戎，方宏牙（同互）美，□□家邦，如何不□，□□□躬，□芳稍述，日月有时，考辰筮吉，玄堂启基，深泉永夭，□□长悲，□□□□，□□□□。（严可均《全宋文》卷六十引明陶宗仪《古刻丛钞》。）

梁故侍中司空永阳昭王墓志铭

　　尚书右仆射太子詹事臣徐勉奉敕撰

　　宋王厚之《复斋碑录》云，梁侍中司空永阳昭王墓志铭，徐勉奉敕撰，细书无姓名，梁武帝次兄，齐建武四年薨，梁天监元年追赠，普通元年十一月，太妃王氏薨，合祔作志。（《宝刻丛编》卷十五引。）

宋张敦颐《六朝事迹编类》云，梁永阳昭王墓志铭，徐勉造，在清风乡居民井侧，今在上元县。（卷十四，案永阳敬太妃墓志铭。祔瘗于琅邪临沂县长千里黄鹄山。宋王象之《舆地纪胜》卷十七，长干是秣陵县东里巷名，江东谓山陇之间，曰干，金陵五里有山冈，其间平地，民庶杂居，有大长干小长干东长干，并是地名。此墓志所谓黄鹄山，在大长干小长干乎，抑在清风乡乎，待考。）

清赵之谦《补寰宇访碑录》云，梁侍中司空永阳昭王萧敷墓志，正书，徐勉文，普通元年十一月二十八日。石久佚，江苏吴县潘氏藏初拓孤本。

公讳敷，字仲达。兰陵兰陵人，皇帝之次兄也。

徐勉撰梁始兴忠武王萧憺碑，称憺为南徐州兰陵郡兰陵县都乡中都里人，此云兰陵兰陵人者，即兰陵郡兰陵县人也。《南史·梁宗室传》，永阳昭王敷，字仲达，文帝第二子也，又云，文帝十男，张皇后生长沙宣武王懿。永阳昭王敷，武帝，衡阳宣王畅。

炳灵圣绪，体□璇源，积德贤仁之基，配天经营之业，固以详乎二荚，载在六诗，今无得而称矣。公凤挺珪璋，早标时□，□仪□明，神容润凝，孝友天至，率由而尽，义让因心，无待旁习，行为表缀，动成镕范，斟酌流品，□核群艺，莫不采其英华，振其纲领。

《南史·永阳昭王敷传》，少有学业。

虽墙宇重仞，而温其如玉；气厉秋霜，而体含春露，故□之者□识涯涘，挹之者虚往实归，加以冲谦下物，倾身接士，爱好闲静，雅善谈讽，宠辱不干怀抱，喜愠冈滞匈衿，汪汪焉，亹亹焉，固不可量已，解褐齐后军长沙王行参军。

《梁书·永阳嗣王伯游传》，敷解褐齐后将军征虏行参军，《齐书·长沙威王晃传》，晃太祖第四子，太祖践祚，寻迁使持节都督南徐兖二州诸军事后将军南徐州刺史，敷为行参军当在此时，盖在建元初年。

武陵王始开戎号，□□□□，又行参冠军征虏二府军事。

此事《梁书》《南史》皆未载，可补史阙。《齐书·武陵昭王晔传》，晔太祖第五子，初除冠军将军，转征虏将军，建元三年，出为使持节都督会稽东阳新安永嘉临海五郡军事，会稽太守，将军如故，敷参军事，当在建元三年前后，盖尝随武陵出至会稽，故下文云人为太子舍人也。

人为太子舍人，濯缨承华，清风载穆。

《梁书·永阳嗣王伯游传》，转太子舍人，《齐书·武陵昭王晔传》，世祖即位，人为中书令，则敷人为太子舍人，亦必在永明初矣。

衡阳王冠婚礼，备问□彼。

《齐书·高帝十二王传》，区贵人生衡阳王钧，婚礼事《梁书》《南史》皆不载。

□以公为文学。称为盛选。

《南史·齐宗室传》，衡阳元王道度，齐高帝长兄也，无子，高帝以第十一子钧继，钧性好学，善属文，与琅邪王智深，以文章相会，济阳江淹亦游焉，武帝谓王俭曰，衡阳王须文学，当使华实相称，不得止取贵游子弟而已，乃以太子舍人萧敷为文学，钧尝手自细书，写五经部为一卷，置于巾箱中。以备遗忘。

俄迁太子洗马，

《梁书·永阳嗣王伯游传》，转太子洗马。

又为南海王友，

此事《梁书》《南史》皆不载，《南史·齐武帝诸子传》，南海王子罕，武帝第十一子，颇有学，《齐书·百官志》，诸王师友文学各一人。

洗马之职，既□仪形，会友□任，宜弘斧藻，长虞公干，莫或加焉，出补丹阳尹承。

《梁书·永阳嗣王伯游传》，作迁丹阳尹丞。

复入为太子中舍人。

《梁书·永阳嗣王伯游传》，入为太子中舍人，《齐书·百官志》，太子官属，有太子中舍人，太子洗马，太子舍人。

三□龙楼，仍历□禁，清谈□论，咸以为荣。

《齐书·武帝本纪》，建武四年三月壬戌。太祖崩，上即位。六月甲申，立皇太子长懋，又《文惠太子传》，文惠太子长懋，世祖长子，世祖即位，为皇太子，初太祖好《左氏春秋》，太子承旨，讽诵以为口实，既正位东储，善立名尚，礼接文士，畜养武人，皆亲近左右，布在省闼，永明十一年春正月，太子薨。案敷三□龙楼，谓初为太子舍人，继为太子洗马，三为太子中舍人，皆仕文惠太子焉。

司部滨接蛮虏，亟有充斥，汉东之国，贻忧西顾，以公兼资文武，出为建威将军，随郡内史，下车□□，威德大著，时猣獯侵逼义阳，四山牙（同互）相影响，郡内孤危，兵粮□弱，公□加□□，视险若夷，于是百姓相携入城，城中殆无复相容处，咸曰，贼若能来，必为府君死战。物情如□，□□□遂息，于是关抵清夷，民俗殷阜，进号宁朔将军，内史如故。

《梁书·永阳嗣王伯游传》，除建威将军随郡内史，招怀远近，黎庶安之，以为前后之政，莫之及也，进号宁朔将军。《齐书，州郡志》，司州镇义阳有三关之隘。领有随郡，郡领随永阳阙西安化四县，杜佑《通典》，自汉郡置太守，郡为诸侯王国者，置内史，以掌太守之任。时封于随郡者，有随郡王子隆，武帝第八子，见《齐书，武十七王传》，案梁武帝仕齐，亦尝为随王镇西谘议参军，见《梁书·武帝本纪》。《齐书·明帝本纪》，建武二年春正月，索虏寇司豫徐梁四州，壬申，遣镇南将军王广之督司州征讨，又《王广之传》，建武二年，虏围司州，遣广之持节督司州征讨，解围，广之未至百余里，虏退，乃还。敷为建威将军，随郡内史，当在此时，志所谓獯狁侵逼义阳，即《广之传》所谓虏围司州也。《齐书·百官志》，宁朔将军，置府，有佐史。案《梁书·武帝本纪》，建武二年，魏遣刘昶王肃帅众寇司州，以高祖为冠军将军军主，隶江州刺史王广为援，距义阳百余里，众以魏军盛，赵趄莫敢前，高祖请为先启，广即分麾下精兵配高祖，尔夜便进，去魏军数里，迳上贤首山，魏军不测多少，未敢逼，黎明，城内见援至，因出军攻魏栅，高祖帅所领自外进战。魏军表里受敌，乃弃重围退走，此王广即王广之也，时敷兄弟同预此战事。久之，征为后军庐陵王谘议参军，从容讽味，雅有弘益。

《南史·梁宗室传》，永阳昭王敷仕齐为随郡内史，明帝谓徐孝嗣曰：学士旧闻，例不解理，官闻萧随郡唯置酒清言，而路不拾遗，行何风化，以至于此，答曰：古者修文德以来远人。况止郡境而已，帝称善，征为庐陵王谘议参军。《齐书·武十七王传》，庐陵王子卿，世祖第三子，世祖即位，为持节都督郢州司州之义阳军事，冠军将军，郢州刺史。又《海陵王本纪》，延兴元年九月丁亥，以卫将军庐陵王子卿为司徒。又《庐陵王子卿传》，鄱阳王锵见害，以子卿代为司徒，领兵置佐，寻复见杀，案子卿见杀，当在明帝即位前后，即延兴元年九月建武元年十月之间，敷为谘议参军，亦必于此时终，其后在明帝之世。盖不服官，故天监四年诏称齐故后军谘议参军，本志铭文有复游衡里之句，可证也。

天不愁遗，远塗未至，以齐建武四年八月六日薨，春秋卅有七，知与不知，咸嗟殄瘁，圣上应期革命，受终文祖，览《周南》而雪涕，咏《常棣》而兴哀，天监元年四月八日，诏曰，亡兄齐故后军谘议参军，德履冲粹，识业渊通，徽声嘉誉，风流藉甚，道长世短，□尘缅邈，感惟既往，永慕恸心，可追赠侍中司空永阳郡王，食邑二千户，谥曰昭王，礼也。

《梁书·永阳嗣王伯游传》，征为庐陵王谘议参军，建武四年薨，高祖即位，追赠侍中司空，封永阳郡王，谥曰昭。又《武帝本纪》，天监元年夏四月，追封兄齐后军谘议敷为永阳郡王，谥曰昭。纪与传均不载诏书，此诏书可补史阙。

子恭王伯游嗣，恭王早世。

《南史·梁宗室传》，天监二年，子伯游嗣，《梁书·永阳嗣王伯游传》，伯游字士仁，高祖次兄敷之子，美风神，善言玄理，天监元年四月，诏曰，兄子伯游，虽年识未弘，意尚粗可，浙东奥区，宜须抚莅，可督会稽东阳新安永嘉临海五郡诸军事，辅国将军，会稽太守，袭封永阳郡王，五年薨，时年二十三，谥曰恭。据此《南史》谓天监二年子伯游嗣，误也。

子隆嗣，

《梁书》《南史》皆不载隆名，可补史阙。

昭王之妃王氏，于本国为大太妃。

永阳敬太妃墓志铭，永阳大太妃王氏，琅邪临沂人。父俨，左将军司马寻阳内史。

以今普通元年十一月九日薨，其月廿八日，申祔葬之典，又下诏曰，亡兄故侍中司空永阳昭王，坟茔当开，灵筵蹔设，追慕摧恸，不能自胜，可遣使奉祭，言增感哽，惟公体道渊塞，风格峻远，履信基仁，自家形国，宝运勃兴，地隆鲁卫，茂册徒然，神猷永戢，今幽埏蹔启，褰帷虚陈，皇情深孔怀之悲，缙绅仰人百之恸，爰诏司事，式改明旌，乃作铭曰。

惟山峻极，群峰以构，惟海泱泱，百流是凑，赫矣皇业，昭哉洪冑，布叶分□，如彼列宿，恭惟茂德，英明在躬，该兹学行，穆是清风，令问不已，羽仪克隆，若林之蔚，若川之冲。资□以冥，乘心而蹈，立人之美，亦符前诰，泰靡革情，约不移操，莫觌其涯，莫窥其奥。爰初理翰，振藻腾光，出高蕃采，入映华坊，且文且会，焕彼周行，言贰河辅，绰有余芳。关候未息，乱绳宜理，作守汉滨，威怀斯俟，既弭烽□，又清狱市，树绩来归，复游衡里。

案齐明帝建武元年十月以后，讫于建武四年八月，敷未服官，故云复游衡里。

□云与善，遥塗始半，儵萃繁霜，遽捐华馆，岁时荏苒，松阴行□，□□□飞，典章有烂。姬公□制，祔礼载□，幽扃斯启，客物蹔陈，穷深□□，于焉反真，我皇□□，□德攸新，俾诸来叶，永鉴清尘。（严可均《全梁文》卷五十引碑拓本。）

梁故永阳敬太妃墓志铭

尚书右仆射太子詹事臣徐勉奉敕撰

宋王厚之《复斋碑录》云，梁永阳昭王敬太妃墓志铭，徐勉奉敕撰。细书无姓名，普通元年十一月九日己卯薨。（《宝刻丛编》卷十五引。）

宋张敦颐《六朝事迹编类》云，梁永阳敬太妃墓志铭，徐勉造，在清风乡路傍。（卷十四。）

清赵之谦《补寰宇访碑录》云，永阳敬太妃王氏墓志，正书，徐勉文，普通元年十一月二十八日戊戌，石久佚，江苏吴县潘氏藏初拓孤本。

永阳大太妃王氏，琅邪临沂人也。其先周灵王之后，自秦汉逮于晋宋，世载光囗，羽仪相属，既以备于前志，故可得而略焉。祖粹，给事黄门侍郎，父俨，左将军司马，寻阳内史。并见称时辈。

《齐书·王奂传》，奂，琅邪临沂人。祖僧朗，宋左光禄，仪同，父粹，黄门郎。奂弟仙女，为长沙王晃妃。《梁书·王份传》，份字季文，祖续明，宋开府仪同三司，元公。父粹，黄门侍郎。份兄奂。《南史·王奂传》，奂父粹，字景深，位黄门侍郎。据此则永阳太妃之祖粹，字景深，官黄门侍郎。弟或，字景文，《宋书》有传。粹子曰奂曰份曰仙。独太妃之父俨，不见于史，可补史阙。粹父《宋书》《齐书》皆作僧朗，《梁书》作续明，盖其字也。《宋书·王景文传》，（本名或，与明帝同讳，故以字行，即粹之弟。）祖穆，临海太守，父僧朗，元嘉中，为侍中，湘州刺史，大明末，为尚书左仆射，太宗初，以后父（宋明恭王皇后父）为特进左光禄大夫，又进开府仪同三司，固让，乃加侍中特进，薨，追赠开府，谥曰元公，此永阳太妃之曾祖，穆为其高祖。穆父劭，司徒左长史，丹阳尹。劭父导，晋丞相。皆见《晋书》。本墓志谓备于前志，可得而略，即谓此也。永阳太妃之从父份，仕梁，位侍中，特进左光禄，监丹阳尹。份子琳，尚武帝妹义兴公主。琳子铨，尚武帝女永嘉公主。铨子溥，尚简文帝女余姚公主。均见《南史·王份传》，萧氏与王氏姻戚关系如此，太妃又为帝嫂，故特蒙尊崇焉。

太妃体中和之气，禀华宗之烈，蹈此温恭，表兹淑慎，孝敬资于冥发，仁爱囗于自然，至于四教六训之闲，工言贞婉之德，无待教成，冈（同罔）

不该备，故景行著于中□，淑问显乎言归，作嫔盛德，实光辅佐，亲缝幕之用，躬服瀚之勤，及早世釐（同嫠）居，遗孤载藐。

　　永阳昭王墓志铭，永阳昭王以齐建武四年八月六日薨，春秋三十有七，子伯游。

提携抚育，逮乎成备，断织之训既明，闺门之礼斯洽，劬劳必尽，曾不移志，用能缉睦于中外，亦以弘济乎艰难，虽鲁姜之勤节，曹妃之敬让，方之蔑如也。皇业有造，殷忧启圣，追惟鲁卫，建国永阳。

　　《梁书·永阳嗣王伯游传》，天监元年夏四月，追封齐后军谘议敷为永阳郡王。

恭王纂嗣，蕃号式显，遁拜为太妃，策曰，维天监二年六月甲午朔十日癸卯，皇帝遣宗室员外散骑侍郎持节兼散骑常侍萧敬宝，策命永阳王母王氏为国太妃，曰，于戏，惟尔茂德内湛，粹范外昭，国序凝芬，蕃庭仰训，是用式遵旧典，载章徽服，往钦哉，肃兹休烈，可不慎欤，备褕填之华，而降心弥约，居千乘之贵，而处物愈厚，既而恭王不永。

　　《梁书·永阳嗣王伯游传》，伯游字士仁。高祖次兄敷之子，美风神。善言玄理，天监元年四月，诏曰，兄子伯游，虽年识未弘，意尚粗可，浙东奥区，宜须抚莅，可督会稽东阳新安永嘉临海五郡诸军事，辅国将军，会稽太守，袭封永阳郡王。五年薨，时年二十三，谥曰恭。

礼从□□，训导嗣孙，载光荣祉，年高事重，志义方隆，宜永绥福履，而奄夺鸿庆，以普通元年十月廿三日遘疾，十一月九日己卯薨于第，春秋五十有九，诏曰，永阳大太妃奄至薨逝，哀摧切割，不能自胜，便出叙哀，可给东园秘器，丧事所须，随由官给，祖行有辰，式宏茂典。又诏曰，故永阳大太妃礼数有殊，德行惟光，训范蕃嗣，式盛母仪。即远戒期，悲怀抽割，可详典故，以隆嘉谥，礼也。

　　案太妃谥敬，必尚有一诏文，惜未叙入。

粤其月廿八日戊戌，附瘗于琅邪临沂县长干里黄鹄山。

案此墓志铭出于清风乡路傍，永阳昭王墓志铭亦出于清风乡居民井侧。而长干里则有大长干小长干东长干。与今雨花台相近，不知其葬究在何处，待考。

用宣风烈，以昭弗朽。迺为铭曰，

清澜悠邈，其仪尚矣。龙光叠照，风流卅祀。猗欤冈匮，于昭不已，诞资仁淑，作嫔君子。幽闲表操，明德自躬，推厚处薄，秉默居冲，参差采芼，撑瞙言工，鉴昭彤管，识懋休风。凝芬载湛，芳猷允塞，徙舍为训，止闾成则，曹号母仪，岂伊妇德，穆兹闺闱，形（同型）于邦国。龙飞集运，礼数攸钟，宪章盛典，车服有容，泰而愈约，贵则弥恭。蕃祉方茂，纂嗣克重，巾帨差池，朝夕咸事，虽日任傅，永请斯备，是惟仁姑，厥德可庇，恂恂济济，兰芬琼秘。光阴易晚，祺福难留，闺仪罢暎，榆华奄收，奠迁朱邸，驾诣行楸，芳□是勒，大□方攸。（严可均《全梁文》卷五十引碑拓本，黄本骥《古志石华》卷一引《古刻丛钞》。）

梁故侍中新渝侯墓志铭

梁元帝撰

宋王厚之《复斋碑录》云，梁故侍中仁威将军新渝宽侯之神道，（《宝刻丛编》卷十五引。）今此神道尚存在栖霞山西北董家边。希祖案《南史·始兴忠武王憺传》，憺子亮，暎，晔，暎字文明，普通二年，封广信具侯，改封新渝具侯，后为广州刺史，卒官。谥曰宽侯，侍中仁威将军，二官史不载，此墓志铭载于唐欧阳询《艺文类聚》，非全文，姑录于此。

爰始降神，诞兹初载，方琮有烛，圆珠无纇，义若联璟，文同藻绘，

《南史》暎年十二，为国子生。《梁书·始兴忠武王憺传》，天监九年，迁益州刺史，开立学校，劝课就业，遣子暎亲受经焉，由是多向方者。《南史》天监十七年，诏诸生□策宗室可否，帝知暎聪解，特令问策，又□对并见奇，谓祭酒袁昂曰，吾家千里驹也。又暎为吴

兴太守，中大通三年，野谷生武康凡二十二处，自此丰穰，暎制《嘉谷颂》以闻，中诏称美。又暎弟《晔传》，简文入居监抚，晔献《储德颂》，特被简文友爱，与新渝建安南浦并预密晏，号东宫四友。

三分竹使，再徙建旟，

据《南史》暎起家淮南太守，又为吴兴太守，此云三分竹使，当又为他郡太守，史失载也。《南史》又称暎为北徐州刺史，后为广州刺史，是再徙建旟也。

朱幡自举，白鹿随车，武实咸边，文能怀远，

《南史》，普通中，暎北侵，攻穰城。《陈书·高祖本纪》，大同初，新渝侯萧暎为吴兴太守，甚重高祖，及暎为广州刺史，高祖为中直兵参军，随府之镇，暎令高祖招集士马，众至千人，仍命高祖监宋隆郡。所部安化二县，元不宾，高祖讨平之，寻监西江督护，高要郡守。先是，武林侯萧谘为交州刺史，以衰刻失众心，土人李贲连结数州豪杰同时反。台遣高州刺史孙冏，新州刺史卢子雄，将兵击之。冏等不时进，皆于广州伏诛，子雄弟子略与冏子侄及其主帅杜天合杜僧明，共举兵，执南江督护沈颢，进寇广州，昼夜苦攻，州中震恐，高祖率精兵三千。卷甲兼行以救之，频战屡捷，天合中流矢死，贼众大溃，僧明遂降。《建康实录》卷十九，谓是岁梁大同十年。

乍歌去速，时谣来晚，昔我往矣，千驷连辀，今兹旋旆，双雁随舟。

《陈书·高祖本纪》，其年冬，萧暎卒，高祖送丧还都，至大庾岭。山回素旐，水导丹旐，寂寥原野，摇落徂秋。（《艺文类聚》四十八。）

天禄辟邪考

朱希祖

东汉及六朝陵墓,其有翼石兽,总名桃拔者;或称天禄辟邪,如欧阳修《集古录》,汉宗资墓在邓州南阳界中,墓前有二石兽,刻其膊上,一曰天禄,一曰辟邪,是也;或总称辟邪,如《建康实录》梁中大同元年,曲阿县(今丹阳)建陵(梁文帝陵)隧口石辟邪起舞(《梁书·武帝本纪》作石麒麟,乃从俗称,故《建康实录》改称辟邪)是也;或称麒麟,如宋武帝初宁陵,人以为有石麒麟,而称其地为麒麟门麒麟铺是也;又称狮子,如陈文帝永宁陵,人以为有石狮子,而称其地为狮子冲,齐宣帝永安陵,亦以为有石狮子,而称其地为狮子湾是也。余按天禄辟邪,乃核实之专名,麒麟狮子,乃循俗之通称,今分别释之如下:

何以谓麒麟乃循俗之通称也。曰麟本作麢,《说文》云,麢牡麒也,麟大牝鹿也,其后二字通用,《广雅》云,牡曰麒,牝曰麟是也。《尔雅》云,麟麢身牛尾一角,郭璞曰,麒似麟而无角。据此,则麒牡而无角,麟牝而一角。今观东汉六朝陵墓石兽,有二角者,有一角者,有无角者,其一角者亦皆牡,而麒麟又无两角者,此非麒麟之证一也。《汉书·终军传》,从上幸雍,祠五畤,获白麟,一角,五蹄,师古曰,每一足有五蹄。《初学记》卷三十九引晋何法盛《中兴征祥记》,麟,麢身,牛尾,狼头,一角,黄色,马足也。又引西凉武昭王《麒麟颂》曰,一角圆蹄。麟尾既若牛尾,则其尾比例细而短,今齐武帝景安陵梁武帝修陵梁南康王萧绩墓，其石兽之尾，皆比例粗而长，且有盘旋于地者，与《汉书·西域传》桃拔孟康注鹿身长尾说合，此非麒麟之证二也。曰五蹄，曰马足，曰圆蹄，明麒麟必圆蹄而无爪，今梁安成王萧秀墓之无角石兽，有五爪，梁武帝修陵二角石兽，亦有五爪。皆非蹄类，按之今动物学，蹄类皆食草兽，爪类皆食肉兽，《说文》，麒麟，仁兽也，《广雅》云，麒麟不履生虫，则其为食草兽可知，今观陵墓前之石兽，皆张牙而有爪，有猛噬之形，故置之墓前，欲其守卫，此又非麒麟之明证也。

何以谓狮子亦循俗通称也。案狮子古但作师子，《汉书·西域传》乌弋山离国（在今波斯）有桃拔师子，孟康注曰，师子似虎，正黄，有颊而乡，尾端茸毛大如斗，师古曰，师子，即《尔雅》所谓狻猊也，形亦颊旁毛，《说文》，彪，师子也，据此，桃拔师子，皆外来译名，师子，中国本名彪及狻猊，其形之异于他兽者，以颊旁有颙髵，及尾端茸毛大如斗也。今观陵墓前石兽，颊旁既无特异之颙髵，尾端又无茸毛大如斗者，此非师子之明证也。

然则天禄辟邪之称，何以谓之核实专名乎。曰《汉书·西域传》云，乌弋山离国有桃拔师子，注孟康曰，桃拔一名符拔，似鹿长尾，一角者或为天禄，两角者或为辟邪。《后汉书·章帝纪》，章和元年，月氏国遣使献扶拔师子；《和帝纪》，章和二年，安息国遣使献师子扶拔；《班超传》，月氏贡符拔师子，注引《续汉书》曰，符拔形似麟而无角。前汉称桃拔，后汉称符拔，或作扶拔，孟康三国时人，故云桃拔一名符拔，明桃拔符拔名虽不同，且有有角无角之殊，然其种则一也。桃拔来自乌弋山离，符拔来自月氏安息，桃拔有角，符拔无角，桃拔之一角者，汉别名曰天禄，两角者，汉别名曰辟邪，总称曰桃拔：无角者汉未有别名，盖仍称符拔也。征之汉代实物，汉南阳宗资宋均等墓，均有石天禄辟邪。

宋欧阳修《集古录跋尾》云，汉天禄辟邪四字，在宗资墓前石兽髆上，按《后汉书》，宗资，南阳安众人也，（希祖案《后汉书》无宗资传，惟《党锢传》注，称资安众人。）今墓在邓州南阳界中，墓前有二石兽，刻其膊上，一曰天禄，一曰辟邪，（卷三。）案欧阳氏不言天禄辟邪一角二角之别，尚不能证明孟康之说也。明南阳知府杨应奎《重镌汉宗资墓石兽膊字记》云，余素知汉天禄辟邪字，在南阳境中，嘉靖丙戌秋九月，调守是郡，间行北郭外三里许，有冢巍然，面南，隔路有石兽，左者欹侧卧，去其四足，右则折缺中半，埋之土中。几不可见，问之土人。曰，是汉宗资墓前石兽也，因令仆夫起而筑之，细寻其字，无有也。又云，《一统志》云，宋均墓在南阳县东北古城内，有二兽，左刻天禄，右刻辟邪，左刻为雷所轰。又云，城西五里，俗名麒麟冈者，大冢前亦有二石兽，形状相类。（见《光绪南阳县志》卷十。）希祖案据杨记则南阳汉墓前天禄辟邪，实有三处。《嘉庆一统志》，南阳府宗资墓条云，沈存中《笔谈》，今南阳县北，宗资碑旁两石兽，镌其膊，一曰天禄，一曰辟邪，而《一统志》云，宋均墓在南阳县东北古城内，有二兽。左刻天禄，右刻辟邪，论地则皆南阳，按方俱在东北，两存之以俟考。希祖案沈存中《笔谈》言宗资墓在南阳县北，《明一统志》言宋均墓在南阳县东北，方位不同，《嘉庆一统志》乃云，按方俱在东北，并为一谈，误矣。余友人董君作宾由南阳友人摄影二石兽寄示，则皆有二角者，见图（88）、（89）、（90）、（91），其一标明宗资墓，窃谓此为宋均墓前之辟邪，故有二角，非宗资墓前之辟邪也。其无标题之二角石兽，盖为南阳西门外五里俗名麒麟冈之辟邪，亦非宗资墓前之辟邪也。何以明之，杨记明言宗资墓右兽折缺中半，右为辟邪，今摄影之宗资墓二角石兽，并不折缺中半，而宋均墓则左天禄为雷所轰，右辟邪则无恙也，此一证也。元陆友《研北杂志》云，南阳宗资墓旁石兽膊上有刻字，曰天禄辟邪，鲜于伯机少时，曾至其地，亲见西门北门，各有二石兽，但北门外者，去宗资墓不远，大军围襄阳，时士卒多病虐，模天禄二字，焚而吞之，即愈，人以为异，然辟邪已亡矣。案元鲜于伯机所见宗资墓前辟邪，虽云已亡，其实不过折缺中半，埋之土中，几不可见，故云已亡也，与明杨应奎所见合，此二证也。然则二角为辟邪，此说于汉实物已有证矣。宋沈括《梦溪笔谈》云，至和中，交趾献麟如牛而大，通身皆大鳞，首有一角，考之记传，与麟不类，当时有谓之山犀者，然犀不言有鳞，莫知其的，诏欲谓之麟，则虑夷獠见欺，不谓之麟，未有以质之，止谓之异兽，最为慎重有体。今以予观之，殆天禄也，按《汉书》灵帝中平三年，铸天禄虾蟆于平津门外，注云，天禄兽名，今邓州南阳县北，宗资碑旁两兽镌其膊，一曰天禄，一曰辟邪，元丰中，予过邓境，闻此石兽尚在，使人墨其所刻天禄辟邪字观之，似篆似隶，其兽有角鬣，大鳞如手掌，南丰曾阜为南阳令，题宗资碑阴云，二兽膊之所刻独在，制作精巧，高七八尺，尾鬣皆鳞甲，莫知何象而名此也，今详其形，甚类交趾所献异兽。知其必天禄也。（卷二十一。）沈氏于元丰中，亲至邓，见其兽有角鬣。大鳞如手掌，且使人墨其所刻天禄辟邪字，而断定一角为天禄。则宗墓之天禄。必一角也。然则一角为天禄，此说于汉实物亦有证矣。

天禄与天鹿有异，《古玉图谱》册三十四，有唐玉小玺，文曰贞观御府，天鹿纽，两角，角各三歧，身有梅花纹，足有五爪，而图谱称为天禄。又有小玺，文曰福禄攸同，旁刻大唐麐德元年御篆，（唐高宗。）鹿纽，两角，角各五歧，身有梅花纹，足有双蹄，《图谱》称为角鹿纽。其实二者皆鹿也，唐代工人，已不遵高曾之规矩，随意雕刻，二者皆为梅花鹿，而贞观小玺，竟妄改鹿蹄为爪，若仿刻天禄，则当为一角，高宗鹿纽玺改爪为蹄，乃合物形，自贞观后，天禄与天鹿混淆。清刘宝楠《汉石例》卷三，石兽刻字例，谓《图谱》载大鹿，有两角三角之异，两角即辟邪，而名天鹿，是天鹿辟邪通称也，变鹿为禄者，鹿与禄古字通，且取其吉也。希祖案刘氏之说甚谬，《图谱》载大鹿皆系两角，角有三歧者，有五歧者，至宋且有六歧者，刘氏竟误认三歧为三角，一谬也；天鹿与天禄本有别，《水经注·汳水篇》，汉熹平中，某君隧前有师子天鹿，又《沔水篇》，蔡瑁冢前刻石为大鹿，状甚大，头高九尺，据此，天鹿即大鹿也犹汉称大宛马为天马，皆表其与寻常之鹿马，较庞大而特异，故加天字以旌异之。天鹿之形，与天禄实有异，自唐以来，天禄与天鹿始不分，刘君又附会之，以为鹿与禄古字通，又云，变鹿为禄者，取其吉也，若然，则汉必先有天鹿，后有天禄，征之故书，武帝以前，不见有天鹿之记载，而天禄之名，则见于《后汉书》，况天鹿与天禄，其角与足皆不同乎，其谬二也。《古玉图谱》册四十七，有天鹿承辕，侧面图一目一角，则其全形必二目二角，此不误也，而谓为三代之物，盖侈言耳。又册七十三，有古玉天禄书镇，谓为汉代器，二角，足有爪，此与贞观小玺同其谬误，且加以狮尾，不伦不类，盖唐以后无知俗工，以意为之，未尝见天禄真形，宋人不学。妄题以天禄字，此误之又误者也。《古玉图谱》麟与天禄，亦不能分别，册二十五载古玉麐符，一角，有爪，此乃真天禄，而妄题曰麐，此亦不可不辩也。昔人称宋龙大渊《古玉图谱》百册，系伪书，窃谓宋人考古不精，非大渊一人然也，真伪奚足辨哉。

辟邪二角，与无角之符拔亦异，《古玉图谱》册三十三有汉玉小玺，文曰，永昌，辟邪纽，两角，足有爪，又册七十二，有古玉辟邪水注，云汉器，亦两角，足有爪，此不误也。而册七十三有古玉辟邪书镇，无角，而有爪，此盖符拔，而云辟邪，误矣。宋王黼《宣和博古图录》卷十五，有周辟邪钟六，皆辟邪为钮，说云，右六钟皆设辟邪以为钮，制作与《周官》所载不同，下注云，凡钟饰以辟邪皆汉物，盖为后人附注，王黼原题皆云周钟也，又同卷有汉辟邪钟二，又卷二十七有周辟邪车辂托辕二，谛视之，则似有一角者，有两角者，有无角者，然皆不甚分明，夫辟邪始见于汉武帝时西域乌弋山离国，其称为周物，已为后人所疑，况辟邪二角，此有一角，有无角者。何以混名辟邪乎？而刘宝楠《汉石例》卷三，石兽刊字例，谓《博古图》载周辟邪钟凡六，其第三钟两辟邪，左右像各露一角。希祖案第三第四钟两辟邪顶，均似仅有一角。刘氏又云，第五背面像各有二角，希祖案第五系侧面见一眼，不见有角。刘氏又云，又车辂托辕凡二，一左面，一右面，各露一角，希祖案不见有角，似角者系毛纹。刘氏又云，汉辟邪钟二，并露两角，希祖案汉第一钟，辟邪侧面各具一角，则全部有两角也，第二钟实无角。刘氏既不知周无辟邪，而辨别一角二角，又不谛审，其为例之不精，同当别论，而受宋人之愚，竟混称一角二角无角者，皆曰辟邪，吾故曰，宋人考古之不精，非独龙大渊一人已也，虽然，唐许嵩《建康实录》，已混称梁文帝建陵天禄辟邪为辟邪，又何怪乎宋人哉。

天禄辟邪入汉后，先范铜置于殿阁宫苑前，以壮观瞻者，厥惟天禄。

《汉书·扬雄传》，王莽时，雄校书天禄阁。

《后汉书·灵帝纪》，中平三年二月，复修玉堂殿，铸铜人四，黄钟四，及天禄虾蟆。注，天禄，兽也。时使掖庭令毕岚，铸铜人列于苍龙玄武阙外，钟悬于玉堂及云台殿前，天禄虾蟆吐水于平门外。汉有天禄阁，亦因兽以立名。

《后汉书·宦者张让传》云，使钩盾令宋典缮修南宫玉堂，又使掖庭令毕岚铸铜人四，列于苍龙玄武阙，又铸四钟，皆受二千斛，悬于玉堂及云台殿前，又铸天禄虾蟆，吐水于平门外桥东，转水入宫；又作翻车渴乌，（注，翻车，设机车以引水，渴乌，为曲筒，以气引水上也。）施于桥西，用洒南北郊路，以省百姓洒道之费。

希祖案，永平中既范铜以铸天禄，置南宫平门外，则西汉之天禄阁，盖亦铸天禄于阁前，故谓之天禄阁也。班同《两都赋序》，至于武宣之世，内设金马石渠之署，注，《史记》曰，金马门者，宦者署，门傍有铜马。（《后汉书·马援传》，孝武皇帝时，善相马者东门京，铸作铜马法献之，有诏立马于鲁班门外，则更名鲁班门曰金马门。）又《西都赋》云，立金人于端闱，注，《史记》曰，秦始皇大收天下兵器，聚之咸阳，销以为钟鐻，铸金人十二，重各千斤，置宫中，时范铜以铸人兽之风已盛，故天禄阁范铜为天禄，如东汉南宫平门外所列者，决非臆测之谈。《禁扁》丙谓前汉有宣室玉堂曾盘麒麟天禄石渠六阁，在未央，而麒麟下注云，武帝获麟，作此阁，疑麒麟阁亦范铜以铸麒麟也。班固《西都赋》云，天禄石渠，典籍之府，《汉书·艺文志》云，武帝始建藏书之策，是建阁藏书，始于武帝，武帝获麟，作麒麟阁，武帝得天禄辟邪，作天禄阁，以藏典籍，转辗考较，足以推见。至王莽时，杨雄校书天禄阁，此天禄阁盖非王莽始建也。今本《三辅黄图》引《汉宫殿疏》云，天禄麒麟阁，萧何造，以藏秘书处贤才，此则失之太早，（今本《三辅黄图》六卷，及所引《汉宫殿疏》，皆唐以后人撰，多臆说不足信，余别有致滕君固书，详论其说之非，文多此不赘引。）班固言至于武宣之世，内没金马石渠之署，石渠建于武宣之世，已有明文，而未央宫中有六阁，麒麟天禄石渠，盖皆武帝时造，作《汉宫殿疏》者，但知未央宫为萧何造，遂以未央宫中六阁，亦皆为何造，其谬殊甚。盖武帝以前尚无天禄也。

东汉时始以石造天禄辟邪置于墓前。

  北魏郦道元《水经注。溃水篇》，溃水南有汉中常侍长乐太仆吉成侯州苞冢，冢前有碑，基西枕冈，城开四门，门有两石兽，坟倾墓毁，碑兽沦移，人有掘出一兽，犹全不破，甚高壮，头去地减一丈许，制作甚工，左膊上刻作辟邪字。（卷三十一。）

宋赵明诚《金石录》，郦道元注《水经》云，州君墓有两石兽已沦没，人有掘出一兽，犹不全破，甚高壮，头去地丈许，制作甚工，右膊上刻作辟邪字。余初得州君墓碑，又览《水经》所载，意此字犹存，会故人董之明守官汝颍间，因托访求之，逾年特以见寄，其一辟邪，道元所见也，其一乃天禄，字差大，皆完好可喜，之明又云，天禄近岁为村民所毁，辟邪虽存，然字画已残阙难辨。（卷十五。）

希祖案《道光宝丰县志》，邑人李海《观辟邪歌》云，溃水南岸犨城北，巨冢突兀列二三四，蒙茸青草供牧刍，墓门哪觅碑牌字。桑经郦注说吉苞，大长秋官汉阉寺，余有三冢概无闻，土呼将军昧所自，四冢各蹲辟邪一，风雨剥蚀野火爇，吁嗟乎辟邪之兽产何宇，称者每与天禄伍，村人不识奇兽状，翼者称鸡股称虎，（卷十五。）据此，则滍水南天禄辟邪不止一对，盖原有四对，《水经注》言州苞墓城开四门，门有两石兽，疑各门皆有两石兽也（《汉书·张汤传》，调茂陵尉，治方中，注如淳曰，汉注，陵方中，用地一顷，深十二丈，《皇览》曰，汉家之葬，方中百步外，穿为方城，开四门，容大车六马。据此，则州苞阉人，乃僭用天子陵制，方城开四门也。）李氏歌误以四门为四冢耳。道元仅见辟邪一，赵明诚又得天禄一。字差大，明非与道元所见辟邪相配。盖是别一门之天禄，后为村民所毁。李氏作《辟邪歌》时，又多两辟邪，盖又出土三兽，其中或有天禄，亦未可知，李氏混称为辟邪，因见《水经注》仅有辟邪也，将来拟至宝丰一验，以释此疑。又南阳亦有汉墓三，各有天禄辟邪。

　　唐李贤《后汉书注》，今邓州南阳县北有宗资碑，旁有两石兽，镌其膊，一曰天禄，一曰辟邪。（卷八《灵帝纪》中平三年下。）
　　希祖案宋欧阳修《集古录》，沈括《梦溪笔谈》，皆言汉宗资墓有天禄辟邪，已见上引。明南阳知府杨应奎《重镌汉宗资墓石兽膊字记》，引《明一统志》，汉（宋均墓宋均《后汉书》卷七十一有传，南阳安众人）在南阳县东北，亦有天禄辟邪，又云，城西五里大冢，亦有二石兽，元鲜于伯机亦亲见西门北门各有二石兽，见《研北杂志》，均已见上引。然则汉墓之有天禄辟邪者，就今日所知，南阳有三对，宝丰有四对，其他必尚有之，深愿海内考古之人，共同搜索而研究之也。

汉墓天禄辟邪，均有翼，说者谓此种雕刻，出自波斯。余案天禄辟邪，总名桃拔，《汉书·西域传》谓乌弋山离国有桃拔，王先谦《汉书补注》，谓《后书·德若传》下云，乌弋山离国，地方数千里，时改名排特，《西域图考》云，在今波斯国南境给尔满，法尔斯，古尔斯丹，剌郡，四部地。据此，则桃拔出于波斯，系指当时生物，非指雕刻之桃拔，当时生物，未必有翼，汉墓雕刻者乃有翼，是否亦出于波斯，尚属可疑。张璜《梁代陵墓考》附图十五，有四川雅州之石飞虎，云是汉墓前石兽，与汉墓天禄辟邪雕刻之翼不同，说者亦谓出于波斯。希祖案《后汉书·翟酺传》，虎翼一奋，卒不可制，李贤注云，《韩诗外传》曰，无为虎傅翼，将飞入邑，择人而食。又案《周书》亦云，无为虎傅翼，将飞入宫，择人而食。《周书》《韩诗外传》，均见于《汉书·艺文志》，虎翼之语，其来甚古，必在汉武帝通西域以前，屈原《离骚》云，为余驾飞龙兮，又《湘君》云，驾飞龙兮北征，《易·乾卦》亦有飞龙在天之语。猛兽傅翼，本皆出于神话，未必实有其物，中国神话俗语中，既有龙虎能飞有翼之语，则形之雕刻，亦非必无之事。试观《山海经》为中国古代神话荟萃之书，其中有翼能飞之兽甚多，如

　　耿山有兽焉，其状如狐而鱼翼，其名曰朱獳。（《东山经》。）

希祖案鱼翼者，其翼本有鳞，与天禄辟邪翼本有鳞，其渊源可溯焉。又姑逢之山有兽焉，其状如狐而有翼。其名曰撇撇。（《东山经》。）

　　崦嵫之山有兽焉，其状马身而鸟翼，人面蛇尾，名曰孰湖。（《西山经》。）

　　马成之山有兽焉，其状如白犬而黑头，见人则飞，其名曰天马。（《北山经》。）

　　天池之山有兽焉，其状如兔而鼠首，以其背飞，其名曰飞鼠。（《北山经》。）

　　穷奇，状如虎有翼。（《海内北经》。）

希祖案《左传》季文子亦言浑沌穷奇梼杌饕餮四兽，则穷奇等有翼兽，其神话流传久矣。

《山海经》更有人而有翼者，如

　　讙头国人，人面有翼鸟喙。（《海外南经》。）

　　张弘之国有人焉，鸟喙有翼。（《大荒东经》。）

　　大荒之中有人焉，名曰驩头，人面鸟喙，有翼。（《大荒东经》。）

西北海外黑水之北有人，有翼，名曰苗民。（《大荒北经》。）

希祖案《左传》宣公三年，楚子观兵于周疆，定王使王孙满劳楚子，楚子问鼎之大小轻重焉。对曰，在德不在鼎，昔夏之方有德也，远方图物，（杜预注，图画山川奇异之物而献之。）贡金九枚，铸鼎象物，（注云，象所图物，铸之于鼎。）百物而为之备。桀有昏德，鼎迁于商，载祀六百，商纣暴虐，鼎迁于周，成王定鼎于郏鄏，（注云，今河南也。）卜世三十，卜年七百，鼎之轻重，未可问也。（卷十。）说者谓禹铸九鼎，雕刻远方所图山川奇异之物，其后《山海经》所有怪物，即本此鼎上所图者，（证见毕沅《山海经序》。）余谓九鼎为禹所铸，或为王孙满之侈言，然东周有九鼎，为国重宝，鼎铸奇异之怪物，此皆必有之事。王孙满对楚子，于鼎之历史，或可夸张而臆造，于鼎之形象，不能幻构而面欺也。《史记·周本纪》，威烈王二十三年，九鼎震，周赧王五十九年，周亡，秦取九鼎宝器。《秦本纪》，昭王五十二年，周民东亡，其器九鼎入秦。当七国时，各国争欲得周九鼎，以承周统，其事见于《战国策》及《史记》，兹不备举。九鼎既为国宝，战国或秦之人，必有一睹其形状，著书以传世者，于是《禹本纪》《山海经》等书，即出于斯时。（汉王充《论衡》，禹益并治洪水，禹主治水，益主记异物，海外山表，无远不至，以所见闻，作《山海经》，此虽不足信，然《山海经》所记，与禹有关，故与《禹本纪》同源。）《史记·大宛列传》，太史公曰，《禹本纪》《山海经》所有怪物，余不敢言之，盖怪物属于神话，与作史本不相容焉，《山海经》既出于鼎上图厕雕刻，则亦非图不明，于是有古图，晋郭璞注《山海经》，而云图亦作牛形，又云，在畏兽画中，其后又作图赞，晋陶潜《读山海经》诗，亦云，流观《山海图》，是古图必出于晋以前矣。梁张僧繇有《山海经图》十卷，见《宋中兴书目》，此种怪物之图，转辗相传，其源皆出于鼎象，其流乃见于周代铜器之有翼兽（如《蔡元培先生六十五岁庆祝论文集》中徐中舒《古代狩猎图考》所举杕氏壶有翼兽）以及汉武梁祠石刻之飞龙飞马，汉宗资宋均高颐等墓之有翼石兽，《山海经》有翼兽等怪物，司马迁虽不敢言，然季文子穷奇之喻，《史记·五帝本纪》亦载之，是亦出于汉武帝通西域以前，余故谓汉墓石兽雕刻鳞翼，是吾国固有之遗风，抑外国传来之新范，尚未可遽定者也。

六朝陵寝，亦有以石造天禄辟邪，雕刻膊翼，置于陵之左右者，而王公之墓，其石兽与陵寝略同，惟均无角，则所谓符拔也。其详见于余所撰《六朝陵墓调查报告书》。

天禄辟邪，汉代皆施于臣下之墓，六朝始用于皇帝之陵，《水经注》，光武隧道有象马，梁任昉《述异记》，邺中铜驼乡魏武帝陵下，铜驼石犬各二，则东汉及魏帝王陵寝，尚无有所谓天禄辟邪也。

汉墓天禄辟邪，宋均墓则左刻天禄，右刻辟邪见。（《明一统志》。）宗资墓亦左曰天禄，右曰辟邪。（见《光绪南阳县志》卷十。）六朝之陵则反是，余长子傻所撰《六朝陵墓总说》（见上）云：

> 六朝帝王陵寝，其前左右，皆列石兽，左者双角，右者独角，如宋武帝初宁陵，右兽角已剥落，但视其痕迹，显系独角。宋文帝长宁陵（余考为陈文帝永宁陵）右兽尚完好，为独角。齐宣帝永安陵，东北向经山，其右亦为独角，齐景帝修安陵，左兽双角，右兽独角。梁武帝修陵，仅余左兽，双角。齐明帝兴安陵，仅余右兽，独角。

由此观之，六朝之陵，皆左为二角之辟邪，右为一角之天禄，其位置确然甚明，惟汉墓天禄辟邪文字，有为后人重刻者，其重刻时原文已不清晰，其有淆乱，亦未可知，非经实验，盖未能作为定例也。

一角为天禄，二角为辟邪，总名桃拔，其无角者名符拔，或作扶拔，与桃拔同类，此正名也。然余所撰《六朝陵墓报告书》，仍称天禄辟邪总名桃拔者曰麒麟，称无角之符拔曰辟邪，仍从通俗之称也。盖自齐梁唐宋以来，其名已乱，如萧子显《齐书·豫章文献王嶷传》，称宋文帝长宁陵之天禄辟邪曰麒麟，《梁书·武帝本纪》中大同元年，称梁文帝建陵之天禄辟邪曰石麒麟，宋王黼《宣和博古图》，龙大渊《淳熙古玉图》，皆称无角之符拔曰辟邪，余作此篇时，《报告书》已缮成，既惮追改，又虑骇俗，故存其旧称于彼，而著其正名于此，世之君子，幸匡正焉。中华民国二十四年六月五日，作于南京青溪。

神道碑碣考

朱希祖

　　江南六朝陵墓，有碑焉，有石柱焉，同一碑而或称为碑，或称为碣，同一石柱而或称为神道，或称为阙，或称为表，或称为标，或称为华表，名称不一，源流莫明，其实碑与碣二类而已，作《神道碑碣考》以正之。

　　江南六朝陵墓惟梁一代尚存碑与石柱，余皆不存，今立表如下：

陵　墓	碑四		石柱（十一　尚有三无文字）	
梁文帝建陵			太祖文皇帝之神道	左右
梁临川王萧宏墓	碑存　文以漫灭	左	梁故 假黄钺侍中大将军扬州牧临川靖惠王之神通	左右
梁安成王萧秀墓	梁故散骑侍司空安程康王之碑	左右	右石柱存　仅存故散二字反文	右
梁始兴王萧憺墓	梁故 侍中司徒骠骑将军始兴忠武之碑	左		
梁无平候萧景墓			梁故 侍中抚军将军开府同三司吴平忠候萧神道	右
梁南康候萧景墓			梁故 侍中中军将军开府仪同三司南康简王之神道	左右
梁建安候萧正立墓			梁故 侍中左卫将军建安敏候之神道	左右

陵　墓	碑四	石柱（十一　尚有三无文字）
梁新渝候萧暎墓		梁故侍中仁威将军新渝宽候之神道

《隋书·礼仪志》云，梁天监六年，申明葬制，凡墓不得造石人兽碑，唯听作石柱记名位而已。

上表以碑与石柱标题，遵梁制也。

神　道

《后汉书·光武十王传》，中山简王焉薨，诏大为修冢茔，开神道，唐李贤注，墓前开道建石柱以为标，谓之神道。

希祖案梁代陵墓左右石柱，皆称某某之神道，即标明陵墓前两柱之间为神道，非石柱称神道也，世俗指石柱为神道者误。周制，天子之墓道称隧道，诸侯以下称羡道。汉郑玄《周礼·冢人》注云，隧，羡道也，唐贾公彦疏云，天子有隧，诸侯以下有羡道，隧道上有负土，羡道上无负土，隧本与羡别，郑云隧羡道者，对称则异，散称则通。

秦汉之制，天子之墓道名羡道，诸侯王以下称神道。《史记·秦始皇本纪》，或言工匠为机藏皆知之，藏重即泄，大事毕，已藏，闭中羡，下外羡门，尽闭工匠藏者，无复出者。唐张守节《正义》，羡，谓冢中神道也。希祖案秦本诸侯，称羡道，仍其名不改，而上有负土，则改从天子之制耳。汉承秦制，《后汉书·礼仪志》云，大鸿胪设九宾，随立陵南羡门道东北面是也。羡道改名神道者，避天子，《汉书·霍光传》，光夫人侈大其茔制，起三幽阙，筑神道，是也。

至梁则天子之陵亦称神道。与诸王公以下通称，梁文帝萧顺之，为梁武帝父，追尊为太祖文皇帝，陵曰建陵，则葬用天子之礼矣，而石柱称太祖文皇帝之神道，与临川王萧宏等墓石柱无异称，且上有负土与上无负土之制，亦未必分，《梁书·武帝本纪》，梁中大同元年，曲阿县建陵隧口石麒麟起舞，今观建陵，石麒麟在普通所称神道各物最前列，而石柱上又明称神道，是其证也，此则南朝偏安江左，陵制从俭，故与臣下无甚分别焉。

神道亦谓之阙

《说文》，阙，门观也，徐云，中央阙而为道，故谓之阙，《广韵》阙在门两旁，中央阙然为道也。

希祖案，阙本门观，中央阙而为道。故谓之阙。因而陵墓石柱中央阙而为道者，亦谓之阙，门观之阙，指宫门御道，石柱之阙，指墓门神道，后世称两旁门观即谓之阙，《古诗十九首》双阙百余尺是也。神道之石柱，亦谓之阙，宋赵明诚《金石录》卷十八，汉冯使君墓阙铭云，故尚书侍郎河南京令豫州幽州刺史冯使君神道，然则阙即神道也，庙阙亦称神道，少室神道石阙铭曰，与治神道是也。阙亦有称墓道者，宋洪适《隶释》，汉故益州太守杨府君讳宗字德仲墓道，《金石录》卷十九，则称此为墓阙是也。综此而观，两石柱称阙，亦称神道，本皆指中央墓道而言，后乃即称石柱为阙为神道者，以其所标者为阙为神道耳，非其本物即为阙为神道，此不可不辨明者也。

本文所称神道，乃指墓道，系虚位而无实物，碑碣乃置于神道两旁者，今碑碣之称，颇多相浑，元潘昂霄《金石例》，诸碑碣：五品以上立碑，螭首龟趺，二品以上，上高不得过一丈二尺，五品以上，上高不得过九尺；七品以上立碣，圭首方趺，上高四尺，（卷一。）此乃后世制度，非其朔也。

《后汉书·窦宪传》，宪登燕然山，刻石，令班固作铭。曰，封神丘兮建隆碣，注，方者谓之碑，圆者谓之碣，碣，碣也，（卷五十三。）《文选·燕然山铭》注，《说文》碣，立石也，竭与碣同。据此，方者谓之碑，圆者谓之碣，则梁代陵墓之石柱，即碣也，今分述之如下：

碑

古者陵墓之碑碣，最初皆以木为之，至后世乃用石。希祖案礼制，碑有三：一为宫庙中庭之碑，一为庠序中庭之碑，皆以石为之；一为下棺之碑，则以木为之。宫庙庠序中庭之碑，此不必论，专论下棺之碑，《礼记·檀弓》，公室视丰碑，三家视桓楹。郑玄注，丰碑，斫大木为之，形如石碑，于椁前后四角树之，穿中于问为鹿卢，下棺以纤绕，天子六纤四碑，前后各重鹿卢也。四植谓之桓，诸侯四纤二碑，碑如桓矣，大夫二纤二碑，士二纤无碑。《礼记·丧大记》，君葬，用輴，四绰二碑，大夫葬，用輴，二绰二碑，士二绰无碑，此郑氏之所本，是下棺之碑用木之证也。

刘熙《释名》，碑者，被也，此本葬时所设也，施辘轳以绳被其上，引以下棺也，臣子追述君父之功美，以书其上，（案此碑用木。）后人因焉，故建于道陌之头显见之处，名其文就谓之碑也。（案此碑已用石。）此陵墓之碑从木而变为石之由来也。

宋洪适《隶续》曰，碑之有穿，在庙则以系牲，在穴则以下柩，又曰，汉碑穿无不居中，杨统碑后有余石，打碑者去之，非穿之偏也。孙何碑解云，何始寓家于颍，尝适颍，见荀陈古碑数四，皆穴其上，若索贯之为者。问故起居郎张公观，公曰，此无足异也，盖汉去古未远，犹有古丰碑之象耳，后之碑则不然矣。予见汉碑，皆高不过今之三尺余，可用以丽牲，以木为之，可用以引棺，今既失穿中之制，而碑之高下，乃无限度，与古人之碑，名同而体异也。

今观江宁附近之梁碑，若临川王萧宏左碑，见图（36）、（39），安成王萧秀左右两碑，见图（46）、（47），始兴王萧憺左碑，见图（54），皆中有圆穿，尚未失下棺木碑之遗迹，与汉碑相同，自唐宋以后，其碑皆无穿矣。

碣

前言古者陵墓之碑碣，最初皆以木为之，盖碣本作楬，《周礼·秋官·蜡氏》，若有死于道路者，则令埋而置楬焉，郑司农云，楬欲令其识取之。今时揭橥是也。《汉书·尹赏传》，百人为辈，皆相枕藉死，便舆出瘗寺门桓东，楬著其姓名。师古曰，楬，杙也，椓杙于瘗处，而书死者名也。

希祖案《说文》，楬，楬櫫也。《春秋》传曰，揭而书之。《广雅》，楬櫫，杙也。《广韵》，楬櫫，有所表识也。古人质朴，以圆木未斫治者植立于地，而以绳缚方版于其上，书字以为表识，《管子·君臣上》注，表，谓以木为标，有所告示也，《吕氏春秋·慎小篇》注，表，柱也，《荀·大略篇》注，表，标志也，此表识用木圆形如柱之明证也，标志即表识，今谓之标记。今人以木牌植地为标记者，尚到处有之，古者即谓之楬櫫，亦单言曰楬，或称为表，其后施之于陵墓，而欲垂之久远，乃改用石，而其形制则未改也。《后汉书·窦宪传》，班固《燕然山铭》云，封神丘兮建隆碣，李贤注，方者谓之碑，圆者谓之碣，碣碣也，则汉石碣形圆，与木楬同，其刻字之处，盖亦琢成方形焉。《后汉书·赵岐传》，年三十余，有重疾，乃为遗令，敕兄子曰，可立一员石于吾墓前，刻之曰，汉有逸人，姓赵名嘉，有志无时，命也奈何。此石碣用圆石之证也。

东汉之季，碑碣形制渐乱，宋洪适《隶释》云，汉江原长碣，似阙非阙，似碑非碑，又《隶续》云，孔谦碣，甚小，一穿微偏左，有晕一重，起于穿中，复有两晕在右，其一甚短，与他碑小异，此其征也。

碣又称石柱

自碑碣形制浑淆，于是旧所谓碣者，乃称为石柱，《水经注·淇水篇》，清河之右，有李云墓，冀州刺史贾瑶（朱笺曰，《后汉书》作贾琮）使行部，过祠云墓，刻石表之，今石柱尚存，俗犹谓之李氏石柱。《金石录》卷十九汉逢府君墓石柱篆文云，汉故博士赵傅逢府君神道。《隋书·礼仪志》，天监六年，申明葬制，凡墓听作石柱，记名位。希祖案自汉季至梁，所称石柱，皆本名碣也。梁代诸石柱，与古代木楬，其形制相同，木楬圆柱而方版，缚之以绳，石柱亦圆柱而方版。方版著柱之处，亦刻以绳形，见图（20）、（36）、（37）、（44）、（45）、（57）、（58）、（59）、（64）、（70）、（71）、（73）、（83）、（86），所不同者，惟柱上或施圆盖，盖上又蹲立小石兽，此则踵事增华之通习也。

《中国营造学社汇刊》第五卷第二期有刘敦桢《河北定兴县石柱村北齐石柱》一篇，附载柱图，其柱方形，已变石碣圆形之制，惟上仍有长方版，上题标异乡义慈惠石柱颂。盖为丛葬义冢之所，犹有楬橥遗意，柱上有方顶板，其上饰以石屋，图详《汇刊》，兹不转载，盖北齐杂以胡俗，变乱旧制尤甚，不若萧梁尚保存中国古风也。

碣又谓之表

《汉书·淮南厉王传》，葬之肥陵，树表其上，曰，开章死，葬此下。师古曰，表者，竖木为之，若柱形也。

希祖案此所谓表，亦楬橥之别名，故用木也。《管子·君臣上》注，表，谓以木为标，有所告示也，《吕氏春秋·慎小篇》注，表，柱也，皆此类也，其后则改用石，与碣同。《水经注·淇水篇》李云墓石柱，本碣也，而《后汉书·李云传》则称为表，此其证也。《说文》，表，上衣也，从衣从毛，古者衣裘，以毛为表。此表之本谊也，其后表列于外，以为标志者，亦谓之表，《荀子·大略篇》注，表，标志也，此引申谊也，木楬石碣称表，皆取标志之谊。东汉之季，碑碣浑淆，表亦乱施，《后汉书·李云传》，冀州刺史贾琮过祠云墓，刻石表之，《水经注·淇水篇》作石柱，则碣称表矣。

《后汉书，范冉传》，刺史郡守各为立碑表墓焉，则碑亦称表矣。《金石录》汉谒者景君表，其额题汉故谒者景君墓表，而其文云，惟元初元年五月丁卯，故谒者景君任城景君卒，其他文字摩灭，时有可读处，皆断续不复成文。(卷十四。) 此名为墓表，实为碑也，《中国营造学社汇刊》第五卷第二期《定兴县北齐石柱》篇图版十一，载梁萧景墓表，名为墓表，实为碣也，名称浑淆，颇有令人难辨者矣。

碣又谓之标

《后汉书·光武十王传》云，中山简王焉薨，诏大为修茔冢，开神道，注，墓前开道建石柱以为标，谓之神道。《晋书·五行志》，惠帝永康元年六月癸卯，震崇阳陵标西南五百步，标破为七十片。《宋书·五行志》，文帝元嘉十四年，震初宁陵口标，四破至地。又孝武帝大明七年，风吹初宁陵隧口左标折。

希祖案标本谊为木末，引申为标志，与表同，《礼记·投壶篇》，饮毕之后，司射请为胜者树标。注，标表也。《宋书·五行志》，大明七年，风吹初宁陵左标折，《建康实录》卷十三，大明七年夏四月，大风折初宁陵华表，此标与表通称之证也。

碣又谓之桓，俗称为华表。

《礼记·檀弓》，公室视丰碑。三家视桓楹。郑玄注云，四植谓之桓。《汉书·尹赏传》，百人为辈，皆相枕藉死，便舆出瘗寺门桓东，楬著其姓名。如淳曰，旧亭传（希祖案邮亭驿传也）于四角面百步，筑土四方，上有屋，屋上有柱，出高丈余，有大板贯柱四出，名曰桓表，县所治夹两边各一桓，陈宋之间，言桓声如和，今犹谓之和表，师古曰，即华表也。

希祖案《说文》，桓，邮亭表也，今之铁道车站（站即传之俗字）两端，亦立木为表，以告示地名，即古邮亭表也。邮亭表四植，谓之桓表，县治两植，亦曰桓表，单称曰桓。陵墓左右石柱两植，亦谓之桓表矣，声转为和表，又为华表。

华表本为楬橥之别名，故有木板贯柱四出，如梁代之石柱有方板者，此为初形。《建康实录》，大明七年，大风折初宁陵华表，《宋书·五行志》作初宁陵隧口标折，梁代石柱，皆仿宋之形制，见《齐书·豫

章文献王嶷传》,故知华表亦有板也。其后仅有柱,而无板者,亦称
　　为华表,此又变形矣。
由此观之,梁代碑与石柱,若正其名,实当称为碑与碣。且其形制,尚保存丰碑有穿楬櫫有版遗迹,为此种古物源流正变之枢纽,此则更当宝贵,而勿再任其摧残者也。
中华民国二十四年六月六日作于南京青溪。

驳晋温峤墓在幕府山西说

朱希祖

近人陈诒勋撰《新京备乘》三卷，其陵墓类有晋赠骠骑将军温忠武公峤墓，据《江宁府旧志》，谓在幕府山西，并附录陈麟书《重修温峤墓碑记》，亦据《上江两县志》，谓在幕府山西，余读《晋书·温峤传》，知其说非是，兹先将二陈说列下，再将驳语著于下：

《新京备乘》云，晋赠骠骑将军温忠武公峤墓在幕府山，《江宁府旧志》，初葬豫章，朝廷思之，乃为迁葬幕府山，《同治上江志》云，幕府山西，温峤墓在焉。

诒勋案清光绪己亥，先振威公权金陵营参将，署在幕府山麓，距江滨二里，辛丑夏大水，没岸三尺，沿江通路冲没，水退饬工修葺，见所用砖。外多泥痕，砖长质细，有麻布纹，据金石家言，砖有麻布纹者，当为魏晋时代物，诘以所由来，则知由署后约百武古阜所得者，当如其地履勘，古阜约六七尺高，穹形顶已划削，立禁工人，毋得侵取，检查府志，墓在幕府山西，并招访距墓约五里许有业农温姓者，询称相传此阜为其远祖之墓。惟代远无可征，盖经洪杨之役，坟已迭遭划毁矣，先公慨之，比即呈明大府，捐廉重修，垒甓增高，并树碑表记，逾年有粤籍温秉忠者，侨宦是邦，亦为温公后裔，稔知其事，因至上海同族中广稽谱牒，亦记有墓在幕府山之文，是则官书私乘，合符足征，景行匪遥。弥深向往，谨附录碑记于下，以备异日考古之助云尔。

附录 《重修晋骠骑将军温忠武峤墓碑记》

窃维阐发幽光，所以复前朝之古迹，表扬忠荩，可以感季世之人心，而况勋德著于史编，姓氏昭人耳目者乎。麟书自己亥岁，调摄金陵营，三四年来，幸汛境谧静，每于训练余闲，循览营署左近，斜阳古道，枯树寒烟，未尝不感慨系之，父老告予曰，公知晋温骠骑将军峤墓，即在营署之后乎，某乍闻，心怦怦动，因忆曩岁营中诸健儿掘地，获古砖，质坚制朴。剥蚀斑驳，断纹苔锈，决非数百年物，因父老言疑得毋即温公墓耶，乃悉心谘访，询其遗裔，得证流传。按《上江两县志》书云，幕府山之西，温公墓在焉，府志则谓初葬豫章，朝廷思之，乃改葬此，今所获正幕府山麓，然则斯为温公藏骸之所，确乎无疑矣。慨思公生当典午陵夷。偏安江左，五胡乱夏，而又有祖约苏峻之变，公能与陶侃王导辈安内攘外，卒平苏祖而拒诸胡，忠义烁于当时，厥功甚伟，今代远年湮，茔兆夷于榛莽，荒烟蔓草，樵牧陵践，麟书凭吊欷歔，尽焉伤悯，爰胠籖上游，自愿捐资为表墓道，并立碑碣，负土增高，培其马鬣，事咸牒乞大府饬令有司立案，且谕禁樵采，俾后之景仰公者，来谒墓前，不迷向往焉，光绪二十八年壬寅夏调署长江水师金陵营参将陈麟书谨识。

希祖案《晋书·温峤传》，峤与王导、郗鉴、庾亮、陆晔、卞壶等同受顾命，时历阳太守苏峻，藏匿亡命，朝廷疑之，征西将军陶侃，有威名于荆楚，又以西夏为虞，故使峤为上流形援。咸和初，代应詹为江州刺史，持节都督平南将军，镇武昌。苏峻反，峤屯寻阳，及京师倾覆，庾亮来奔，宣太后诏，进峤骠骑将军，开府仪同三司，固辞不受。于是要陶侃同赴国难，奉侃为盟主，遂破贼石头军，天子奔于峤船，时陶侃虽为盟主，而处分规略，一出于峤，及贼灭，拜骠骑将军，开府仪同三司，加散骑常侍，封始安郡公，邑三千户，朝议将留辅政，峤以王导先帝所任，固辞还藩，至镇，未旬而卒，帝下册书追赠公侍中大将军，持节都督刺史如故，谥曰忠武。初葬于豫章，后朝廷追峤勋德，将为造大墓于元明二帝陵之北。陶侃上表曰，"故大将军峤。忠诚著于圣世。勋义感于人神，非臣笔墨所能称陈，临卒之际，与臣书别，臣藏之箧笥，时时省视，每一思述，未尝不中夜抚膺，临饭酸噎。人之云亡，峤实当之，谨写峤书上呈，伏惟陛下既垂御省，伤其情旨，死不忘忠，身没黄泉，追恨国耻，奖臣戮力，救济艰难，使亡而有知，抱恨结草。岂乐今日劳费之事，愿陛下慈恩，停其移葬，使峤棺柩，无风波之危，灵魂安于后土。"诏从之。其后峤后妻何氏卒，子放之便载丧还都，诏葬建平陵北，并赠峤前妻王氏及何氏始安夫人印绶。

据《晋书》本传，峤葬于豫章，虽将为造大墓于元明二帝陵之北，以陶侃上表谏阻未迁葬，惟峤后妻葬于建平陵北，此云温峤墓，一误也。

唐许嵩《建康实录》，晋元帝葬建平陵，在鸡笼山之阳，不起坟，明帝葬武平陵，在鸡笼山之阳，不起坟，穆帝葬永平陵，在幕府山之阳，起坟。宋张敦颐《六朝事迹编类》，引《舆地志》，鸡笼山在覆舟山之西二百余步，其状如鸡笼，因以为名。又引《寰宇记》云，在城西北九里，西接落星涧，北临栖玄塘。又引《寰宇记》云，幕府山在城西北二十里，东北临直渎浦，西接宝林山，南接蟹浦。《晋书》本传言将起大墓于元明二帝陵之北。则在鸡笼山麓也；峤后妻何氏之葬在元帝建平陵北，则仍在鸡笼山麓也，与幕府山远隔十余里，此云在幕府山西。二误也。

误以温峤墓在幕府山者，始于唐许嵩《建康实录》，《建康实录》卷七，成帝咸和四年四月乙未，骠骑将军开府仪同三司江州刺史始安公温峤薨，初葬豫章，朝廷追思之。乃为造大墓，迎还葬元明二陵北幕府山之阳。考嵩既云元帝葬建平陵，陵在今县北九里鸡笼山之阳不起坟，（《建康实录》卷五。）又云明帝葬武平陵，在县城北九里鸡笼山阳，与元帝同，（同上卷六。）又云穆帝葬永平陵，在今县城北十九里幕府山之阳，周四十步，高一丈六尺，（同上卷八。）则云峤葬元明二帝陵北幕府山之阳，岂非自相矛盾？盖幕府山当为鸡笼山，传写者偶误耳，嵩如云在幕府山之阳，当云葬穆帝陵北幕府山之阳乃可，不然相去十余里，何必云元明二陵北也，故幕府山三字，未必为许嵩原文，惟云温峤还葬。则嵩未读陶侃之奏及帝从之之诏，是其误也。

许嵩《建康实录》，但云峤墓在幕府山之阳。山阳者，山南也。至宋张敦颐《六朝事迹编类》卷六引《图经》云，宋明帝高宁陵在幕府山西，温峤亦葬山西。是误以温峤墓在幕府山西者，始于宋《建康图经》，此误之又误者也。《江宁府吕志》及《上江两县志》，与陈麟书之《重修温峤墓碑记》，陈酒勋之《新京备乘》，皆沿此误者耳，即温氏家乘，亦尝沿唐之《建康实录》宋之《建康图经》，误认他人之墓为其祖宗之墓，甚可笑也。可见考证古事，若不推本最初记载，详其始末，但据后世以误传误之说，而信以为真，未有不受古人之欺者也。

考幕府山西，惟有晋王导墓，唐李吉甫《元和郡县志》卷二十六，晋王导墓在县西北十四里幕府山西，陈麟书于光绪间在幕府山西发见魏晋古砖，盖或为王导墓也。《六朝事迹编类》卷十三宋明帝陵条云，《建康实录》，宋明帝葬高宁陵，隶临沂县幕府山西，与王导坟相近，今山前有坟垄，晋穆帝陵在山南，或以西为明帝之坟。又卷六幕府山条引《图经》云，宋明帝高宁陵在山西，王导温峤墓亦在山西。案《建康实录》卷十四，仅言宋明帝葬幕府山高宁陵，未尝言幕府山西也，李吉甫《元和郡县志》卷二十六，宋明帝高宁陵在县北十九里幕府山东南。许嵩、李吉甫皆唐时人，离宋较近，其言较可信，《图经》等书，信俗说而背传记，学无根柢，不足信也。

中华民国二十四年五月一日作于青溪。

No. 1

宋武帝刘裕初宁陵　右麒麟（一）　古物保管委员会摄

No. 2

宋武帝刘裕初宁陵　右麒麟（二）　朱偰摄

No. 3

齐宣帝萧承之永安陵　右麒麟（一）　朱偰摄

No. 4

齐宣帝萧承之永安陵　右麒麟（二）　朱偰摄

No. 5

齐宣帝萧承之永安陵　右麒麟（三）　朱偰摄

No. 6

齐宣帝萧承之永安陵　全景　朱偰摄

No. 7

齐高帝萧道成泰安陵　右麒麟　朱偰摄

No. 8

齐高帝萧道成泰安陵　全景　朱偰摄

No. 9

齐武帝萧赜景安陵　左麒麟（一）　朱偰摄

No. 10

齐武帝萧赜景安陵　左麒麟（二）　朱偰摄

No. 11

齐景帝萧道生修安陵　左麒麟（一）　朱偰摄

No. 12

齐景帝萧道生修安陵左麒麟（二）　朱偰摄

No. 13

齐景帝萧道生修安陵　右麒麟（一）　朱偰摄

No. 14

齐景帝萧道生修安陵　右麒麟（二）　朱偰摄

No. 15

齐景帝萧道生修安陵　全景　朱偰摄

No. 16

明帝萧鸾兴安陵　右麒麟（一）　滕固摄

No. 17

齐明帝萧鸾兴安陵　右麒麟（二）　朱偰摄

No. 18

梁文帝萧顺之建陵　左麒麟　朱偰摄

No. 19

文帝萧顺之建陵　右墓阙　朱偰摄

（圆盖石片零落满地）

No. 20

帝萧顺之建陵　左右墓阙　朱偰摄

No. 20a

帝萧顺之建陵　神道碑　滕固摄

（反　刻）

No. 20b

帝萧顺之建陵　神道碑　滕固摄

（正　刻）

No. 21

梁文帝萧顺之建陵　墓阙础石　滕固摄

No. 22

梁文帝萧顺之建陵　全景　朱偰摄

No. 23

帝萧衍修陵　左麒麟（一）　朱偰摄

No. 24

帝萧衍修陵　左麒麟（二）　朱偰摄

No. 25

梁武帝萧衍修陵　左麒麟（三）　朱偰摄

No. 26

陵口　左麒麟　朱偰摄

No. 27

陵口　右麒麟　朱偰摄

No. 28

梁简文帝萧纲庄陵　朱偰摄

No. 29

帝陈霸先万安陵　右麒麟（一）　朱偰摄

No. 30

陈武帝陈霸先万安陵　右麒麟（二）　朱偰摄

No. 31

陈武帝陈霸先万安陵　左麒麟　黄文弼摄

No. 32

陈武帝陈霸先万安陵　全景　黄文弼摄

No. 33

陈文帝陈蒨永宁陵　右麒麟（一）　朱偰摄

No. 34

陈文帝陈蒨永宁陵　右麒麟（二）　古物保管委员会摄

No. 35

梁临川靖惠王萧宏墓　已倒之辟邪　朱偰摄

No. 36

梁临川靖惠王萧宏墓　左碑及左阙　朱偰摄

No. 37

临川靖惠王萧宏墓　左阙及左碑　朱偰摄

No. 38a

梁临川靖惠王萧宏墓　已倒之右阙　朱偰摄

No. 38b

梁临川王萧宏墓　右石柱之雕刻　余建勋夫人摄

No. 39

临川靖惠王萧宏墓　碑缘浮雕　朱偰摄

No. 40

梁临川靖惠王萧宏墓　全景　朱偰摄

No. 41

梁安成康王萧秀墓　左辟邪　古物保管委员会摄

No. 42

王萧秀墓　右辟邪　古物保管委员会摄

No. 43

安成康王萧秀墓　右阙及碑　朱偰摄

No. 44

成康王萧秀墓　右阙　古物保管委员会摄

No. 45a

梁安成康王萧秀墓　右石柱础　余建勋夫人摄

No. 45b

梁安成康王萧秀墓　右阙础石之雕刻　古物保管委员会摄

No. 46

安成康王萧秀墓　左碑　古物保管委员会摄

No. 47

梁安成康王萧秀墓　右碑　朱偰摄

No. 48

梁安成康王萧秀墓　全景　朱偰摄

No. 49

烈王萧恢墓　左辟邪（一）　古物保管委员会摄

No. 50

梁安鄱阳忠烈王萧恢墓　左辟邪（二）　朱偰摄

No. 51

梁安鄱阳忠烈王萧恢墓　右辟邪　古物保管委员会摄

No. 52

梁安鄱阳忠烈王萧恢墓　全景　朱偰摄

No. 53

兴忠武王萧憺墓　左辟邪　罗香林摄

No. 54

始兴忠武王萧憺墓　左碑　朱偰摄

No. 55

梁始兴忠武王萧憺墓　全景　罗香林摄

No. 56

梁吴平忠侯萧景墓　全景　朱偰摄

No. 57

平忠侯萧景墓　右阙（一）　朱偰摄

No. 58

平忠侯萧景墓　右阙（二）　朱偰摄

No. 59

平忠侯萧景墓　右阙神道碑　朱偰摄

No. 60

康简王萧绩墓　左辟邪（一）　朱偰摄

No. 61

梁南康简王萧绩墓　左辟邪（二）　朱偰摄

No. 62

梁南康简王萧绩墓　右辟邪（一）　朱偰摄

No. 63

梁南康简王萧绩墓　右辟邪（二）　朱偰摄

No. 64

康简王萧绩墓　右阙（右行文）　朱偰摄

No. 65

梁南康简王萧绩墓　　右阙础石浮雕　　朱偰摄

No. 66

梁南康简王萧绩墓　　全景（一）　　朱偰摄

No. 67

梁南康简王萧绩墓　全景（二）　朱偰摄

No. 68

梁建安敏侯萧正立墓　左辟邪　黄文弼摄

No. 69

梁建安敏侯萧正立墓　右辟邪　朱偰摄

No. 70

敏侯萧正立墓　右阙（右行文）　黄文弼摄

No. 71

梁建安敏侯萧正立墓　右阙　朱偰摄

No. 72

梁建安敏侯萧正立墓　左右墓阙　朱偰摄

No. 73

侯萧哄墓　右阙（右行文）　古物保管委员会摄

No. 74

丹阳水经山下偏东之墓　左辟邪　朱偰摄

No. 75

丹阳水经山下偏东之墓　全景　朱偰摄

No. 76

丹阳水经山下偏西之墓　全景　朱偰摄

No. 77

栖霞山西北张家库墓　左辟邪　朱偰摄

No. 78

栖霞山西北张家库墓　全景　朱偰摄

No. 79

江宁镇方旗庙墓　辟邪　朱偰摄

No. 80

江宁镇方旗庙墓　右辟邪　朱偰摄

No. 81

斗山徐家村墓　墓阙（一）　朱偰摄

No. 82

斗山徐家村墓　墓阙（二）　朱偰摄

No. 83

西南后宋墅村墓　墓阙（一）　朱偰摄

No. 84

西南后宋墅村墓　墓阙（二）　朱偰摄

No. 85

上方镇南侯村墓　左辟邪　黄文弼摄

No. 86

上方镇南侯村墓　墓阙　朱偰摄

No. 87

上方镇南侯村墓　全景　黄文弼摄

No. 88

原题南阳城北汉宗资墓天禄辟邪侧面　董作宾赠

No. 89

南阳汉无名氏墓天禄辟邪侧面　董作宾赠

No. 90

南阳城北汉宗资墓天禄辟邪正面　董作宾赠

No. 91

汉无名氏墓天禄辟邪正面　董作宾赠

No. 92

幕府山西晋温峤墓（？）　朱偰摄

No. 93

晋四陵遗址在石麟里内　罗香林摄

No. 94

鸡笼山阳晋四陵遗址　罗香林摄

No. 95

石麟里东望鸡笼山　罗香林摄

No. 96

石麟里西进香河望鸡笼山　罗香林摄

丹陽縣全圖

（中央古物保管委员会，民国二十四年八月一日出版。）

图书在版编目（CIP）数据

近百年古城古墓发掘史／郑振铎著.六朝陵墓调查报告／朱希祖著.
—长春：吉林人民出版社，2013.12（2021.1 重印）
（中国学术文化名著文库）
ISBN 978－7－206－09502－3

Ⅰ.①近… ②六…
Ⅱ.①郑… ②朱…
Ⅲ.①古城—考古学史—世界 ②墓葬（考古）—考古学史—世界 ③墓葬（考古）—调查报告—中国—六朝时代
Ⅳ.①K868 ②K878.85

中国版本图书馆 CIP 数据核字（2013）第 294362 号

近百古城古墓发掘史　六朝陵墓调查报告

著　　者：郑振铎　朱希祖
责任编辑：刘　洋
制　　作：吉林人民出版社图文设计印务中心
吉林人民出版社出版 发行（长春市人民大街7548号　邮政编码：130022）
印　　刷：三河市天润建兴印务有限公司
开　　本：710mm×1000mm　1/16
印　　张：18.25　　　字数：243 千字
标准书号：ISBN 978－7－206－09502－3
版　　次：2014 年 1 月第 1 版　2021 年 1 月第 2 次印刷
定　　价：55.00 元

如发现印装质量问题，影响阅读，请与出版社联系调换。